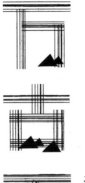

孙家驹 ——— 著

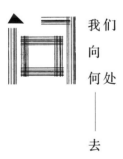

我们向何处——去

社会科学文献出版社
SOCIAL SCIENCES ACADEMIC PRESS (CHINA)

世界是怎样开始的？世界是什么？我们是谁？我们要到哪里去？我们之间有什么关系？生和死的意义是什么？尽管这些问题是由宗教提出的，但要回答它们就必须回到科学上来。

——林恩·马古利斯、多里昂·萨根

目 录

引　言

　　时间不逆，往者不谏，来者可追。本书要探讨的问题实质上只有一个——我们将向何处去？但是，时间是一个连续性的过程，向何处去是一个关于未来的方向问题，今天只是一个时间的点，点没有方向，一个没有方向的时间点，无法回答未来的方向问题，要弄清未来的方向，就需要弄清时间连续性过程的过去——我们从何而来？这就使本书要探讨的问题变成了"我们从何而来又将向何处去"。

一　万古之问

　　我们从何而来又将向何处去的问题，在古代主要是一个神学、哲学和历史学的问题；在现代似乎可以把它限定在哲学、进化论、生态学、历史学的视域中来探讨。但生命是宇宙演化的产物，人类是生物进化的产物，现代物理学、化学的发展，把我们带入宇宙的极大与极小、时间有无起点与终点、生命的合成与分解、生物进化的自然选择与自我选择的问题之中，从而使我们要探讨这一问题，就必须大大拓宽视域。由此可以看到，这一问题贯穿着这样一个事实：全部人类思想史和科学史都执着于对它的回答，它是人类与生俱来的深层难解之结。因为人类作为智慧生物不仅有像动物一样避害趋利的本能，还有略高一筹的防患未然、未雨绸缪之欲求，但天有不测风云、人有旦夕祸福，置身时间之流的此一刻对下一刻自身安危不确定性的忧虑，使每一代人中的一些思考者寻求回答：我们为何超群出众又多灾多难？我们与禽兽、草木、土地、山川、日月、星辰有何关系？我们的归宿是什么？我们能找到一条通往安全美好未来甚至永生的道路吗？对于这种谜一般的问题的思考和回答，推动了人类意识的觉醒和进化，导致了上古神话、宗教和文化的创造，并且成了2000多年来神学家、哲学家、史学家不断思考和回答的根本问题，近现代物理学、天文学、化学、生物学、生态学等科学合力探索的焦点问题，因而成了一个全人类最重大、最根本、最深奥的问题。

2000多年前，中国伟大的诗人屈原以"天问"为题对自然、社会和历史等发出了众多疑问，其惊世之作《离骚》所展示的"路漫漫其修远兮，吾将上下而求索"的精神，已惊人地成了人类探索真理所经历的迂回曲折道路的历史缩写。我们从何而来又将向何处去？是人类自创造文化以来直至今天仍在探讨但依然似知非知、难以彻知的万古"天问"。

人类探索回答天问的道路，是一个不断的否定之否定的过程。在原始文明时期，人类各部落对这一天问的回答是神话、原始宗教的创造。到了2000多年前，它被哲学和神学取代，虽然哲学和神学对天问各有大量的论述，但让人深感茫然，正如唐代名僧皎然所说："天公何时有，谈者皆不经。"近代以来，哲学和神学的论述被机械论物理学宇宙观所颠覆。进入20世纪，机械论宇宙观又被相对论和量子理论颠覆。很快，现代物理学又发现，其理论基础相对论和量子理论的矛盾难以统一，为实现这种统一，一批批极富才华的科学家花费了几十年的时间进行艰难探索，在淘汰了各种应运而生的理论后，从被认为"很有希望"的超弦理论转向了"更具希望"的 M 理论，但最终的结果只能取决于观测的验证而非愿望的热切，我们很可能离"万物之理"的大统一理论还相距遥远。

现代物理学认为目前的"可见"物质（包括能量）只约占宇宙的 5%，还有约 95% 的物质不得不引入暗物质、暗能量等假设来填充，而暗物质、暗能量究竟是什么，科学还难以回答。此外，宇宙还有很多难以解释的现象。这不仅使不少人想入非非，甚至有些物理学家也感到物理学的大厦摇摇欲坠，认为世界可能是精神的，而人们对精神与物质关系的理解又受到神学或二元论哲学的影响，这就使曾被宗教神秘化的宇宙再次显得神秘。

不仅如此，现代科学的一些学科的基础理论也各自面临一些挑战和困难。在经典物理学、相对论、量子理论中，时间都是可逆的，这与我们所知道的星球演化史、地质演化史、生物进化史相悖，后者都有不可逆的时间之矢。关于量子现象的争论，几乎持续了上百年，至今在解释上也未获得满意的共识。此外，对生命起源、基因关联、人脑结构、生物与生态系统进化关系等复杂现象的揭示和解释同样也面临类似的问题。

在历史上，哲学曾是科学之母，哲学曾担当着回答天问的使命。但科学从哲学母体脱胎而出不断细分为各种学科，并分头朝向专业化、数学化和技术化的方向独立发展后，就把哲学当成无用的甚至有碍的东西抛弃了，一些理论科学家也疏远了哲学，以致科学在遭遇一些超出传统观念、经验、想象的新问题时，在思维方式和语言表达方面都面临难以适应的困难。霍金在《大设计》一书中直言："哲学死了。哲学跟不上科学，特别是物理学现代发展的步伐。"[①] 这种抱怨表露了理论物理学家在遗弃哲学孤军深入天宇之后难识门径的惶惑感。

人类不可能有穷尽宇宙真理的一天，不可能详尽回答天问的所有细节，但这不等于对天问的回答最终将走向不可知论或神学，在取得认识巨大进步之时又重陷无所适从的迷茫之中，不能辨别和选择正确的前进方向和道路，只能盲人骑瞎马，听天由命；也不等于因此而失去任何信仰、信念而只信私利和金钱，只能利用竞相发展的技术力量去各为私利最大化而恶斗，把人类无限的未来变成一顿最后的晚餐。

二　生命的终极意义

人类必须选择朝向正确的方向和道路前进，因为在宇宙极大与极小的普遍联系之中，地球虽然只是一粒微小的尘埃，却是一个生机勃勃的生命自治体，这个自治体是太阳输送的能量与地球上所有的生物和无机环境相互作用、协同进化的产物。人类文明的进步，既取决于人类自身的努力，又依赖于地球生命自治体进化的护佑。无论物理学家为构建宇宙从极大到极小普遍联系的整体图景还要走多长的路，现代科学的众多学科还是为我们提供了地球生物与环境"相互适应，协同进化"的整体性联系的日益增多的知识，这些知识已能够使我们改变长期以来对进化论的"竞争选择，适者生存"的片面理解。这种片面理解被导向"丛林法则"的自毁行为，

---

① 〔英〕史蒂芬·霍金、〔英〕列纳德·蒙洛迪诺：《大设计》，吴忠超译，湖南科学技术出版社，2016，第3页。

使一些强势私利集团打着科学的幌子，有恃无恐地在征服自然和相互征服的道路上越走越远，使地球生命自治体和人类自身在 100 多年来，遭到了日趋严重的伤害，并使我们陷入了今天这样形格势禁、危机四伏的境地。

宗教神学是人类对天问最早的回答，但为何在科学昌明的今天仍信之者众，仅从人的认识的局限性来解释是不够的，还应从天问是一个关于生命、人类和文明意义（价值）的追问来寻找。人类的行为受生物学本能和生活的目的意义双轮驱动，人类并不满足于自我赋予各种行为的功利性意义，还关注生命、人类和文明的终极意义，即关注最终"将向何处去"的问题。宗教如基督教通过"上帝创造万物和人"的神学，让献身于上帝的人的灵魂能上天国，而赋予这些灵魂以永生的神圣意义。神学信仰之所以是迄今为止全部文明史的一个重要现象，正是因为它以虚拟的形式表达了人类对永生的终极追求。

科学的巨大进步导致了灵魂永生信仰的衰落，但人类的永生之梦不仅未寂灭，反而因科学的快速发展和无限潜力而变得更热切。几百年来，科学对天问的探索成就令人振奋，虽然所取得的进展主要还是弄清"我们从何而来"而不是"将向何处去"，但这也体现了科学之所以为科学的严谨性，因为宇宙是一个隐卷秩序渐次展开的过程。尚未展开的隐卷中的秩序是什么？科学家提出了猜测，却难以验证（因尚未找到外星和星际文明）。但是，随着科学在解读物质、生命、意识奥秘，在宇宙探测、基因和智能技术等领域取得突破性进展，今天人类第一次有科学和哲学的依据来思考和探讨生命、人类和文明进化的远景了。从根本上说，孤独的行星养育、进化生命和文明的时空很有限，其文明是脆弱的。生命和文明只有进化成星际网络现象，获得永生的能力，才能构成宇宙隐卷秩序展开的新进程，从而具有宇宙本体性意义。短命的行星文明没有意义。但地球文明要进化成星际现象，人类还需要足够长的时间来发展成熟的行星文明才有可能。

人类文明的演进，虽然历尽坎坷劫难，过程迂回曲折，形式纷繁复杂，但它潜在的不变指向只是"增效、增寿"四个字，其中增效是手段，增寿是目的。由此可以看到人类好生恶死、自我肯定、追求永生的生物学本能是何等强大，人类追求各种欲望的满足，但最终都服从于改善生存质量、增加生命长度直至实现永生的欲望。因而，宇宙演化出生命，生物进化出人类，人类创造出文明，本身就潜藏着宇宙隐卷秩序展开的可能，这种可能性能否变成现实性，取决于生命和文明在它诞生的星球上，能否获得成长成熟到向星际拓展所需的足够长的时间。宇宙中可能孕育过很多行星生命和文明，但大多可能在幼稚时期就因其创造者的贪婪和愚蠢而相互恶斗、自我毁灭了。

因而，在科学已展示出人类有实现永生可能和文明有从地球向外星实现惊险跳跃可能的今天，深刻领悟生命自我肯定的本能具有潜在的宇宙本体性价值，维护地球生命自治体的永续安康，转换思维、行为方式和文明发展的目的与动力，消除社会致命的分裂，走出国际丛林政治，推进文化适应性进化，完成对人类生物学和历史文化——物质（基因）与精神（思维方式）——双重局限性脱胎换骨的进化，就成了地球全部生物进化和文明发展最终成功的关键了。

三　本书的结构

弄清上述问题使得对天问的回答只能是一个循环往复的过程，正如利奥波德所说："只有那些认识到全部历史是由多次从一个单独起点开始，不断地一次又一次地返回这个起点，以便开始另一次具有更持久性价值探索旅程所组成的人，才是真正的学者。只有那些懂得为什么人们未曾触动过的荒野赋予了人类事业以内涵和意义的人，才是真正的学者。"① 而我对此的理解是，无论你是否想成为真正的学者，事物多样性统一的性质，决定了这是一条认识事物、探索真理的道路。沿着这条道路，本书从天问提出和回答的历史演变开始，按宏观整体性、层次性（"宇宙之网""协同进化""生命价值"）的理论探索与对人类生命本能欲求及其文化表现形式的探索相统一的要求，一次次地返回到相关的起点，正是这种要求决定了本书的"奇怪"结构。

---

① 〔美〕奥尔多·利奥波德：《沙乡年鉴》，侯文蕙译，吉林人民出版社，1997，第190页。

第一章　万古天问

　　2000 多年前，中国最早的伟大诗人屈原写下一篇独步千古的《天问》，全诗 1500 余字，对天文、地理、传说、历史、人物等提出 170 多个疑问，其质疑成见、探索未知、追求真理的精神和纵横驰骋的才气，令人有如身临开辟鸿蒙之境！震撼之余使人想到：人类在不断地提出、探索和解答问题的曲折过程中走到今天，仍面临着大量需要探索和解答的问题，但有一个问题是人类自创造文化以来每一代人都关心的最根本的问题——因为它关系到所有人的生存安全和福祉！也是几千年来神学家和 2000 多年来哲学家、史学家试图回答的最重大的问题——因为这是他们存在的价值！还是近现代理论物理学家探索的"最深奥的问题"①——因为他们要追根究底！因而这是一个贯穿整个人类文明史的万古"天问"，这个问题就是："我们从何而来又将向何处去？"它的提出和回答表达的是人类自我定位的欲求和能力。不同时代的回答反映了人类对世界认识的不同发展阶段，并对人类文明产生了重大影响。迄今为止，它已经历了三个发展阶段，本书分别称为"神学回应""理性觉醒""丛林法则"。现正向第四阶段"协同进化"过渡。

---

　　① 〔英〕约翰·格里宾：《大宇宙百科全书》，黄磷译，海南出版社，2001，第 1 页。

第一节　神学回应

一　神学创造

当人类进化出语言并开始文化创造直至今天，一种自感在万物中独特又在天地间卑微的困惑一直挥之不去，这种困惑归结为"天问"的提出和回答。在原始文明之初，人类就感受到自己与其他动物的区别，如能够用工具捕猎，而不必赤手肉搏；能够用火取暖和制作熟食，而不必挨冻和茹毛饮血；能够相互协作，而不必孤身涉险；能够老有所养，而不会被遗弃；等等。人们希望能长久拥有这种安全的生活，但又面临太多不断打破这种安全生活的不确定因素，如干旱和洪水会造成食物匮乏，毒蛇和猛兽会带来意外伤亡，恶疾和终老会导致生离死别，等等。这些不确定性所形成的生存压力，迫使人们从精神到实践做出应对。精神的应对导致各种神话和原始宗教的创造，实践的应对则推动着技术的改进。二者的共同目的是减少不确定性，增加安全性。

原始宗教在今天看来似乎有着不可思议的愚昧荒唐，但它符合石器时代人类的心理欲求、解释自洽和实践需要。

就心理欲求而言，求生是一切生命的本能，长生是创造文化的人类独有的心理欲求。古代人感受到欲望满足和亲友团聚的美好，感受到阳光明媚和篝火燃起的温馨，而对人死后知觉丧失、肉体腐朽、泉壤中孤独冷湿和黑暗感到恐惧。英国哲学家、数学家和逻辑学家伯兰特·罗素深刻地指出：

> 恐惧是宗教教条的基础，也是人类生活中其他许多事情的基础……永生也是消除对死亡的恐惧。相信他们死后将继续永享福乐的人可能会毫无恐惧地看待死亡……即使这不能完全解除人们的恐惧，多少也起了点抚慰的作用。①

这种心理欲求与当时的解释自洽是相互适应的。石器时代的人对高深莫测的自然现象、生命现象、人的精神与肉体现象、梦境中出现已逝的亲人熟人及他们的活动情境、吃致幻植物引起的幻觉等现象不能做出科学的解释，而把这些现象解释成现实世界之外还有一个神灵世界存在，万物皆有灵，人的肉体会死而灵魂不死，人死后灵魂会"脱体"到另一个世界聚集。这种解释既符合人类好生恶死的本能心理欲求，也符合当时认识水平的解释自洽。

这种心理欲求、解释自洽与原始族群的实践需求也是相互适应的。原始部落生产力水平很低，只有协同行动，才能捕猎成功、守护安全，这就需要原始部落有绝对权威来严格规范其成员的思维和行为，任何人凭其极有限的能力都不可能满足这一要求，但是，自然现象既有规律性又有不确定性和不可抗拒性，正是他们心目中的绝对权威。以超人的神灵权威来规范部落成员的思维和行为，无疑是维护部落整体协同的最有效方式，因为如果违背了这种权威，灵魂将受到严厉的惩罚。神灵的权威需要有代理人来行使，但这时的原始族群是一个平等的集体，因而，在原始宗教孕育的早中期，

---

① 〔英〕伯兰特·罗素：《真与爱——罗素散文集》，江燕译，上海三联书店，1988，第6~8页。

代表这种权威的是原始族群的成年人集体或一些年长者组成的集体，行为出格者会遭受惩罚甚至被驱逐。

神话性的原始宗教认为自然界的一切——飞禽走兽、山河土地、风雨雷电、日月星辰等都有神灵，因而又称为万神论宗教。原始宗教的创造是对"天问"的最初回应，是人类自觉意识、智慧的萌发。在这之前，人类即使感觉到自身的独特性，但在文化上没有达到能明确界定人与自然界的关系的水平，原始宗教是对这种界定的最早尝试，它通过神灵来认定自身的特殊性和世界的统一性，认定人与世界的关系、自身的地位、族群的秩序和人生的责任与意义。人类从此生活在意义中，即我们所说的价值观中。这种价值观虽然原始，但它有两个部分，一个是满足生物学本能欲求和族群规范行为、协同活动要求的功利性部分，另一个是涉及未来向何处去（包括死后灵魂去了哪里）的终极性部分，是由宗教神灵赋予的神圣性意义，但功利性意义大多也需要有终极性解释，这只要了解上古时代的人在进行各种活动前几乎都要通过祷告、占卜来预测凶吉，就能有所理解。

在原始文明时期，人类和所有生物一样，完全依赖自然生态系统产出的食物而生存，生存和进化都要经受自然的选择，人类虽然已经自感有所特殊，但对自然界的影响微不足道，因而原始宗教的创造虽然因族群生存环境和文化的差异五花八门，但都有一个共同特征，那就是灵魂不死和对天地万物的敬畏。

原始宗教有几万年的演变过程，我们现在了解的是它的晚期形态（农业文明早期），这时的祭祀活动显得血腥，有些甚至是令现代人恐惧的活人祭。这除表明他们因神灵观念根深蒂固而坚信灵魂不死，对肉体死亡的恐惧感减弱外，还反映了原始部落间的交换经济已经有相当的发展，交换的观念已经深入人心，以至宗教神话的构造也不能脱俗——要获得神灵的护佑就需要有物质交换（奉献供品）；也反映了部落已经发生了阶层分化，神权的行使已转移到少数人手里，部落秩序的维护需要对首领、祭师权威进行强化——因而祭祀活动要以血腥场面（牲祭甚至人祭）来达到震慑人心的效果。这时的权威既是部落的首领、长老，也是人与宗教神灵沟通的祭司。

二 一神教兴起

人类从完全依赖自然食物产出转向开始驯养动植物，跻身选择者的角色，即在自然选择之中加入了人类选择，这一变化开启了新的文明——农业文明变革。随着生产力的发展和人口的增长，人类对自然环境的改变和对自然选择的替代作用不断加大，人的地位跃居动植物之上，万神信仰中除天地外，动植物神灵的权威减弱了。随着阶级的分化、国家的出现和跨地域商贸网络的扩展，各个部落的万神论宗教对"天问"的错杂纷纭甚至相互矛盾的回答，不再适应国家统一、君王权威和各民族经济文化交流扩展的需要。新的需要呼唤统一的回答，它推动着理论化、体系化、在万神之上一统天地万物的一神（或主神）教的世界性宗教和古代哲学的孕育。

这一孕育经历了从农业文明早期到中期的漫长过程。农业文明带来了人口增长、经济和文化交流、文字发明和技术改进。技术改进源于生产经验积累和经济、文化交流带来的效益的比较选择。在遗世独立的封闭的部落中，虽不能说他们在几千年甚至几万年间技术毫无进步，但这种进步像蜗牛爬行一样缓慢，近现代发现的许多曾长期与世隔绝的岛屿和大洋洲、美洲、非洲的土著部落与欧亚大陆的技术差距，就充分展示了这一事实。欧亚大陆比邻而居的部落、国家由于经济和文化交流频繁，各种技术得以相互比较借鉴，对效益的追求推动着相互学习和相互促进，因而技术改进的速度领先于全球。技术的进步和生产力的发展既带来了剩余产品的增加和阶级的分化，也产生了对知识的需求，使极少数人成了社会的统治者和知识的垄断者，这部分人最先来自宗教界。

技术的不断进步，不同部落、国家间经济和文化交流的不断扩大，既会带来相互利益的增进和人们视野的打开，也会产生各种利益的纠纷和认知的矛盾，其中各部落、国家的不同宗教信仰，就是造成认知矛盾和利益纠纷的一个重要因素。改善生存状态和追求更大利益的动力，冲击着不同部落、国家间经济和文化交流的各种障碍，不同宗教的认知矛盾不能通过这种交流得到统一，因而这种冲击常常伴随着部落间、国家间、王权与僧侣间的冲突和战争。长期的战争最终导致东西方一些大国和帝国的诞生，这些大国和帝国要维持下去并得到巩固，就需要有统一的新宗教替代部落时期的旧宗教，以国王的权威替代部落首领和祭司的权威。在这一过程中，五花八门的原始宗教解体了，剩下的是各种巫术类的碎片，一些人们共同接受甚至喜爱的神话故事流传了下来，如中国的盘古开天地、女娲补天、女娲造人、嫦娥奔月、后羿射日、精卫填海等。

理论化、体系化的新宗教经过了数千年农业文明的孕育，直到 2000 多年前才形成，随后又都经历不断演化的过程，现存的世界性宗教有佛教、基督教、伊斯兰教。

人类通过统一宗教的构建，对"天问"的回答更理论化、体系化了。它以神学的形式反映了人类对生命价值的关注，赋予人生以意义、责任和信念；其因果报应说对抑恶扬善、减轻社会苦难和个人精神痛苦、实现社会组织的和谐（道教还指向人与自然和谐）起着古代社会其他机制难以替代的作用；它以灵魂不死和高尚的灵魂能上天国而赋予这些生命以神圣的意义，这种对生命终极去向的关注，是激励人类探索宇宙的一个动力源。如果宗教去除神秘化、烦琐化和还原为现实化，就其突出的社会功能而言，宗教可以看成古代社会哲学、心理学、伦理学、行为学、教育与宣传的一种合体。世界性宗教从 2000 多年前直至近代全球市场的形成一直都是推进国际经济文化交流的一个重要媒介。

第二节　理性觉醒

一　最早的政教分离

宗教僧侣是人类社会最早的统治者，也是知识、教育、医疗和研究资源最早的垄断者。但随着社会问题趋向复杂化，宗教僧侣在处理部落、国家之间的矛盾、冲突和战争问题上的无能，使得宗教僧侣势力逐渐衰落，世俗君主的控制势力逐渐增大，并最终迫使宗教让出政治、经济、文化、社会的垄断权而退守精神领域。中国的这一过程不仅完成得最早，而且宗教神学在精神领域的影响也相对薄弱。

中国在夏、商、周时期，虽然形成了统一的国家政权，但宗教仍处于原始状态，并未出现全国统一的理论化、体系化的宗教，君王假上天的授权进行统治，既是世俗的统治者，也是上天的代理者，以后历代的君王都以王权天授（"天子"）的名义进行统治，祭祀天地，并没有一个统一的强大的宗教与之竞争这一最高的"天授之权"。而且最晚在春秋战国时期，原始宗教的影响已经衰微，老子、孔子都罕言神鬼，诸子百家也没有一个是僧侣，虽然有些诸侯国的势力强大，但除非要反叛，通常都会在形式上维护"天子"的天授之权。

中国从秦代开始就确立了中央集权的行政控制体系，即使在精神领域，它也排除了任何宗教神学向中央权威的挑战。汉代后，儒、佛、道在中国流行，儒家关注的主要是伦理秩序，它宣扬的敬天法祖、忠君爱国、孝亲重教有利于维护中央权威、国家统一、家庭和睦和社会秩序。道教在创教之初因天下大乱而或造反（黄巾军起义）或割据（五斗米道），都遭到镇压，此后逐步形成了"天地国亲师"信仰。佛教总体上（也有例外）是一个远离权力和政治的宗教。儒、佛、道在中国2000多年的传播中，走的是一条既相互竞争又相互适应、相互借鉴和共生发展之路。而且，儒家的"大道之行也，天下为公"的"大同"思想，是对过去时代的追忆，也是对未来理想社会的憧憬。道家追求利万物而不害的"道"和"唯道是从"的"德"，以道德修之于身、家、乡、国、天下，追求个人长生与天下普遍安康相统一的目标。佛教是外来宗教，但在中国的传播过程中被同化并获得创新发展，它认为世界是一个普遍联系、相互渗透和包含的网，追求心灵净化、普度众生、万物平等的境界。这三者的结合，为社会和人"向何处去"提供了一个理想的心理方向，这对中国文化人的心性塑造起着重大影响。因而在这2000多年中，中国虽然发生过大小战争甚至改朝换代，但除了反侵略和消除外患外，很少对外用兵，国家因外侵内乱而分裂也总是能实现统一，大国版图、郡县制度、传统文化在2000多年中变化不大，这在全球绝无仅有。但是，静态的小农经济、僵化的集权体制、周边落后所带来的文化孤芳自赏和封闭心态，最终会走到它的适应性极限。

到了近代，在西方列强的侵略下，在西方科技、商品的冲击下，中国的知识青年开始向西方学习，寻找救国图强的新道路，随着西方新质文化的输入，思想界开始发生巨变。特别是马克思主义所提供的揭示资本主义本质和内在矛盾的经济学，历史是一个否定之否定发展的唯物辩证哲学，人类通过社会主义过渡阶段必将从人与人、人与自然的两个对抗走向两个和解，最终走向共产主义的社会学理论，在西方掀起了风起云涌的革命运动，在中国则与传统文化中的大同理想产生了强有力的呼应。中国社会主义制度的建立，使得世界大同成为向何处去的回答。

二　神学独断与科学崛起

欧洲在2000多年前产生了崇尚哲学、科学的希腊文明，但古希腊是由一个个城邦组成的。罗马帝国是以武力征服周边国家而建立的，没有形成统一的文字和文化，始终要靠武力征伐、威慑来维持帝国的存在。由于罗马帝国没有统一的文化支撑，它不得不把在欧洲民间已有很大影响的基督教作为国教来维系人心。基督教以上帝创世、造人、灵魂、天国、地狱说来回答这一天问，随后欧洲同西亚一道进入了错综复杂、频繁不断的政治、经济、宗教冲突和瘟疫灾难的漫长历史时期，基督教神学在欧洲文化思想界裁判是非、一统政教长达千年之久，这是神学替代理性、教条替代思考，万马齐暗、贫困苦难的千年。

但是，宗教神学独断真理的权威，难以长久禁锢生存压力对技术改进的渴望、知识积累对教条的质疑。尤其是在动荡、战争、饥荒、疫病流行的黑暗年代，善恶颠倒、老少同尽、生死倏忽、人生如梦的悲剧使所有人都陷入无常的恐惧，不仅宗教慰藉人类心灵、维系社会秩序的作用，越来越难以为继，而且被压抑千年的理性能量也会喷发得更为猛烈。

13世纪，一名有造反精神的牛津方济各会修士罗吉尔·培根（1210～约1293），开始用尖锐的言辞抨击古今的权威和无知，认为对权威的尊崇、习惯的势力、群众的感觉、人们性格中骄傲自负而不肯受教育是无知的四大来源，他疾呼："不要再受教条和权威的束缚了，看看这个世界吧！"但他被教会监禁，释放之后死去，籍籍无名，他的著作直到五个世纪之后才有部分被发掘出来。①

14世纪末，欧洲由于技术进步，印刷书籍因成本降低、质量提高而变得有利可图，知识开始获得广泛迅速的传播。同时，教会的控制和腐败使它既遭到王侯和富人的怨恨，也失去了民众的信赖，并且在教会内部引起复杂的争论和改革，从而迎来了一个读书学习、思考写作、解放思想、质疑权威、

---

① 〔英〕赫·乔·韦尔斯：《世界史纲：生物和人类简明史》下卷，吴文藻等译，广西师范大学出版社，2001，第653～654页。

物质实验、探索未知的时代。

到 15 世纪，意大利出现了"文艺复兴"运动，人们的兴趣和关注点从来世转向了现世、从宗教神学转向了古典文化，生活的目的从献身于上帝转向了发展自身的潜能，诞生了一批像达·芬奇这样多才多艺的新人。16 世纪后，欧洲不仅发生了使西方基督教分裂的"宗教改革"，还出现了持续地改变历史面貌的科学复兴。随着哥白尼、开普勒、伽利略、牛顿等科学之星的升起，太空被科学之光照亮，地球是宇宙中心的宗教神学世界体系坍塌了，取而代之的是一个严格按牛顿力学规律运行的机械论宇宙观。但牛顿仍纠结于科学思维与宗教信仰的矛盾，他为上帝留下了宇宙运动第一推动的位置。

科学推动了人们寻找"天问"的新回答。17 世纪，英国发生了持续近半个世纪的政治和社会革命，其政治革命的主要成果是，确立了国会的最高权力，人有宗教信仰的自由，强迫人们接受某种信仰是不道德的。在接下来的近百年里，欧洲又出现了一场"启蒙运动"，涌现出一批热情奔放、才华横溢而又深思熟虑的文化斗士，他们认为过去的历史基本上是迷信和无知的历史，他们那个时代是从黑暗走向光明的时代，保持这种进步的力量是人类理性的力量。受牛顿万有引力定律的影响，他们相信存在不仅控制物质世界而且控制人类社会的自然法则。他们用理性去检验一切，使欧洲的旧制度遭到毁灭性批判，使基督教信仰被理性重击而破裂，从而使很多人成了彻底的无神论者，也使一些人成了不可知论者，还使一些人成了自然神论者，对"天问"的回答各说各理。

第三节 丛林法则

一 进化论被曲解

近代科学发展及其技术应用，与欧洲殖民者对全球的征伐和世界市场的开辟同步并进，既为曾经饱受贫困、瘟疫和战争之苦的欧洲带来了快速发展的强劲动力，又刺激着科学技术和工业的加快发展，使捷足先登者获得不断增强的经济、军事实力和心理优势。新技术带来的巨大利益和科学在预测上所获得的惊人成功，使得科学超越神学和哲学而确立了无可替代的权威性，不仅使越来越多的人把全部希望都寄托于科学，而且借鉴科学研究的方法，一种以观察、事实（史料）为依据的逻辑严谨的分析、综合方法也被应用于经济、社会和生物领域。

在18世纪的启蒙运动时期，亚当·斯密在经济学领域提出了"自由放任"原则，并在《道德情操论》和《国富论》中都提出了著名的"一只看不见的手"：自私是人的天性，虽然人们的经济活动追求的是私利，并不考虑社会利益，但是，一只看不见的手使他们不知不觉地促进社会的利益。① 亚当·斯密是有宗教信仰的，在道德领域对贪婪和恶行持否定态度，但在经济领域，他为人们追求现实利益而不是宗教的来世利益提供了理性支持，具有广泛而深远的影响。

---

① 参见〔英〕亚当·斯密《道德情操论》，何丽君编译，北京出版社，2008，第四卷第一章；《国富论》，戴光年编译，武汉出版社，2010，第四篇第二章。

对基督教世界观的根本性颠覆来自科学的新发现。大自然是最终的导师，达尔文随贝格尔号军舰完成环球自然考察后，在回忆录中说："正是在 1836 年至 1839 年间，我逐渐认识到，《旧约全书》中有明显伪造世界历史的东西……我逐渐不再相信基督教是神的化身以致最后完全不信神了。"① 《物种起源》（1859）和《人类的由来及性选择》（1871）的问世，使基督教神学的上帝创世、造人论完全成了一个虚妄的假说。基督教对"天问"的回答被科学彻底否定，人们开始以科学为依据重新做出回答。

新回答的最重要的"依据"是达尔文的进化论。早在《物种起源》出版前 11 年（1848），达尔文读到马尔萨斯的《人口论》，使他形成了在激烈的生存斗争中，有利变异必然得以保留，并最终形成新物种的想法，受此影响，他以"生存竞争"作为《物种起源》的副标题。但他没有想到的是，进化论中的"生存竞争""自然选择"被掌握话语权的"社会精英"们简化为"竞争选择、适者生存"（中文译为"物竞天择、适者生存"，从字面上看，"竞争选择"即竞争就是选择，"物竞天择"即选择在天，二者的含义不同），被社会统治阶级变成为社会领域中弱肉强食辩护的"科学"武器。

近代欧洲通过竞逐私利的利己主义、弱肉强食的社会达尔文主义、发展科技的实用主义和征服全球的殖民主义的紧密配合，不仅成了世界的中心——市场的垄断者、财富的集中地、军事的巨无霸和政治的号令所，而且成了社会发展的"模板"。"丛林法则"横行于世，成王败寇，赢者通吃，为

① 〔英〕达尔文：《物种起源》，舒德干等译，陕西人民出版社，2001，第 1 页。

了成功、取胜，可以不择手段编造谎言，捏造证据，颠倒黑白，发动战争，杀人盈野。灭绝土著的殖民史、血腥悲惨的贩奴史、黑暗肮脏的工厂史和碾压全球的两次世界大战等规模空前的悲剧，都被"竞争选择、适者生存"的解释变得似乎有理，并且很快被二战后失衡的科技的进步、工商的发展、市场的扩张、商品的涌流、国力的增强、民生的改善等洗刷、冲淡，前几代人的苦难在代际轮替中从人们的记忆里快速消减，取而代之的既有表层的乐观幻想泡沫泛起，更有深层的疯狂竞争和霸权主义一统天下的野心膨胀。

二　史学家的批判

近一个多世纪以来，强权政治、帝国主义、霸权主义、社会不公、弱肉强食的"丛林法则"大行其道，以至享誉世界的历史学家们也不惜笔墨来论述这种影响。这里要对此稍作介绍，因为这正是我们今天仍面临的严重问题。赫·乔·韦尔斯在《世界史纲：生物和人类简明史》中说：

> 到19世纪将要结束时，一种对达尔文主义粗浅的误解，已到处成为"受过教育"的广大群众的基本精神粮食……有权有势的人们相信他们是依靠生存竞争的力量而居上的，在生存竞争里强者和狡诈的人胜过了弱者和说真话的人。他们还进一步相信必须强壮、有力、无情、"实际"、自利，因为上帝已死去了，或者似乎本来就是死的……不久以后他们就越出了对达尔文主义的最初粗浅的时行的误解，即人人专门为己的想法……他们断定，人类是一种像印第安人的猎狗一样的社会动物……正如

在狗群中为了大家的好处必须欺压幼者和弱者，所以人群中的那些大狗欺压幼弱也似乎是理所当然的。因而对19世纪早年曾经盛行的民主主义观念产生了新的蔑视，对专横者和暴虐者的艳美又恢复了。拉迪亚德·吉卜林竟会把中上层阶级英国公众的儿童领回到丛林野地去学习"法律"，他竟会在他所写的《林莽之书》中，以赞赏的笔调来描写三个男孩凌虐另外两个男孩的情形，这三个男孩在显示恶意以前，用诡计把受骗者无从求援地捆绑起来……对《林莽之书》里面的这一事件稍予注意是值得的，因为它非常生动地显露了19世纪结束时英帝国的政治心理。不先了解这个故事所例证的心理歪曲就不能了解19世纪后半世纪的历史。那两个被虐的男孩是"欺软怕硬的人"，这是那三个加害者的借口，而加害者又是受一个牧师的煽动而胡作非为的……这件事的教训似乎是，一定要注意在未施加虐害之前，先搞出一点可以为道德愤慨辩解的借口，那就万事大吉了。如果有权威站在你的一边，那你就不会受到谴责。这显然就是这个典型的帝国主义者的简单教条。既然人类这种动物的智力已经发展到足以有意识的残酷无情时，每一个软弱的人就必须尽其力之所能遵守这一教条。故事中另一点确很重要。中小学校长和他的牧师助手都被描述为暗中参与此事的人。他们愿意这种欺弱的事发生。他们不去行使自己的职权，而假手于三个男孩，也就是吉卜林先生的英雄，来惩罚那两个受害者。校长和牧师对一个愤怒的母亲的一再申诉充耳不闻。这一切都是吉卜林先生认为最值得想望的事情。由此我们得到了现代帝国主义最丑恶、最退化、最终要灭亡的观念的关键，也就是法律和非法暴行之间暗中勾结的观念……帝国都是这样背叛它们的臣民而自取灭亡的。统治者和帝国的真正力量不在于陆军海军，而在于人民相信他们是坚定不移地坦率的、诚实的和合法的。一个政府一旦离开了这个标准，它就不比一个"犯人称霸的团体"好多少，它的寿命也就不长了。①

斯塔夫里阿诺斯在《全球通史——从史前史到 21 世纪》中也指出：

> 尽管达尔文主义受到宗教界和其他集团的敌视，它还是对西方社会产生了深远的影响。它对最适者生存和生存斗争的强调极妙地与时代倾向相吻合。在政治上，这一时期正是俾斯麦"铁血"统一德国的时期。各国的民族主义赞美者认为达尔文主义给了他们支持和正当理由。他们认为在政治活动中与在自然界一样，最强者是得胜者，好战的品质决定谁将在国际"生存斗争"中获胜。在经济生活中，这是自由经营和粗俗的个人主义盛行的时期。舒适的、心满意足的上、中层阶级强烈反对国家为促进更大的社会平等而做出的任何干预。他们论证说，他们应得到幸福和成功，因为他们已证明自己较无能的穷人更"适合"，而且，大公司对小公司的兼并是"生存斗争"的一部分。19 世纪后期也是殖民地扩张的

---

① 〔英〕赫·乔·韦尔斯：《世界史纲：生物和人类简明史》下卷，第 843～844 页。

黄金时期，达尔文主义被用来为帝国主义辩护。有人争辩说，殖民地是强国的繁荣和生存所必需的；还有人争辩说，按照世间的成就判断，诸土著民族软弱、低劣，需要优越的、强大的欧洲人的保护和指导……它们似乎为当时整个欧洲盛行的物质主义提供了科学支持。简言之，达尔文主义合时宜地与吉卜林的下述名言相一致：有力量者应该有所获，能有所获者应该保持所获。①

尤瓦尔·赫拉利在《人类简史——从动物到上帝》一书中，把今天的人文主义分为三类：自由人文主义、社会人文主义、演化人文主义。其中演化人文主义"以纳粹为最著名的代表"。

　　深受演化论影响……纳粹相信人类并非处处相同，也不是永恒不变，而是一个会进化或退化的物种。人可以进化成超人，也可以退化成非人。纳粹打着保护优秀人种，避免退化的幌子，从事着反人类的勾当……他们顺着达尔文演化论的逻辑，认为必须要通过自然选择淘汰不适合的个人，只留下适者，才能让人类继续生存繁殖。但自由主义和共产主义要保护弱者，不仅让不适者生存下来，还给了他们繁殖的机会，这样就破坏了自然选择的秩序。如此一来，就算是最适者的人类，也不免被一群堕落的人类淹没，变得越来越趋近不适者，一代代下去就可能导致灭绝。一本1942年的德国生物课本，

① 〔美〕斯塔夫里阿诺斯：《全球通史——从史前史到21世纪》下册，吴象婴等译，北京大学出版社，2006，第486页。

就有一章"自然和人类的法则",认为自然界的最高法则就是让所有生物都必须在无情的斗争中求生存……课本里接着又从希特勒《我的奋斗》引了一段:"想要违抗自然铁律的人,也就是违抗了那些他应该感谢、让他得以为人的原则。与自然对抗,只会带来人类自己的毁灭。"①

在 20 世纪 40 年代前,西方社会达尔文主义能形成气候,是因为殖民主义、种族主义、西方列强、大资产阶级等既得利益者受到自由人文主义、社会人文主义特别是共产主义思潮的冲击,能与之对抗以维护自身"特殊利益""合理性"的最好武器,就是这种打着"进化论""科学"幌子的"理论"。反之,其他理论只要触犯了他们的利益也会遭到抵制,后来的基因研究揭示人类基因谱系的差异很小,微小的基因差异与种族不平等是两码事,他们也竭力加以反对。正如尤瓦尔·赫拉利所说:

许多西方精英都相信有不同人种的存在,相信白人较为优越,也相信应该要保护、培养这个高贵的种族。像是在许多最具盛名的西方大学里,学者用最新的正统科学方法,发表的研究报告号称证明了白人比起非洲人或印第安人更聪明、更有道德也更具技术。而在华盛顿、伦敦和堪培拉的政治家也一心相信自己必须负责避免白色人种受到玷污堕落,所以得要设下重重限制,避免像中国甚至意大利的人民移居到像是美国和澳大利亚这种

① 〔以色列〕尤瓦尔·赫拉利:《人类简史——从动物到上帝》,林俊宏译,中信出版社,2015,第 223～226 页。

"雅利安人"的国家……就算在新的科学研究发表之后也并未改变……至少到 20 世纪 60 年代，白人至上仍然是美国政治主流的意识形态。限制只有白人才能移居澳大利亚的白澳政策，一直到 1973 年才废除。澳大利亚原住民要到 20 世纪 60 年代才有平等的政治权利，而且大多数还是被认为不足以发挥公民的功能，所以无法在选举中投票。[1]

社会达尔文主义遭到远不只是历史学家的批判，不少科学家也加入了这一行列。但直到今天，世界政治的丛林法则仍甚嚣尘上，狼烟四起，其理论根基和基本信条仍未受到根本触动，以致一些科学家认为，这样下去，人类将难以在地球上继续生存几百年甚至一百年，需要尽快在外星找到安全的庇护所。因而，要真正否定社会达尔文主义，还必须有"进化论"本身的进化，这就是本章开头所提到的第四阶段——"协同进化"，本书将在第三章集中论述。由于科学发展的道路是曲折的，随着 20 世纪的到来，广义相对论和量子力学闪亮登场，它颠覆了牛顿的机械论宇宙观，使生命的奥秘和人类的进化同宇宙的极大与极小联系起来，从而使对"天问"的回答转向了物理学。

---

[1] 〔以色列〕尤瓦尔·赫拉利：《人类简史——从动物到上帝》，第 224 ~ 225 页。

第二章　宇宙之网

现代物理学把我们置于宇宙的极大与极小之间，从而接过了对天问的回答，物理学家对此不仅自感责无旁贷，而且不乏信心。约翰·格里宾在《大宇宙百科全书》的导言"我们来自何方？"中说："这个问题是人类可能提出来的最深奥的问题，而对此问题能够给予大致完整的回答，应该是人类思维的最伟大成就。"[①] 史蒂芬·霍金在《时间简史——从大爆炸到黑洞》一书中认为："如果我们对此找到了答案，则将是人类理智的最终极的胜利。"[②] 但是，现代物理学家经过几十年的努力，仍未能把现代物理学描述宇宙极大与极小的两个被证明是正确的理论——广义相对论和量子力学——统一起来。对大统一理论的寻求，使宇宙之网的维数增加到十维、十一维，科学已经进入了一个超复杂领域，这种超复杂性既在于宇宙自身的"怪异"，也在于寻找数学描述方程超乎想象的困难，还在于思维方式和语言表达方面的困难，但这都无碍于揭示宇宙是一个渐次展开的过程，本章我们要对此稍作一些了解。

---

①　〔英〕约翰·格里宾：《大宇宙百科全书》，第 1 页。

②　〔英〕史蒂芬·霍金：《时间简史——从大爆炸到黑洞》，许明贤、吴忠超译，湖南科学技术出版社，2004，第 172 页。

第一节　探索本原

一　极大极小

早在公元前 5 世纪，古希腊哲学家、经验自然科学家德谟克利特就提出：原子和虚空是万物的本原，原子是物体不可分割的最小单元，它们没有质的区别，只有大小、形状的差异，无数的原子在无限的虚空中运动、碰撞、形成旋涡，它们以不同秩序和位置结合起来，产生无数的世界和物体；灵魂由光滑精细、运动极快的圆形原子结合而成，也是一种物体；原子分离，物体消灭，万物生灭皆属必然；物体投射的影像引起感觉，感觉是认识的来源，但只有理性才能把握实在、认识万物的本原；神并不存在，幸福是人生的目的，幸福不在于感官享受而在于心神宁静，理性的人能达到幸福的境界，教育可以改变一个人。2500 多年前的思想家显示出如此的理性洞察力，不能不令人惊异！

由于受古代科学技术条件所限，同时也遭到亚里士多德权威的"自然界厌恶真空"论的反对，在此后的 2000 多年中，德谟克利特的原子论并没有得到探究，西方的宗教和哲学都转向了物质与精神、身体与灵魂的二元论，关注精神世界的灵魂与伦理问题。直到文艺复兴时期，人们才开始摆脱宗教和亚里士多德的过度影响，一些独立思考的人把兴趣转向了对自然界的探索。伽利略是提出研究自然必须进行系统观察和实验并与数学表达结合起来的第一人，因而被尊为现代科学之父。

17世纪的欧洲哲学和近代自然科学由于培根、笛卡儿和牛顿的贡献而影响深远。培根的归纳法把对整体的认识归结于对它的各个部分的认识，把复杂的东西归结于简单的东西，把一切研究归结于分析。笛卡儿的二元论哲学把精神与物质分离为两个独立领域，认为心灵的本性是思维，物质的本性是广延，广延不能思维，思维不能广延，二者互不相通，这两个相对的实体依赖于上帝这一绝对的实体，物质世界是统一的、无限的，它按照机械法则运动，复杂的东西可以分解成简单的东西来认识，然后再把它们像机器一样组装成整体的认识。牛顿力学中的空间是三维的欧几里得几何空间，时间是一维的对所有事物变化的描述，它们都是绝对的、不变的，与物质是彼此独立的；物质粒子在绝对的空间和绝对的时间中运动，万物都存在吸引力。随着以牛顿为代表的经典物理学对天体运行规律预测的成功和技术应用迎来了生产工具的机械替代，机械论宇宙观——时间、空间、物质、能量、引力、精神、肉体的分离和严格的因果律、通过对物质不断细分找到基本构成材料来揭示宇宙奥秘的思想——在17世纪下半叶至19世纪末的哲学和科学界占据了统治地位。

但是，这种宇宙观并非坚如磐石，它从19世纪60年代起，先后遭到达尔文进化论和麦克斯韦电磁场论的挑战，20世纪狭义相对论、广义相对论、量子理论等相继问世，一个又一个的科学新发现，更使它遭到一波接一波的冲击，导致所有最重要的概念都被颠覆。

在经典物理学中以及在我们的日常生活观念中，时间与空间是分开的、各自独立的，是不以任何事物为转移的绝对的实在。时间是一维的，以不变的速率流逝着，空间是三维的，容纳宇宙万物又与它们无关的无边无际的容器。但是，爱因斯坦的狭义相对论揭示，时间和空间都不是绝对的独立的实在，而是三维空间和一维时间的四维时－空连续体。质量只是能量的一种形式，二者相互转换的关系是 $E = mc^2$。运动的物体在运动的方向上长度收缩、质量增加、时钟变慢。广义相对论又揭示，四维时空是弯曲的，其不同曲率是由不同质量的物体引起的，是物质的存在引起四维时空发生与此等效的弯曲，时空的弯曲影响通过弯曲时空区的一切东西。在宇宙的不同部分，因物质的密度（质量）不同，空间的曲率不同，时间也以不同的速率流逝着。广义相对论把引力解释为时空在物质近旁弯曲的结果，物体的质量存在一个临界半径（称为史瓦西半径），如果质量挤压到临界半径以内，时空将弯曲到围绕该物体，即时空的曲率闭合，光都不能逃脱时，它就变成看不见的黑洞。爱因斯坦的相对论已经证明是正确的。

在爱因斯坦发表广义相对论后约 10 年，量子物理学兴起，它揭示原子不是致密的不可分割的点粒子，而是有着超乎想象的复杂性。

相对于原子内部的极小粒子，原子是一个大空间，它的绝大部分是空的，在这广阔的空间里，一些极小的电子围绕极小的原子核高速运动。亚原子既是粒子又是波，具有波粒二象性。极小的电子围绕极小的原子核高速运动。它的二象性使原子看起来像一个致密的刚性圆球，但这种结构与行星围绕恒星旋转的结构不同，电子运行的轨道有多种，会因所获得能量不同而从最低的"基态"轨道跃迁到较高的"激发态"轨道，释放能量后又会回到基态轨道。亚原子运动是一种倾向性而不是确定性，不能同时测定它的位置和动量，即测定了位置就不能测定动量，或者相反，测定了动量就无法知道它的位置，这与测定技术先进与否无关。描述亚原子运动的量子理论用概率来表示这种倾向性，而且这种概率不是观测对象的概率，而是观测者和观测对象之间的相互关系。这不仅表明严格的因果论不能成立，而且表明没有严格分开的独立的观测者与观测对象，观测者是观测对象的参与者，世界是一个普遍联系、相互作用的网。

原子核的大小只有原子的约十万分之一，却集中了原子的几乎全部质量，但原子核也不是致密的最小单元，它是由质子和中子组成。质子和中子仍不是最小单元，它们还可以分解，电子也能分裂成更小的碎片——马约拉纳费米子。由于高能物理撞击实验水平的不断提高，科学家发现的新粒子不断增多，现已发现有几百种。如果"基本粒子"有几百种，那不仅令人生畏，而且挑战了"基本"的概念，可能没有一种粒子称得上是基本的。事实上，它们中的绝大多数存在的时间比百万分之一秒还短，就蜕变为其他粒子，如质子、中子和电子。

量子物理学按质量大小把粒子分为轻子、强子两类，轻子类有电子、中微子等，质量很小，数目也很少。大多数粒子为质量较大的强子，如质子、中子等，强子由夸克组成，具有电荷、色荷、自旋及质量等内在特性，是量子理论标准模型中唯一能经受全部四种力（引力、电磁力、强力、弱力）相互作用的粒子，也是已知唯一基本电荷为非整数的粒子，它们相互作用形成复合粒子——强子，强子中最稳定的是质子和中子。夸克不能被直接观测或被分离出来，它分为上、下、粲、奇、底、顶6种，上、下夸克质量是最轻的，是所有夸克中最稳定的，较重的粲、奇、底、顶夸克只能从高能粒子的碰撞中产生，它们通过衰变迅速变成上、下夸克。量子物理学家认为物质分到夸克就不能再分，2012年发现唯一自旋数为0的希格斯玻色子（玻色子属传递相互作用的粒子）后，量子物理学家认为组成万物的基本粒子有17种。量子物理学家按功能性质把基本粒子分为组成物质的粒子和传递相互作用的粒子两大类：组成物质的粒子为费米子，传递相互作用的粒子为玻色子。费米子的自旋数为半整数，一个量子态只能被一个量子占据，电子、中微子和夸克等基本粒子属费米子。玻色子的自旋数为整数，一个量子态可以为任意多个量子占据，光子、胶子、W粒子、Z粒子和传递引力的粒子属玻色子。

量子物理学揭示了宇宙的一种基本的整体性。正如理论物理学家卡普拉所说：

> 我们不能把世界分解为独立存在的最小单元。当我们深入物质内部时，自然界并不向我们显示任何孤立的"基本结构单元"，而是表现为由整体的不同部分之间的关系构成的复杂的网络。观察者总是必然地也包括在这些关系之内。观察者构成观察过程的最后一个环节，任何原子客体的性质只能根据客体与观测者之间的相互作用来了解。这就是说，对自然界作客观的描述，这种古典的理想不再有根据。研究原子问题时，不能在自我与世界之间，观测者与观测对象之间作笛卡尔分割。在原

子物理学中谈论自然界的同时，无法不涉及我们自己。[1]

量子理论标准模型在描述亚原子的运动状态和相互作用方面取得很大成功，在实践中的应用也引起了日新月异的科技变革，更为惊人的是，它把宇宙的起源、演化、极大和极小联系起来了。在20世纪20年代末量子物理学快速发展的时候，美国天文学家埃德温·哈勃观测到星系在彼此分开，这意味着它们过去曾经靠得很近，这一发现最终导致了宇宙大爆炸理论的诞生，而在这之前，爱因斯坦的广义相对论也推论出宇宙在膨胀。广义相对论和量子物理学的结合，极好地解释了宇宙大爆炸之后的演化过程，经过后来的地面实验和空间观测证实并修改完善，物理学家建立了一个被认为是唯一可靠描述的大爆炸、暴胀的现代宇宙学。

二　凌空踏虚

但是，现代宇宙学远不能说大功告成，它还存在两大问题。

一是它无法解释宇宙中的大部分物质和能量。物理学家对天体运动进行研究发现，一个星系中可见物质的总质量按牛顿引力定律不足以解释星体旋转的速度，太空中的引力远比可见物质的引力要大。于是物理学家通过对可见物质的引力作用，推测有不属于基本粒子中任何一种的未知物质存在，并把它称为暗物质。暗物质虽未找到，但在宇宙中总物质能量中的占比很高，可见物质只约占5%，暗物质约占27%，

---

[1] 〔美〕卡普拉：《物理学之"道"——近代物理学与东方神秘主义》，朱润生译，中央编译出版社，2012，第46页。

暗物质仍是物理学的大谜团之一。同时，宇宙从大爆炸以来一直在加速膨胀，按爱因斯坦的广义相对论，可见物质和暗物质应使宇宙膨胀减速，于是物理学家又推测造成宇宙膨胀加速的原因是在可见物质、暗物质之外还有暗能量存在，它在宇宙中总物质能量中的占比约为68%。暗能量的压强为负，但暗能量到底是什么更是个谜。

二是它无法解释引力。量子物理学揭示了把电子与原子核束缚在一起的是带正电荷的原子核和带负电荷的电子之间的电磁力，电子以旋转的速度和在轨道上的排列分布来与这种力相抗拒而达致平衡。质子和中子处在极小的体积中，当它们之间的距离为它们直径的 2～3 倍时，束缚它们的是强核力，它们以比原子中的电子旋转速度更高的速度运动来应对，当它们靠得更近时则转化成强斥力，从而使原子核处于极度动态又极度稳定的平衡中。弱力是比强力作用距离更短、强度小得多的力，只发生在基本粒子直接接触的一瞬间。引力对微观粒子的影响极其微弱而难以测量，但在宇宙的演化中起决定性作用。要对宇宙从宏观到微观进行统一的整体性的描述，并破解暗物质、暗能量、黑洞之类的谜团，就需要把这四种相互作用的力统一起来，从而就需要把量子物理学标准模型与广义相对论整合起来，但二者又是不相容的。

如果 17 种夸克是不可再分的基本粒子，那么量子物理学已探索到了宇宙的本原，剩下的任务就是要找到把微观的极小与宏观的极大统一起来的数学模型，这个模型能有效地描述宇宙的基本性质、运动形式、演化过程及其各种呈现形式。但是，科学家遇到了超乎想象的复杂性难题。

第二节　超复杂性

一　大统一理论

德国著名分子生物学家弗里德里希·克拉默把复杂性定义为系统表明自身的方式数目的对数，或是系统可能状态数目的对数：

$$K = logN（K 为复杂性，N 为不同的可能状态数）。$$

根据信息论，系统越复杂，它所携带的信息越多。如果两个系统各自有 M 和 N 个可能状态，组合系统的状态数目是两者之积：

$$M \times N = logM + logN$$

克拉默按复杂度的不同，把复杂性分为亚临界复杂性、临界复杂性和根本复杂性三类。牛顿力学、细胞器等属亚临界复杂性，海森堡测不准原理、细菌等属临界复杂性，系统具有不确定解如大分子间相互作用、中枢神经系统等属根本复杂性。[①] 本书用超复杂性替代根本复杂性，既是有意与超弦理论的复杂性相对应，也是因为今天的科学对宇宙之谜、多细胞生物之谜、意识之谜等的探索，面临的都是超复杂性难题。这里只对超弦理论和人的意识稍作论述。

为了克服广义相对论和量子理论的矛盾并建立把二者统一起来的数学模型，量子物理学家做出了不懈的努力，他们

---

① 〔德〕弗里德里希·克拉默：《混沌与秩序——生物系统的复杂结构》，柯志阳等译，上海科技教育出版社，2000，第 285～293 页。

以数学自洽性与实验吻合性的完美统一为标准，在对各种理论沙里淘金的几十年的探索历程中，曾认为超弦理论是最有力、最值得期待的备选理论。超弦理论经历了从标准模型到弦理论再到超弦理论的发展，它用弦的振动来解释玻色子和费米子，认为物质是由类似于线状的弦而不是粒子组成的，宇宙是九维空间，加上时间就是十维。但它既存在超乎想象的数学表达困难，也有待实验的验证。

超弦理论认为，所有基本粒子（包括组成物质的费米子和传递相互作用的玻色子）都是由一种弦组成的，各种基本粒子是由弦的不同振动状态产生的。弦有开弦（有两个端点）、闭弦（两个端点连在一起的圈状）两种状态。弦在不同维度的空间可以在各个方向振动。量子理论标准模型是三维空间，它不包括引力，超弦理论中的空间维度是多少呢？这就涉及超复杂性问题，这里仅举两例数学难题。

其一，如何处理无穷大问题。由于光子整体的能量（＝振动能量＋最低能量）与算式 $2 + (D-1) \times (1+2+3+4+5+\cdots)$ 成正比，光子的质量必须为 0，才与狭义相对论相符，D 是空间维度，D 和 $(D-1)$ 都不能是负数，要使光子整体质量为 0，$(1+2+3+4+5+\cdots)$ 就必须为负数。这一算式是正整数的无穷相加，怎么看其结果都是无穷大，怎么可能为负数呢？

但是，如果追问无穷大是什么，回答又只能是不知道，既然是不知道，那么就不知道它是正数还是负数。这看来是一个无解的困境。不可思议的是，18 世纪的一位天才数学家莱昂哈德·欧拉有一个"神奇"的公式：

$$1 + 2 + 3 + 4 + 5 + \cdots = -1/12 ①$$

正是这个惊人的公式使量子物理学家意外地解困。根据这个公式推导，空间是二十五维时，光子的质量为0。把相同的计算应用于超弦理论，光子质量为0的条件是：2 -（D-1）/4 = 0，求解 D = 9，得出超弦的空间为九维。欧拉上述公式涉及无穷大及其求和问题，究竟是欠缺数学的严密性还是深得数学之真谛，似乎难以说得清。

其二，"卡比拉 - 丘成桐空间"是能以无数种方式蜷缩的高维空间。超弦理论只有在九维空间中才不会出现数学矛盾，但基本粒子的标准模型是三维空间，要从超弦理论推导出它，必须存在6个额外维度，即将九维空间紧化掉六维，就会变成三维空间。但如何紧化又是个难题，幸运的是，俄罗斯数学家佩雷尔曼在2003年证明的"庞加莱猜想"，在数学上揭示了满足某种性质的三维空间只存在一种。华裔美籍数学家丘成桐1978年证明了"卡比拉猜想"，揭示了数学上存在满足某种条件的六维空间，被称为"卡比拉 - 丘成桐空间"。利用这种六维空间对九维空间进行紧化，就能从超弦理论推导出基本粒子标准模型的三维空间。

但是，在无数的"卡比拉 - 丘成桐空间"中，该选择哪种六维空间，三维空间内会出现什么样的基本粒子模型等仍是难题。超弦理论物理学家再次找到拓扑学中的"欧拉数"绝对值为6，推导出夸克的"三世代"（上、下夸克，粲、奇夸克，顶、底夸克），即选出"欧拉数"绝对值为6的"卡

---

① 读者如关心欧拉上述公式是否成立，可查阅超弦理论物理学家大栗博司在《超弦理论——探究时间、空间及宇宙的本原》一书的附录中整理的两种欧拉上述公式的推导方法。

比拉－丘成桐空间"。这个空间极其复杂，"目前连两点间的距离测量公式都无法得知"①。

在超弦理论看来，引力、维度、空间、时间都不是基本的东西，它们都是呈展，是某种更本原的东西表现出来的次级概念。"对于宇宙整体而言，时间也是具有方向的……就如同'上下'没有本质的意思，时间的方向也不是时间本质的性质。"②"引力、维度和空间确实是呈展，关于它们是由什么组成的问题，我们还没有根本的理解……超弦理论还是一个发展中的理论。"③

斯蒂芬·霍金发现，黑洞有蒸发，这意味着黑洞有"温度"，即有"黑洞的分子"运动。求解超弦理论方程发现各种维度的空间都有黑洞的解，"黑洞的分子"是开弦，温度是开弦的振动，开弦的两端贴在黑洞视界的表面而不是内部，就是说"黑洞的分子"在它的表面。开弦不包含引力子，传递引力的引力子是闭弦的振动，视界上的分子没有引力，只要观测黑洞的表面就可以了解它的内部。超弦理论不仅被认为成功地解释了黑洞的温度现象，而且根据马尔达塞纳对偶，只要改变表示弦之间作用强度的耦合常数，九维空间的超弦理论就会变成十维空间的引力理论，包含引力的九维空间理论与不包含引力的三维空间理论计算的结果是相同的。这种九维空间的超弦理论与三维空间的量子理论解释物理现象结

---

① 〔日〕大栗博司：《超弦理论——探究时间、空间及宇宙的本原》，逸宁译，人民邮电出版社，2015，第173页。

② 〔日〕大栗博司：《超弦理论——探究时间、空间及宇宙的本原》，第265页。

③ 〔日〕大栗博司：《超弦理论——探究时间、空间及宇宙的本原》，第250页。

果的相同，被称为马尔达塞纳对偶，并借用光学术语"全息图"，称为"引力的全息原理"。

但超弦理论解释的成功又引出了新的问题，如引力、维度、空间究竟是由什么组成的，我们仍然没有获得根本的理解。超弦理论研究的权威科学家也承认："有无引力的理论如同网一样，以一定的关系联系在一起，其中的任一理论都不是基础。我们期待这背后存在某种更加本原的理论，将这些理论合成一张网，但是我们现在还不知道这个理论是什么。"①

宇宙之网奥妙深邃，既有很多未知的东西，又有已知存在而难以解释的东西，例如，在宇宙总物质中占比超95%的暗物质、暗能量以及量子纠缠现象等。已有研究认为，暗物质存在于量子物理学的标准模型之外，是由弱相互作用大质量粒子组成，科学家尝试通过名为"普朗克相互作用暗物质"的新模型来确定这些粒子的质量上限，得到的结果达到质子质量的 10^{19} 倍，即质量达到一个粒子在成为黑洞前的水平。亚原子粒子有以一种超越时间和空间的方式隐秘地联系在一起的"量子纠缠"现象，两个纠缠的粒子，一个粒子的状态会即时影响另一个粒子的状态，无论相距多远，都呈现完全的相关性。这种超越光速极限的现象又会提出一系列新问题。最近有报道说发现了第5种力，如果这种力得到确认，那么超弦理论能否包含宇宙观测的各种新发现，还是个未知数。这些现象都会给超弦理论带来新的挑战。

总之，超弦理论的探索过程极为艰辛，投身于这一理论研究的科学家们像没有地图却要在大沙漠中寻找一块小绿洲

---

① 〔日〕大栗博司《超弦理论——探究时间、空间及宇宙的本原》，第249～250页。

的地理学家那样艰难前行，虽然不断取得新成果而收缩搜寻的范围，但会不断出现新问题而需要再搜索。"卡比拉 – 丘成桐空间"结构极其复杂，目前还有很多未知的地方。超弦理论"从现状看，它是包含引力和量子力学，且数学上合乎逻辑的唯一理论……假设这个理论最终没有被确立为自然的法则，由研究超弦理论得到的关于引力和量子力学的深刻理解，也应该会留下很多有价值的东西……该理论的研究是不是变得过于困难？发现最初的终极统一理论等目标是否超越了人类的智慧……现阶段还看不到这样的征兆，因此我们可以期待更大的进步"。[①]

理论物理学家一直希望能找到一个单一的大统一理论，这或许太难，或许不可能，于是找到了一个被认为更具希望的理论，即 M 理论。M 代表什么，目前似乎很难说清楚，它有十一维时空，不仅包含振动的弦，还包含一维点粒子、二维膜、三维块和难以想象的直至九维的其他物体。M 理论是整个一族不同的理论，其中的每一种只在物理场景的某一范围很好地描述观测，它们显得非常不同，但在交叠之处预言相同的现象，因而都可认为是同一基本理论的一个方面。这意味着不存在很好地描述一切情况的单一理论。M 理论允许有多达 10^{500} 个不同的宇宙存在，它们各有不同的定律，其中只有一个对应于我们的宇宙。M 理论现被认为是爱因斯坦所希望找到的大统一理论。史蒂芬·霍金在《大设计》一书中似乎很有信心地认为："M 理论是宇宙的完备理论的仅有候选者……如果该理论被观测所证实，它就将是过去 3000 多年来

---

① 〔日〕大栗博司：《超弦理论——探究时间、空间及宇宙的本原》，第 273~275 页。

一场智力探索的成功终结者。"① 但 M 理论还有很多空白，而且后人是否满意和止步于霍金所说的这种"智力探索的成功终结者"，现在下定论可能还为时过早。

二　人脑及思维

如果揭示宇宙之谜面临着超复杂性，这种超复杂性是因为从极大到极小的联系之网太过宏大深邃，那么我们就收缩到这个网上的一个与我们无距离的节点——在这个宇宙之网上演化出来的试图去揭示宇宙之网奥秘的人类器官及其功能——人的大脑及思维。在这里，我们也遇到了与宇宙同样的超复杂性难题。

人脑主要由神经细胞（神经元）和神经胶质细胞组成，前者是脑神经组织的结构和功能单位，后者是分布在神经元之间起保护、营养、支持作用的细胞。成人大脑新皮质约有200 亿个神经元，整个大脑约有 1000 亿个神经元，神经胶质细胞则更多，约为神经元数量的 10～50 倍。至于神经元按功能划分有多少种类，因为太复杂，人们目前对此还没有全面的了解。大脑的基本结构是由基因编程控制的，但它又因与后天的学习、思维活动形成的互动作用而发生变化，神经元之间有复杂的突触（一条轴突和多个甚至几百个树突）连接，人在出生的第一年就建立起一些特定的突触连接，突触连接随着人的成长而增加，逐渐使整个脑神经系统变成无数连接的复杂网络，而且人脑越用越灵活，神经功能练习得越多，这些连接建立得就越好；连接建立得越多，就建立得越快。

---

① 〔英〕史蒂芬·霍金、列纳德·蒙洛迪诺：《大设计》，第 154 页。

因而，"中枢神经系统是双重复杂的。一方面，它的结构和功能是被几百个以集成方式同时行使功能的基因所控制。另一方面，许多关键能力是后成的，必须得到发育"。[1]

神经生理学通过两种不同的路径探究中枢神经系统，一种是系统生理学的概括路径，另一种是分子生物学的分解路径，二者各有长短，前者排除了个体现象，从而使这种研究永远保持为现象学，后者不得不使用简单模型来解释特定现象。人们试图将它们统一起来，但所能达到的是人们需要知道、可以知道的程度，"所有破译中枢神经系统程序以获得绝对可靠预测的努力，注定归于失败"[2]。这种失败显示科学追究物质相互作用的无限多样性的局限性，但并不等于科学没有意义。

自然科学坚实而快速的发展，把宇宙中一粒尘埃（地球）上的一种生物——人类——的视野，在短短的几百年间，从局限于自我经验的鼠目寸光，拓展到对地球生命进化和万物相互影响、宇宙起源演化和极大与极小关系进行探索的浩瀚而深邃的超复杂领域，这本身就是科学的奇迹！这种奇迹既显示了人类认识具有超乎自己想象的潜力，也使科学进入了超乎言说的复杂性迷宫。

科学的局限既有自身发展阶段的局限，也有人类语言进化史的局限。科学理论的发展，不仅需要有观测和实验的基础，还需要有数学工具和语言工具的发展。科学与数学是密

---

[1] 〔德〕弗里德里希·克拉默：《混沌与秩序——生物系统的复杂结构》，第 310 页。

[2] 〔德〕弗里德里希·克拉默：《混沌与秩序——生物系统的复杂结构》，第 310 页。

不可分的，科学家都必须懂数学，像物理学的理论推演过程全是数学的推导过程，没有数学工具就没有近现代物理学。但是，要物理学家在有重大发现时又去发明一套新的数学表达工具是很难的，大多数物理学家在创建新的理论时，一般都是在已有的数学宝库中找到合适的数学表达工具，爱因斯坦表达弯曲时空和引力的数学工具是黎曼几何，超弦理论的数学表达工具更是异常复杂，而且数学的抽象表达也只能是近似的。语言是在人类的相互交往中进化的，它所涉及的范围和内容都很有限，现在人类要同宇宙中众多的超复杂性进行对话，语言表达的力不从心也就显现出来，只要接触一下量子物理学中一些稀奇古怪的名词，就可以感觉到这一点。

科学发展无止境，但有局限、极限。它不仅来自数学和语言表达的局限，而且来自人的感觉、心理、思维的局限，这种局限也影响到科学，并进而影响到我们对世界的认知和理解。

动物以感官感知世界，但不同动物的感官模式千差万别，各有所长。科学告诉我们，我们人类感官感知的东西很有限。比如，光是一种电磁波，我们看到的是波长为 400～760 纳米的可见光，在整个电磁波频谱中只约占 10 万亿分之一，而蜜蜂等昆虫能看见紫外线；我们能看到五彩缤纷的世界，而大多数哺乳动物只能看到黑白灰三种颜色的世界；大象可以听到次声波，蝙蝠可以听到超声波，而我们却不能；我们的嗅觉也远逊于很多动物；等等。因而，不同动物所感知的世界是很不一样的。进化使不同物种各有所长，同时又限制了它们的其他方面。科学使我们知道自身感官的局限性，并通过科学使我们超越感官局限性而拓展了对世界的认知，但我们还是很难理解感官模式不同的动物所"认知"（或"心目"中）的世界究竟是什么样。

我们不仅很难理解感官模式不同的动物的"心理"活动，而且很难确知自己同类的心理状态。科学对人类的生理结构和活动过程的认知已取得很大进步，由此我们能确知一万年来，人类在这方面基本上没有多少变化，但心理学的发展没有为我们提供这种自信。很多心理学实验不能重复的事实表明，设计相似的情境，不同的社会群体、不同宗教和文化背景的人在不同的时候，心理状态是不同的。因而，今天的人类心理状态与一万年前的人类心理状态会有一些显著的不同，我们不但不能通过今天对受文明影响的原始采集群体的心理学研究，去推知一万年前原始部落人群的心理状态，而且不能以己之心，去洞察他人之腹。

面对如此复杂的世界，人要想有所行动，而不是茫然无所措，就必须有所取舍，人脑就是一个消减复杂性的思维器官。人脑虽是一个超复杂组织，但人脑的开发、认识能力和表达工具都为人与人的相互交往和生存实践的历史所局限。对来自超复杂世界的海量信息，它只能从简接受和处理，研究超弦理论和中枢神经系统的科学家都已公开谈到科学的极限问题。但局限、极限的存在丝毫也不否定科学的价值和潜力。人不可能洞察宇宙的一切，却需要也有可能弄清宇宙演化、生物进化和心理动态的基本原理和规律，这有利于人类避免走上要么屈服于无限而无所作为，要么自以为是而贪婪妄作的两个极端，避免自毁本应有的生物进化和文明创造的美好前途，这就是科学所能并力求达到的目标，而且物理学、化学、社会学、心理学等多学科结合的新技术，已能通过消减复杂性来测知人的基本心理动态。

科学的实证性、数学化和准确语言表达的优势，也是它的局限性，这使得科学在对宇宙的起源和演化、生命的进化和大脑、思维等一些超复杂现象的探讨中既无止境，又存在边界。这种边界地带成了科学和神学的分水岭，成了神学活跃的重要领域，并使哲学不可替代的作用显示出来。这对人类智慧的开发应是好事，科学也完全可以从中吸取营养，获得启迪。

第三节　时间之矢

一　对称性

回答"我们从何而来又将向何处去"的天问，还直接涉及一个不容回避的问题，那就是时间问题。时间似乎是一个大多数现代人都能不言自明的简单概念，因为生活经验、历史和哲学知识都表明，一切皆变，时间是万事万物演变的单向过程，不管人们是否忽视它的存在，它都影响着所有事物和人的一生，区别只是不同的事物有不同的生命长度或演变速度，而人的感触尤其深刻而已。我们感叹"年年岁岁花相似，岁岁年年人不同""古人不见今时月，今月曾经照古人"，也知道天地鸿蒙、沧海桑田的演变，知道月亮不是超乎其外的永恒存在，开花之木各有其寿。这种生活经验、历史和哲学知识与现代科学所揭示的所有具有演化历史的事物是一致的。但是，当真正追问时间是什么的时候，又无人能说得清楚。它既是一个现代物理学研究的最前沿问题，又是一个最高深的哲学问题。物理学研究已经提出了一些在常识、历史甚至哲学看来都极为怪异的猜想，并引起了带有主观色彩的无休止的争论，似乎把人们带进了一个时间问题的迷宫。

科学涉及的时间问题有三个方面，即时间是有始终的还是无始终的，是对称性的还是单向性的，未来是确定性的还是可能性的。

在物理学中，时间概念是必要的，没有时间概念，就不能对两个事件的先后顺序、间隔及事件过程长短进行度量。但是，在经典物理学、相对论和量子力学中，时间都可以反演，过去与未来是对称的，没有区别。任何物理学定律，都没有关于时间从过去流到现在再流向未来的区别，用 $-t$ 替换 t 即时间反演，结果都一样。

在经典物理学中，虽然物理定律中的时间可以反演，但它还没有触动传统的绝对空间、绝对时间的观念（空间是一个无限大的容器，时间是匀速的无限延伸的线），物理定律只是物体在其中运动的规律，二者是分离的。在广义相对论中，由于把物质与时空统一起来，情况就完全不同了。广义相对论把时间一维和空间三维统一成时空四维，引力效应表现为物质和能量的分布引起时空弯曲变形，时间与空间不可分割地纠缠在一起，不仅空间弯曲，时间也弯曲，时间像空间一样有形状，空间和时间都有开端而且都是有限的。时间看似是从过去流向未来，但它可以在三维空间的任何方向上增加或减少，即在空间中倒转方向，而且时空形状会因物质的质量、能量和运动速度不同而发生改变，不是绝对的。如果你运动得比光速还快，就能回到过去（但在相对论中，光速是极限，不可能超越）。广义相对论推导出了宇宙起源于一次奇点大爆炸（因而时间有起点）、黑洞、虫洞等超出经典力学、常规思维和传统哲学的理论，引出了通过"时空卷曲""虫洞"等不为目前物理定律所禁止的可能途径，来实现回到过去的时间旅行，提出了"祖父佯谬"等匪夷所思的时间问题。爱因斯坦认为时间是一种错觉，他反对时间可以倒流的观点。霍金对此虽然没有肯定的论断，但做了基本上是否定性的论证。

量子力学在描述波函数的时间演化的基本方程（薛定谔方程）中，把给定初始时刻 t_0 的波函数 Ψ（t_0）转换为 t 时刻的波函数 Ψ（t），轨道从一个相点导出另一个相点是确定性的，时间是可逆的。在超弦理论中，时间甚至只是一个次级概念，不具有基本的重要性。

牛顿力学的成功曾导致科学决定论观念的形成，它最早由 19 世纪初的法国科学家拉普拉斯提出，即如果已知宇宙某一时刻所有粒子的位置和速度，那么我们就可以根据物理定律预言宇宙过去或未来任何时刻的状态。相对论同样如此，即自然法则表达确定性，只要给定了初始条件，就能用确定性预言未来或推知过去。量子力学看似因测不准原理而否定了确定性，但它的状态可由波函数表达，利用薛定谔方程，我们可以计算未来或过去任一时刻的波函数，可以准确预言位置或速度，只是不能两者同时兼得，因而使拉普拉斯所说的确定性降低了一半，但也不是完全否定确定性。

二　单向性

时间是对称性的还是单向性的，目前所有物理定律的回答都是前者；未来是确定性的还是混沌的，经典物理学和相对论的回答是前者，量子力学的回答在二者之间。时间对称性与日常生活中每个人都能感知的时间不可逆的常识相悖，虽然有很多常识被科学证明是人类感官局限所造成的错觉，但时间不可逆也是错觉吗？如果是，那涉及的问题就不仅是与常识，而且与从宇宙演化到生命进化的历史过程相矛盾。确定性虽然与人类的心理欲求相一致，但实际上不可能，这既是由于数学表达工具有局限性，更是由于宇宙的所有层次都存在涨落、不稳定性和多选择性。数学有它本身的局限性，库尔特·哥尔德 1931 年就提出了数学本性不完备性定理：在任何公理化形式系统如现代数学中，总有在定义该系统的公理的基础上既不能证明也不能证伪的问题。该定理证明了存在用任何一种规则或步骤都不能解决的问题，为数学设下了基本极限，使数学是一个基于单一逻辑基础的协调而完备的系统之说不能成立。

由于物理学的基础性地位和牛顿力学、相对论、量子力学在预测和应用中的成功，物理学曾被当成客观知识的典范。为了维护这些来之不易的基础性的科学成果，科学家对时间问题曾长期持回避态度，认为"就自然的基本描述而言，不存在什么时间之矢"[①]。19 世纪下半叶，维也纳物理学家玻尔兹曼试图以达尔文的进化论方法去阐述时间在物理学中的演化，遭到了排斥。时间之矢在物理世界中被认为属于现象范畴，没有本质的意义，它是因人的局限对自然的描述引入近似才造成过去与未来的差异。这种解释不仅与生活常识和哲学观念相悖，而且与宇宙演化史相悖，当然不能令人满意。

---

① 〔比〕伊利亚·普利戈金：《确定性的终结——时间、混沌与新自然法则》，湛敏译，世纪出版集团、上海科技教育出版社，2009，第 1~2 页。

物理学的时间对称性如何产生时间之矢，这一被称为"时间佯谬"的问题，就成了一些科学家所关注的问题。史蒂芬·霍金在《时间简史——从大爆炸到黑洞》和《果壳中的宇宙》两书中，都讨论了时间问题，并提出了"虚时间"概念，指出了三大物理学基础理论的不完备性。大体而言，现在很多科学家已经认识到上述三大理论都是理想化和简单化的宇宙模型，这种模型并不能完全与宇宙、星球、地质、化学、生命的演化史相协调。

现在，非平衡过程物理学所产生的自组织、耗散结构等概念广泛地应用于从宇宙学到化学、生物学、生态学甚至社会科学的各个科学领域，单向时间效应为不可逆性提供了新的含义。不可逆性导致了相干，影响着亿万粒子，导致了涡旋形成、化学振荡、激光等新现象，没有不可逆性非平衡过程的相干，就没有地球生命的出现。不稳定系统动力学的涨落、不稳定性、多种选择、有限可预测性出现在所有观测的层次，混沌的思想已成为所有科学领域的思想。不稳定性使自然法则的确定性表达为可能性或概率，基本定律表达为概率，争论不休的观测者在量子力学中的作用也就不再重要，因而，时间问题中的未来由过去决定的确定论和过去与未来的对称性全都被打破。总之，虽然时间问题仍未完全解决，但已从现象范畴转为了基础理论探讨的前沿问题。

布鲁塞尔学派和奥斯汀学派对时间问题已进行了数十年的研究，诺奖得主伊利亚·普利戈金的《确定性的终结——时间、混沌与新自然法则》一书，集中体现了这些研究工作的成果。虽然仍有许多问题有待解答，但非平衡过程物理学和不稳定系统动力学的两大新进展，使得他们能够得出时间之矢是单向性而不是对称性的一些基本结论。

三　有无始终

普利戈金认为，时间佯谬的解决既不可能简单地诉诸常识，也不可能通过对动力学定律的专门修正来完成，而是必须引入诸如确定性混沌和庞加莱共振这样的新物理学概念，引入使这些弱点转化为长处的新数学工具。新的时间观是位于确定性的世界与变化无常的世界两个异化图景中间的、可理解的、由不可约的概率表述的世界。他们正在探讨的是一种新场论，其主要结论是：

> 在宇宙学层次可能不存在稳定基态……宇宙出现在引力场幅度和物质场幅度量值较大的地方，出现的时间、地点仅有统计意义，因为它们与这些场的量子涨落相联系。这一描述不仅适用于我们宇宙，而且也适用于元宇宙，即个体宇宙诞生于其中的介质。在我们看来，这里我们又有一个类似于激发原子衰变的庞加莱共振的例子。然而，在这种情况下，衰变过程不产生光子，而产生众多宇宙！甚至在我们的宇宙创生之前，就存在时间之矢，这种箭头将永远继续……我们需要一个更加辩证的自然观。时间的起源问题也许将永远伴随着我们，但是，时间没有开端——时间确实先于我们宇宙的存在——这一思想正变得越来越可信。[1]

---

[1]　〔比〕伊利亚·普利戈金：《确定性的终结——时间、混沌与新自然法则》，第140页。

普利戈金不赞成霍金对时间的几何学解释，不赞成虚时间概念，也不赞成人存原理的引入和即将完成"万物之理"的大统一理论的方法和观点，认为"我们其实正处于一个新科学时代的开端"①。追溯时间先于大爆炸的观测证据需要一个很长的时间，它可能伴随人类文明的始终。

时间问题的最大难点是时间有无起点和终点。主张时间有起点的认为它始于宇宙"大爆炸"。这虽然有其道理，因为在此之前，我们的宇宙还未诞生，我们也不知道那时或之前有什么或是什么，但这一观点经不起追问。例如，即使我们的宇宙起源于"大爆炸"，但它不是从"无"中爆炸，而是从"有"中爆炸，这个"有"被科学设定为"至密至热"的"奇点"，这个"至密至热"就是一种定义，是形成我们宇宙的介质，时间的不可逆性也决定了介质是另一事件演化的产物。我们可以将之与黑洞进行类比，既然黑洞内部有奇点，有它形成的过程即时间，那为何我们的宇宙奇点前面就没有过程，没有时间呢？又如，如果我们的宇宙如观测所揭示的那样正处在加速膨胀之中，那么它的最终结局就是因彼此远离而解体，不会再收缩为一个奇点而重复"爆炸膨胀 - 收缩奇点"的循环。宇宙中的任何一个局部事件都有起源、演化和终结的过程，这毫不奇怪，但整个宇宙这种"来无踪去无痕"——从无到无——的过程是可以想象的吗？回答只能是：不可思议！

---

① 〔比〕伊利亚·普利戈金：《确定性的终结——时间、混沌与新自然法则》，第6页。

第四节 哲学思考

一 哲学追问

科学成于数学也囿于数学。现代宇宙学认为宇宙起源于138亿年前的"奇点"大爆炸，科学家定义奇点是一个"密度无穷大而体积为零"的"至密至热"的点。无穷大是科学的边界，所有的物理学定律在这里都失效，科学到此止步。"科学的尽头"为神学提供了起点：既然科学推论整个宇宙有开端，这就为上帝（造物主）创世说提供了证据。尽管科学对"奇点"失语，但没几个科学家真的相信宇宙起源于一个无源无体的点，更不认为这个点是"神"或者"心"。哲学则可以直言这个点是"物"，不是"神"也不是"心"。虽然霍金及某些学者说哲学死了，但现在我们还是要求助于哲学。哲学厌恶极端，包括对哲学自身的绝对肯定或绝对否定，因为这违背了哲学物极必反的辩证法，同样，辩证法也不会因为"说不清"而被否定（本书第九章还会论述）。在辩证法看来，认识宇宙是一个无穷的过程，在这个过程的任何时段，断言"科学的尽头""哲学的终结"，或断言剩下的只有神学，都是极端自负与极端自卑的自我否定。

哲学的理性批判性思维必然会进一步追问：奇点是如何形成的？在奇点之外就没有宇宙、没有时空吗？千亿年后，宇宙或消亡或坍塌，奇点会解体吗？神学创世说断言宇宙是上帝创造的（虽然神学现在已不得不把创世的时间大大提前），上帝是全知全能的造物主和一切的掌控者，但上帝又是谁创造的？上帝居于天国，天国又在哪里？如果天国在宇宙之内，那么上帝就隶属于宇宙而不能创造宇宙；如果天国在宇宙之外，那么宇宙之外没有时空也就没有天国的立国之处，这就等于否定了上帝的存在。

即使不否定上帝的存在，全知全能的上帝为何要大费周折地创造一个奇点然后又使它大爆炸，并通过漫长的演化，才在它的一粒（或一些）尘埃上创造出生命？为何又不满意自己的创造物，不断地自我否定，最终才创造出类似于自己形象的生物（如人类）？为何其最高作品似智似愚，既能对创造者的旨意有所领悟，又愚蠢到鼠目寸光，自毁性地破坏他们赖以存在的生境（如地球环境）和无休止地相互恶斗？上帝全知全能又公正无私、赏善罚恶，让作恶者下地狱，行善者上天国，但为何既没有创造出完美的作品，又没有避免最糟糕的作品出现？如果生命毁灭、宇宙消亡或坍塌，那么不仅上帝耗费千亿年（宇宙的寿命）煞费苦心创造的世界将以失败告终，而且上帝自己也丧失了容身之地……这一切既否定了上帝的全知全能，又使神学理念自相矛盾、自我否定。

现代物理学认为整个宇宙起源于一次奇点的大爆炸，从而得出整个宇宙时空有限的结论。这一观点可能令物理学家自身隐隐不安，因为宇宙起点无因终点无果，于是霍金等人提出"有限无边论"来区别"有限论"，即宇宙虽然是有限的，却是无边的。但这并不能改变宇宙时空有限论的实质，而只是说球面不像平面那样有边。如果你站在太空中一个有限的二维平面的边缘上，可能担心自己会掉下去，但如果你站在有限的三维球形天体如地球上的任何地方，就不会有这种担心。球面没有边，丝毫不会改变宇宙的有限性。

奇点本身也会遇到问题。科学家通过天体观测发现我们的宇宙中存在大量的黑洞，黑洞不是奇点，因为它的视界有辐射，但霍金等人认为，在它的视界内存在奇点，"根据广义相对论，在黑洞中必然存在无限大密度和时空曲率的奇点。这和时间开端时的大爆炸相类似"[1]。宇宙起源于奇点的大爆炸，爆炸后又演化出大量的（黑洞中的）奇点，那么，此奇点与彼奇点有什么不同？如果按奇点的密度无穷大而体积为零的定义，那么两者没有区别，但是一个奇点爆炸后会形成不可胜数的黑洞中的奇点吗？这种奇点与物质既不能被创造也不能被消灭定律是否相容？即使科学可以对这些问题存而不论，哲学却很难无疑无语。

二 元宇宙与亚宇宙

科学始终保持着旺盛的生命力，这与其大胆试错、沙里淘金的探索品性是分不开的。哲学不能替代科学，但面对未知，也应以瞎子登山的精神探索前进，否则就会失去生命力而真的死去。在科学对宇宙的研究已取得一系列重大成果，但还存在严重不足，不能独立构建世界观体系时，哲学就具有科学不可替代的宝贵价值，而要做到这一点，就应该始终坚持以科学为依据、以问题为导向对宇宙整体图景进行思考。

尽管霍金提出满足弗里德曼两个假设的有三种宇宙模型[2]，但科学观测表明，在我们的宇宙中，星系分离越来越快，彼此之间越来越远，这种从无（时空为 0 的奇点）到无（宇宙解体、熵最大化）的宇宙图景，在哲学中是难以想象

---

[1] 〔英〕史蒂芬·霍金：《时间简史——从大爆炸到黑洞》，第 83 页。
[2] 〔英〕史蒂芬·霍金：《时间简史——从大爆炸到黑洞》，第 43～46 页。

的。哲学难以想象全部宇宙是一个时空有限的系统，认为所有时空有限的系统都是宇宙中空间或大或小、时间（过程）或长或短的局部事件，这些局部事件的时间和空间都是有限的，而整个宇宙的时间和空间是无限的，即时间无始无终，空间至大无外。这可以认为是宇宙的绝对时空。绝对时空是无限的存在，我们不可能从量上来具体追溯它的全程和全域，但可以用类似于定义无穷系列——在任何一个"大数"的后面，都有一个"更大的数"存在——的方法来肯定它，换句话说，没有"最大、最久"，只有"更大、更久"。因而，我们所在的时空有限的宇宙只是一个亚宇宙，是元宇宙中无数"爆炸-膨胀"事件中的一个事件。

元宇宙是一个时空上无限的、永恒的物质相互作用、渗透、依赖和转化的多维的网络化存在。我们所在的时空有限的宇宙即现代物理学所描述的宇宙，只是元宇宙中的一个事件，元宇宙与亚宇宙、亚宇宙与星系等有整体大于部分之和的区别，但没有物质基本属性的区别。亚宇宙有很多大小不一的黑洞，元宇宙中有无数更大但也有大小区别的黑洞。亚宇宙中有较大黑洞碰撞的事件（科学家从 2015 年 9 月至 2017 年 9 月已经 4 次探测到我们的亚宇宙中双黑洞撞击的现象，并探测到了引力波），元宇宙中也会有比我们亚宇宙中的最大黑洞大若干数量级的超级大黑洞碰撞的事件。如果元宇宙中两个质量足够大的超级黑洞碰撞而发生大爆炸，出现时空暴涨，就能演化出相应的亚宇宙。

由于黑洞会大量吸聚周边空域的物质，黑洞愈大，其周边物质"空旷"的空域就愈大。但空域毕竟有限，当爆炸膨胀到一定限度时，如果没有在引力作用下发生收缩，而是加速膨胀，那就是受到了其原"空旷"的空域外缘相邻亚宇宙膨胀迎面而来的星系的引力作用。而且，由于各亚宇宙"空旷"的空域外缘有多个亚宇宙存在，它们相距有近有远、爆炸膨胀的时间有早有晚，距离较近和爆炸膨胀时间较早的亚宇宙，其外缘星系会率先接近甚至进入爆炸膨胀时间较晚的亚宇宙空域中。由于相邻的亚宇宙外缘部分的星系在膨胀中空间距离越来越近，相互间的引力也就越来越大，从而使这些亚宇宙膨胀加速，亚宇宙这种持续的膨胀加速现象，是爆炸膨胀的惯性与相邻亚宇宙外缘星系不断接近导致引力不断加大共同作用的结果，占我们的亚宇宙总质量近 68% 的暗能量的假设就是多余的。

正如亚宇宙的星系、星体之间依质量和距离不同而有或强或弱的引力相互作用一样，元宇宙中的亚宇宙之间也会有这种相互作用，区别只是：一个亚宇宙的时空起源于同一次事件，其星系、星体在一定时期内相距较近，相互作用明显；不同的亚宇宙起源于不同的事件，即使是相邻的亚宇宙之间，相距也可能有数百亿光年之遥，因而在相邻亚宇宙各自演化的漫长阶段，都可以看作各自相对独立的、封闭的运作体系，但当相邻的亚宇宙膨胀到它们的外缘星系相互接近时，它们的外缘星系就会因相互间的引力作用逐渐加大而加速接近。就这些亚宇宙而言，越靠近外缘的星系，膨胀速度就会越快，离其他星系就会越远。这一过程会导致三种可能：一是这些亚宇宙的外缘部分在引力作用下走向星系相互碰撞等物质的重新配置演化过程，形成新的超级大黑洞；二是较小的亚宇宙可能会被撕裂解体；三是较大的亚宇宙被撕裂而失去外缘部分，物质密度高的其余部分则有可能在爆炸膨胀到临界点后，在引力作用下收缩、碰撞、坍塌成新的小一点的超级大黑洞。

因而，元宇宙中不断涌现新的超级大黑洞形成和黑洞碰撞爆炸、膨胀的泡泡涨落，但某个泡泡的涨落并不完全是某个亚宇宙的历史。元宇宙中的无数亚宇宙并不是自我封闭地不断重复这种涨落，而是不断地有泡泡涌起、撕裂，相互之间物质再分配、聚集和新泡泡涌现的涨落，所有亚宇宙的生生死死的物质再分配，展现的正是元宇宙的普遍联系和无限演化过程。

时空是物质的存在与运动形式，是绝对与相对的统一。就元宇宙而言，空间无边无际，时间无始无终。但在亚宇宙中，时空是爆炸膨胀的空域和过程，在不同的局域，时空因物质的密度（质量）不同而呈现不同的曲率；在不同的物质运动中，时空又因运动速度的不同而不同；时空统一于物质的质量、能量和运动之中，因而是元宇宙的绝对与亚宇宙的相对的统一，光速也不是绝对的，在不同的物质时空中会有不同的变化。物质的质量、能量和运动的变化具有普遍的量变、质变的规律性。元宇宙中各亚宇宙、星系、星球的不断涌现过程，爆炸、膨胀－坍缩，星球、星系形成和解体的重新分配物质过程，生命的合成－分解过程等呈现的是否定之否定的规律性，否定之否定不是重复性循环，而是带着新质的再演化。

由于把我们的亚宇宙当成是宇宙的全部，科学家陷入寻找占宇宙总质量近68%的暗能量却一无所获的困惑之中，使得他们中有些人以不同的理由质疑暗能量的存在。有的人认为，可能是标准模型的基础性计算存在致命的缺陷，我们的宇宙实际上比计算的宇宙膨胀速度要慢，并最终停下来；有的人认为标准模型本身有局限性；等等。这些质疑不足以动摇在我们的亚宇宙中，距我们越远的星系离去的速度越快的观测结论，但由于元宇宙的存在，神秘的暗能量就只是相邻的亚宇宙膨胀到相互接近时，它们的外缘部分的星体因引力不断增大和膨胀惯性共同作用的效应而已。

三 可能的证据

以上所述表明，元宇宙的假设是对大爆炸宇宙论存在的一系列矛盾所做的逻辑的推测，但就科学而言，承认元宇宙的存在，还需要获得观测的证明。我们的亚宇宙外缘部分离我们而去的速度超过光速而无法观测，但如果我们能发现在可观测的范围内有年龄大于 138 亿年的星系存在，那就能证明元宇宙的存在，证明我们所在的宇宙只是一个亚宇宙。美国和印度已有科学家提出，大爆炸时已经有存在了几十亿年的完全成形的遥远星系[1]。如果这一说法得到确认，那么元宇宙的存在就无可否认，把我们的亚宇宙等同于整个宇宙的模型就必然被放弃，暗能量的迷雾也就会消散。此外，如果能观测到我们的亚宇宙的某处边缘丢失一部分物质，也能为元宇宙的存在提供证明。最近科学家在距地球一百亿光年之外的波江星座里，发现一片没有可见物质、暗物质、暗能量的横跨 35 亿光年的巨大虚空（科学家称之为宇宙墙——宇宙边界），它不能用现有理论来解释，但可以合理推测的就是，其外缘有一个最接近的亚宇宙，两个亚宇宙的边缘部分相互吸

---

[1] 《美印科学家质疑大爆炸理论》，《参考消息》2010 年 4 月 7 日。

引，使我们的亚宇宙失去了这一部分物质。

用占我们的亚宇宙总质量近68%的暗能量的假设，来解释亚宇宙因大爆炸而像气球一样加速膨胀的现象，本身就是很困难的，因为既然暗能量占宇宙总质量的比重如此之大，气球膨胀虽然有离球上的观察者越远速度越快、越近速度越慢的效应，但近和慢也会有膨胀效应，而我们所在的银河系似乎未观测到这种效应。新的观测发现银河系的边缘因有恒星形成而向外扩张，但科学家排除这是暗能量引起的膨胀。此外，银河系与仙女星系（距地球约220万光年，与银河系质量相近）在相互接近而不是远离，并最终可能相撞，这也与暗能量假说（气球膨胀）相悖。既然暗能量对可见宇宙（物质）起着如此巨大的作用，那么，它与可见物质之间究竟有何种关系？与可见物质的质量究竟是正比、等比、反比或更复杂的关系？这些问题似乎无法用任何一种关系去做出统一的规律性的解释。这就要退回大爆炸引起膨胀的思路上来，但这又与大爆炸引起的膨胀本应减缓相矛盾。如果科学家既不能确定暗能量与可见物质的关系，又不能从大爆炸中找到它的来源，那它就只能是一个永远不可验证的假设。

至于大量存在于宇宙中的暗物质的真面目，科学家目前尚未给出明确的回答，但暗物质的存在比负压强的暗能量猜想更有迹可寻。科学家通过双缝实验发现光的干涉现象（粒子都有干涉现象），认为一个可见光子"随带"很多个看不见的暗（影子）光子，因此有些科学家提出有"多重宇宙""平行宇宙""影子宇宙"存在，而且我们不仅存在于有形的宇宙中，还有"副本"存在于"平行宇宙"中。研究干涉现象和看不见的粒子可能是量子物理学的一个新领域，但目前由于难以有实验或观测上的突破而纯属猜想。至于有些人想象人死后，灵魂去了平行宇宙就更属臆想了。因为所谓灵魂不过是意识、精神现象的神学名词，是可见物质某种结构组织如人脑的量子运动的一种呈现，随着这种结构组织的解体而消失。干涉现象提出了看不见的物质存在，但量子理论学家没有把它与占亚宇宙近27%的暗物质假设相联系，而是走向了几无证明可能的平行宇宙的纯想象构造，这凸显了不包含引力的量子物理学在解释宇宙现象时的局限性，如果有看不见的粒子所构成的天体，那么它们也是有引力的，因为它们是物质。

至于看不见的粒子究竟有多少，把双缝实验的推测数据普遍化于整个亚宇宙是缺乏充分依据的，因为双缝实验的空间结构在亚宇宙中是罕见而非普遍的，在亚宇宙中的各种不同的空间结构中，究竟能形成多少暗物质，没有人知道。若真的要弄清干涉现象，就应当做多种空间结构的实验来检验双缝实验究竟具有何种意义。这里要说的是，把双缝实验的空间结构中，一个可见光子携带如此多（有人认为下限是10^{12}个，上限不知）看不见的暗光子，普遍推广到亚宇宙复杂的空间结构中是有问题的。而且，由于量子物理学的时间是可逆的，所以既然一个光子可以"分身"为一个光子与多个暗光子，那么一个光子与多个暗光子也可以"合身"为一个光子，其他粒子的干涉现象也应如此。因而，粒子在不同的空间结构中受到的干涉影响不同而会有不同的呈现，由暗粒子组成的暗物质如暗星云、暗星体等可能是宇宙神秘引力的一个重要来源。

由于干涉实验空间结构简单，而宇宙空间结构复杂，两者之间很难进行简单类比，但粗略而言，干涉作用所"产生"的看不见的物质，与可见物质的密度成正比（密度较大空间结构也会较复杂）。可见物质的密度越大，看不见的物质越多，对可见星系运行产生的引力作用也就越大，反之则越小；在可见物质密度极低的星系，看不见的物质也极少，对可见星系的运行就几乎不产生作用。最近，美国耶鲁大学天文学家彼得·范多克姆及其同事在鲸鱼座发现了一个与银河系一样大的星系 NGC1052—DF2，但恒星数量只有银河系的 1%，如果有正常的暗物质影响，其移动速度应该为每小时 10.8 万千米左右，但其实际移动速度是每小时 2.8 万千米，这是没有暗物质存在时的移动速度①。这一发现使天文学家深感困惑，但如果从干涉现象与看不见的物质的关系这一思路来看，上述现象或许可以得到一种合理的解释。

概言之，元宇宙在全域上无始无终、无界无限，因而是一个绝对时空，绝对时空是不可度量的。但是，在元宇宙中，由于物质分布的非均衡性，在引力的作用下，会出现大大小小的局域或收缩坍塌或爆炸膨胀等事件。这些事件不断发生并相互作用，使不同的事件呈现因物质密度不同而不同的时空特性，并有始有终、有限有界。这些有始有终、有限有界的事件演化过程，就是亚宇宙的演化过程，它们是一个可度量的相对时空。这里的绝对与相对，不具有机械的非此即彼的区分意义，绝对不是独立于相对之外的，而是以无穷的相对形式呈现出来。如果把元宇宙近似地看成无数泡泡或膨胀，或收缩，或解体的涌动，那么亚宇宙就是元宇宙无数泡泡中

① 《美媒称科学家发现无暗物质星系：完全由恒星组成》，《参考消息》2018 年 3 月 30 日。

的一个。泡泡的不断涌现和解体，并不是原泡泡历史的重演，而是相邻的泡泡在不断地涌现和解体的过程中，物质发生再分配、再重组的新涌现。元宇宙也不是有些物理学家所说的"平行宇宙""多重宇宙"或"影子宇宙"。平行宇宙纯属臆想，而且即使存在，也是我们亚宇宙的一部分，与亚宇宙同起源，也与亚宇宙同消亡。那种认为在我们的亚宇宙将要消亡时，人类可以通过发达的技术手段进入平行宇宙继续生存的观点，在逻辑上是混乱的。

相对论的光速极限和离我们遥远的亚宇宙区域加速膨胀已经超过光速，这两者限制了我们对亚宇宙观测的视界，视界之外的亚宇宙虽然存在，但是我们一无所知。而量子超距纠缠现象、宇宙全息现象等可能携带和保存着同一起源的亚宇宙的更多信息，对此我们的认识还处在起步阶段，它们像鬼魂般地存在，可能暗示在宇宙之网中，除存在已知的引力、电磁力、强力、弱力外，还可能存在同一起源的量子超距对应力或关联力，我们对量子世界的理解还很不够。

以上关于宇宙的哲学视域，主要是针对现实中存在的关于宇宙的一些混乱思想而提出的，不是也不能替代科学的研究，而且一切具体的结论都有待科学的实验和观测来证明，这也正是科学所独有的不可替代的功能。但可以肯定的是，现代物理学不是颠覆而是推动了唯物辩证哲学的发展和完善。科学和唯物辩证哲学都要经受实证的检验，区别只是前者要经受具体学科领域的事实检验，后者要经受普遍事实检验，因而前者提供的是世界的具体知识，后者是以前者为基础而获得的宇宙普遍性联系，二者可以相互补益。哲学具有普遍性的特性，可以为科学提供支持和助益，现代物理学大厦不会因暗物质、暗能量的假设而坍塌。正是借助于科学和哲学的发展，人类从迷信盲从的迷宫中走出来，在短短的几百年间，就对宇宙从极大到极小的统一图景有了虽不完备但清醒的认识。而且随着科学和哲学的发展，人类能不断地修正错误、接近真理，不断增进的知识和理性智慧，使人类在认识和处理自我与自然关系的过程中，能不断地超越局限，增强自信，自觉、自为地提高适应性进化能力。

第三章　协同进化

现在我们要从宇宙极大到极小普遍联系的多达十维或十一维的抽象费解的世界，来到我们相对熟悉和最为关心的四维时空（三维空间和一维时间，不包括力）——地球的生命之网。在这里，现代科学的众多学科对分子生物学、微生物学、植物学、动物学、环境学、生态学、地球生命与地球物理化学环境的研究所取得的巨大进步，使我们能清醒地认识到，生命是宇宙演化过程在形成某种特定条件的时空中的产物，它起源于无机环境，其生存与进化是生物与无机环境相互作用、相互适应、相互协同的过程。所谓生物进化的"竞争选择、适者生存"的解释是不正确的，竞争不是生物间的一场谁吃掉谁的大竞赛，而是从原核细胞生物到真核细胞生物、从单细胞生物到多细胞生物进化的动力之一，进化也不仅是一个基因变异的纵向时间流动过程，而且是一个空间的横向融合、相互适应、协同共生的过程，是一个四维时空连续体的进化过程。这个四维时空连续体的进化不仅包括生物体，而且包括生物与生物、生物与环境的相互适应、协同进化，这种协同进化使地球获得了与非生命世界完全不同的生命自治体的性质。

第一节 生命自治

一 生命自治体

物理学规律在宇宙极大到极小普遍联系的各个层次中，都起着普遍的作用，在这里，我们没有提到化学规律的作用，化学规律在原子、分子层次起作用。原子具有极高的稳定性，空气中的原子每秒钟会发生几百万次碰撞，但都不会像星球碰撞那样产生剧变，而是能恢复它们的常态。一种元素的原子里的电子数目决定着这种元素的化学性质。最轻的原子是只有一个质子和一个电子的氢原子，在原子核增加质子、中子，并在外层增加相应个数的电子，就能构成整个化学元素表。原子之间的相互作用产生各种化学反应，产生由相同元素的原子（单质）或不同元素的原子（化合物）组成的分子物质。分子是能够独立存在并保持其一切化学特性的最小"微粒"。分子比原子复杂，一般由几个原子核和电子组成，既有核外电子的缠绕运动，又有原子核之间的振动和整个分子的绕轴运动。

原始地球自然的化学反应，从合成简单无机化合物到有机物质，到含碳、氢、氮、氧、磷原子的原始核酸，到蛋白质的复杂结构，再到能新陈代谢、自我复制的原始生命形式的过程，由于人工方法无法重演，也不可能在现代地球自然环境中演化出来（地球环境已经大变，即使自然的化学合成过程仍有可能，生物环境也绝无可能，因为微生物已经占据了所有生态位，有机分子在演化成生命之前就会成为它们的食物），因而不能确知它们的形态。有机分子演化成细胞，这是我们所知的最小的生命单元。

细胞分为原核细胞、真核细胞两大类。原核细胞外面由细胞壁包裹着，壁内有一层半流动状态的细胞膜，它是包含一万多个核糖体、几千种蛋白质及许多代谢物、各种离子和一个环状 DNA 分子的复杂结构。细菌就是由一个原核细胞构成的原核生物，这是一种比真核细胞更早的生命形式。真核细胞由细胞膜、细胞质、细胞核组成。细胞通过细胞膜反应外界环境动态、交换物质能量、调节和满足生命活动的需要；细胞质是在细胞膜内、细胞核外进行合成和分解的各种生命活动的复杂结构，又称细胞器或"亚细胞结构"；细胞核是遗传物质存在及活动的结构，它也是一种细胞器。细胞虽然小得肉眼看不见，却是全部生命的奥秘之所在。

原核细胞小得肉眼看不见，在充满二氧化碳、浊浪排空、尘暴遮天、狂风肆虐、宇宙粒子密集轰击的原始地球环境中，是何其渺小、柔弱和孤独。但它以极其顽强的生命自治体的独特能力，登上了地球时空演化的舞台，以"天下之至柔，驰骋天下之至坚"，在物理学、化学规律的基础上，开辟了一个由生物学、生态学规律起主导作用的新领域，创造了"道生一，一生二，二生三，三生万物"的奇迹，不仅使生命在地球的时空舞台上呈现万千形态，而且使整个地球从由大气、水体、土壤、岩石等组成的无机体演化成了一个能自我调控的超级生命自治体。

二　相互适应　协同进化

地球生命自治体的诞生，是宇宙在无机演化过程中在一定时空条件下出现的一个突变、飞跃，这种突变、飞跃是对宇宙物理、化学演化过程在某些星球上的一个否定，这个否定迎来了生物学、生态学进化的新时空。但这个否定并不神秘，现代科学已经提供了最有力的解释：它是地球生物与生物、生物与无机环境相互适应、协同进化的产物。

地球处于太阳辐射范围内的生命宜居带，地球大小合适，有自己的公转轨道和稍倾斜的自转轴等，地面有液态水和含碳、氢、氮、氧、磷等生命必需物质的岩石，具有孕育繁衍生命的得天独厚的自然条件。生命诞生后，在适应性进化过程中分化为多样性。多样性的生物在相互适应以及与自然环境相互适应的过程中相互改变着，同时改变着地球自然环境，使地球脱离热力学平衡态和纯物理化学作用的自然过程，形成适宜生命繁衍和进化的大气构成、温湿度、酸碱度、海水盐度、内陆降水模式等自调控"生命自治体"模式。这个生命自治体在约 39 亿年的进化中，虽然迭经外来小星体撞击、巨型火山喷发、陆海变迁和冰河期等巨大灾变，但它所具有的自循环、自平衡、自创生的强大抗逆能力，总是能使自治体的生命功能在自调节中得到恢复和进化。

所有生命都是自治体，失去了自治能力，生命就会解体。但这种自治是相对的，它只能在自身和外部环境相互适应、协同运作的过程中实现。我们身为有限之物的小小的身体内部始终有数以百万亿计的细胞和更多的分子、原子、亚原子在运动和相互作用。虽然原子、亚原子不是生命，但它们决定着构成细胞的分子，无数分子的协同运作决定着细胞功能的健全，成百万亿细胞的协同运作决定着我们身体的健康。我们的身体所具有的生命体的自治能力，就是这种层层协同运作体系所形成的功能，反过来，这种层层协同运作又受到我们的生命自治体的整体性约束和塑造。但仅此还不够，因为生命自治体诞生于无机环境，必须与环境交换物质和能量才能得以维持，所以它必须与环境相适应。当生命自治体诞生后，它面对的就不仅是无机环境，所有生命自治体都互为环境，因而，只有生物与生物、地球无机环境相互适应、协同运作和进化，生命自治体才能得以维系。这种相互适应、协同运作和进化的过程，形成了一个从单细胞生物到多细胞生物到生态系统再到地球整体环境的层层自治和整体自治相统一的生命体系。

正是因为有了这个层层自治和整体自治相统一的生命体系，生物自治体才能维持自身的相对稳定，不仅没有即生即灭，而且朝着复杂化演进，并进化出能够思考和认识宇宙奥秘的超复杂的中枢神经系统，如人类的中枢神经系统——大脑——能够思考和认识肉体感官不能达到的尺度之外的世界，并能通过工具的不断改进和创新，把这个世界无远弗届地拓展着。人类的头脑是具体的，但头脑具有抽象的思维能力，能发现宇宙普遍的联系、通行的规律，积累通用的知识，并利用这些知识创造有别于自然界的人工世界。从而，宇宙的演化通过地球进化出智能生物，创造出有利于自身的世界，产生了第二个否定，即否定之否定。

宇宙中的所有星体都处于从极大到极小的普遍联系的动态网络中，因而，类似于地球的这种生命自治体在宇宙中可能很多，但相对于宇宙中不能孕育和养护生命的星体而言，它是稀少的，在地球周边几十光年的空域中，可能屈指可数。虽然回答天问的所有细节具有超乎想象的复杂性，但科学的进步还是使我们认识到了维护地球生命自治体功能健全的极端重要性。正是在地球这个生命自治体的护佑下，我们才能获得生命所必需的氧气、淡水、食物和适宜的气温，才能够安全地通行于大地，而不必担心紫外线、宇宙射线和小流星的致命轰击，只要地球这个生命自治体健全无损，我们死于轰击的概率就微乎其微，而没有或离开了这个自治体，我们一切生存的必需条件都将化为乌有。

三　达尔文的局限与远见

生物与生物、生物与环境相互适应、协同进化是生物生存和进化最基本的深层规律。这似乎与达尔文"竞争选择，适者生存"的进化论观点相反，因而有必要对此做出解释。

人们通常认为，达尔文的进化论所揭示的是生物个体为争夺自然资源而进行残酷斗争的图景。这是有失公允的。诚然，在达尔文的《物种起源》中，生物与自然环境是分离的，生物个体是自然选择的单位，"没有认识到种群增长对环境造成的巨大影响——群体的生长和新陈代谢对环境的影响本身是自然选择的有效的主体。为了强调生物个体之间对自然资源的直接竞争是选择的主要机制，达尔文（尤其是其追随者们）创造出这样一种观念：环境只是残酷斗争的静态场所"[1]。之所以会这样，一是因为本书第一章所提到的达尔文受到了马尔萨斯《人口论》的影响，二是因为凭那时的生物学资料只能认识到生物对自然环境的适应，对生物相互适应的具体途径还缺乏研究，对自然环境受到生物调控，因而也

---

[1]　〔美〕林恩·马古利斯、多里昂·萨根：《倾斜的真理——论盖娅、共生和进化》，江西教育出版社，1999，第372页。

有适应性演化就更缺乏研究。目前生物学中进化的基本单位还是个体，不是生态系统，更不是整个生物圈和地球的天地界面。

虽然如此，在《物种起源》中，达尔文还是认识到："搞清生物变异及相互适应的具体途径，是极其重要的。"[1] 他对生存斗争、自然选择的论述最终展示的是：淘汰的是不适应，推动的是相互适应。他看到，由于生物不断变异、自然环境不断变化，因而相互适应不可能完美，生物变异、自然选择推动相互适应的过程永无止境。

> 各部分生物之间的相互适应，它们对生活环境的适应，以及单个生物与生物之间的巧妙适应关系，何以达到如此完美的程度？我们处处能看到这些巧妙的互相适应关系……总之巧妙的适应关系存在于生物界的一切方面。[2]

> 没有一个地方，那里的生物与生物之间，生物与其生活的自然地理条件之间，已达到适应的完美程度，以至于任何生物都不需要继续变异以适应得更好一些了。[3]

> 如果一种生物不能随它的竞争者发生相应的改变和改进的话，它就会被消灭掉，如果有利变异不能遗传，自然选择也就不能发挥作用。[4]

---

① 〔英〕达尔文：《物种起源》，舒德干等译，陕西人民出版社，2001，第17页。

② 〔英〕达尔文：《物种起源》，第77页。

③ 〔英〕达尔文：《物种起源》，第96页。

④ 〔英〕达尔文：《物种起源》，第114页。

因而，达尔文看到并强调了相互适应，人们把进化论仅仅简化为"竞争选择，适者生存"是错误的。科学家的认识必然受到时代的条件限制，达尔文在当时也难以对此展开论述。只要我们把进化论像任何其他科学理论一样，视为发展的理论，而不是科学的终结，就不应见木不见林，把竞争当作统摄进化论的最高范畴，而应依据现代生物学、生态学的进步把进化论推向发展，推向四维网络时空。

为了便于叙述和理解相互适应、协同进化是生物生存和进化最基本的深层规律，本书把单细胞微生物、多细胞动植物、全球生命共同体分为微观、中观、宏观三个层次，分别从这三个层次和三个层次间的相互作用来揭示这种规律。

第二节　微观层次

一　生命演化

微观层次是一个我们看不见的由细菌或原核生物、原生生物组成的单细胞微生物世界，其中细菌或原核生物是地球最早的居民，并一直是地球生命和环境的强大调控者。

这些地球上最早的居民是如何诞生的呢？科学家的推测是：约39亿年前，地球诞生后不久，由于闪电和太阳紫外线的强烈作用，在海岸边的浅水岩石表面合成了一些简单的有机化合物，这些有机分子在不断地以各种方式拆合过程中，产生了多种由碳、氢、氮、氧、磷组成的化合物大分子，这些大分子又组合成了更大的结构——细胞，这些细胞能够与外部环境区分开来而独立地运作，能从环境中汲取物质营养和向环境排出废物，不断地维持并复制自身。这时地球上的演化既有物理、化学过程，又有与纯粹的物理、化学过程迥然不同的自我组织且能够适应环境而进化，同时又改变环境使之适应自己生生不息的生物学、生态学过程。

自然界在无机环境中经化学途径合成生命的过程，既"充满"了偶然性，又不完全是偶然性。因为根据概率论，由纯粹的偶然性导致正确结果的可能性是 $1/10^{2400000}$。"即使有一台'智能'机器能够对这些无穷尽的可能性以每秒 1 个的速度进行正确性检验，所需的时间仍大大超过了自大爆炸以来的宇宙年龄（10^{17} 秒）……如果生命是从一系列随机事件中产生的，那么现在就根本不会有生命存在。"[1] 因而，这里就需要猜想。

可以设想的是，原始地球演化到一定时期，地球上化学合成各种有机大分子的现象大量发生，在这些分子密集成团的地方，它们从相互作用到相互改变、相互纠缠，最终连成一体并出现能快速复制自身的原始细胞。这一过程可能不需要太长时间，因为这不是稀少的而是无数的各种有机分子在密集地相互作用。科学家在模仿原始地球的实验中已能形成一些重要的氨基酸和主要的核苷酸，这些有机化合物甚至在坠落地球的陨石中也有发现，这就为它们曾在原始地球演化的某个时候大量形成的猜想提供了支持。

提供支持的还有，科学家在模仿原始地球的实验中发现噬菌体和它的复制酶经过约 100 代后，最终形成的 RNA 的复制速度是最初 RNA 的 15 倍，它证明在没有外部干扰的情况

---

① 〔德〕弗里德里希·克拉默：《混沌与秩序——生物系统与复杂结构》，第 22 页。

下，"分子选择在一个不断复制的系统中发生"①。所有生物化学反应是由酶催化的，几种酶常常一起作用，形成一个催化循环，并且每个催化反应的产物都是下一个反应的催化剂。艾根的超循环理论描述了"催化超循环"，它由若干个网状催化循环组成。这种循环既要保持信息的传递，否则就不能不断复制自身，又要容许有所变化——复制出错（这是进化所必需的）。艾根的超循环理论纳入了反馈在进化中的作用，为简单大分子进化到细胞结构的机制提供了可能是目前最好的解释。②　美国化学家拉马纳拉亚南·克里希纳穆尔蒂等识别出磷酸二铵（DAP）化合物，并展示了 DAP 可能是生命起源起关键作用的化合物。③

原核单细胞生物是地球上的最早生命形式，它没有细胞核，没有任何带膜的细胞器，但这种极简单的原核单细胞就是一个生命个体，并作为最初的唯一的生命形式独占地球约20亿年之久。现在它们不仅仍在我们这些多细胞生物体内发挥重要作用，如大肠杆菌等，而且在生态系统中充当重要角色，如硝化细菌等。

这时大气中没有氧，因而最早的生命形式是厌氧细菌的祖先，它们是消费和分解在环境中通过化学过程合成的有机物的异养原始生物，因而最初的生命系统只有集"消费者"和"分解者"为一体的一级结构，"生产者"在生命系统之外，即在环境中通过化学过程合成的有机物。原始生命系统

① 〔德〕弗里德里希·克拉默：《混沌与秩序——生物系统与复杂结构》，第 122 页。
② 〔德〕弗里德里希·克拉默：《混沌与秩序——生物系统与复杂结构》，第 122～127 页。
③ 《科学家发现生命起源"催化剂"》，《参考消息》2017 年 11 月 11 日。

的这种一级结构同样能实现生命的物质循环。后来，能完全利用无机物来生存的自养生物进化出来，生命系统才增加了生产者而上升到二级结构。自养生物之所以不可能出现在异养生物之前，是因为它们要利用无机物来生存，需要大量独有的酶类，最早的生命形式不可能一步就跨越到这种水平。因而历史和逻辑的顺序应该是，自养生物由原始异养生物演变而来，而且，自养生物的一级结构也不能实现生命的物质循环。

微生物具有极强的繁衍、适应、变异、重组和共生能力。它们以细胞分裂的方式繁衍自己，其生长和分裂周期最快的只要11分钟，如果以非限制性的指数增长，一个细菌细胞不到两天就可以覆盖整个地球，在这种一分为二的复制过程中，母细胞并没有死，因为它没有留下遗体（与通常所说的"生殖"不同）。单细胞生物的自我复制繁衍方式，导致其个体与种群的基因完全同一，从而使个体与种群的协同性达到极致的同一性，除非全部杀死它们或环境变化使它们代谢终止，否则其个体或种群就不会死。

单细胞生物的复制速度极快，虽然其复制出错的概率很低，但时间上仍来得快。复制错误会产生变异体，这些变异体会独立地分散开来，经受环境的选择，其中总有一些能适应环境的变化而生存下来并迅速地繁衍。单细胞生物的这种快速繁衍和变异能力，使它们很快就向多样性演进并占据地球上的一切生态位。

二　共生起源

现代科学特别是微生物学、基因学、生态学的发展，大大拓展了我们的视野，使我们不仅能看清肉眼看不到的生物进化图景，而且能进入微生物、基因和整个地球生物圈的复杂联系之网，看清"物种形成过程只是共生作为一种新型的自创生实体突现之后才开始的……两个（或更多）异源基因组的自创生实体的永久融合形成新的自创生实体，就是物种或其他更高的分类单元的起源"①。地球生物进化和生态系统演化的整体图景是：一个物种的进化必然会成为环境因素——不仅是环境的生物因素，而且是改变环境的非生物因素——从而改变对其他物种的选择压力，导致其他物种发生适应变化。这种变化反过来又成为新的环境因素，引起对自身的选择压力，从而形成一种所有物种和无机环境的整个生态系统的相互适应、协同进化的动态过程。物种与物种、物种与自然环境的分离是人为的，竞争只是生物进化的动力之一，协同才是生命实现的形式。

原核细胞没有细胞核、染色体，其 DNA 的排列方式不是很规则，这使不同细胞间的基因交流灵活、迅速且可逆。许多细菌细胞表面有被称为"菌毛"的长细丝，它可以与缺乏菌毛的细胞接合，输入一个 DNA 片段，与受体的 DNA 重新组合，从而使原核生物在复制出错的变异之外，又开辟了一条更具创新性的向多样性演进的道路，这种基因转移（原始的性行为）与接合重组就是一种协同进化。同时，其密集的群体和基因交换能力，使全球细菌都能利用同一个基因库，因而形成微生物世界整体协同的适应机制。

原核生物的协同进化还创造了从原核细胞到真核细胞飞

---

① 〔美〕林恩·马古利斯、多里昂·萨根：《倾斜的真理——论盖娅、共生和进化》，第 145～147 页。

跃的奇迹。这种奇迹既不是来自复制出错的变异，也不是
自接合重组，而是来自它们相互融合共生而形成的一个新的
单细胞生物——原生生物，它既不是植物，也不是动物，更
不是真菌，而是一种全新的真核生物。美国著名微生物学家
马古利斯的"连续内共生"理论认为，真核细胞是由四种不
同细菌融合构成的复合体，它们构成宿主细胞、线粒体、叶
绿体、中心粒－毛基体；并且真核细胞的活动性，如推动物
质在细胞内环绕运动、变形、摆动鞭状附肢等能力，都是从
细菌共生中获得的。真核细胞应看作一个复杂的微生物群落，
而不只是大型结构的基本单位。正是这种内共生体的高度协
同进化，才完成了由原核细胞向真核细胞的飞跃，马古利斯
强调："共生者的融合带来大的、功能上的进化飞跃：产生新
的器官或主要的生物新类群。""共生是在生物新颖性产生上
的一个革命，远远超过了偶然突变的意义。"①

真核细胞从单细胞生物向多细胞生物的进化飞跃，也不
是通过纵向的遗传变异、有性繁殖实现的。比利时细胞学家、
诺贝尔生理学和医学奖得主克里斯蒂安·德迪夫认为，它是
通过横向的细胞群集的相互关联、功能分工、整体协同、模
式控制、生殖变异、环境选择而实现的②。多细胞动植物可以
看成数以百亿计的真核细胞高度协同进化的共生体、复合体，
马古利斯深刻地指出：

---

① 〔美〕林恩·马古利斯、多里昂·萨根：《倾斜的真理——论盖娅、共生
和进化》，第70、377页。

② 参见〔比利时〕克里斯蒂安·德迪夫《生机勃勃的尘埃——地球生命
的起源和进化》，王玉山等译，上海科技教育出版社，1999，第221～
226页。

共生……对真菌、植物、动物和原生生物，以及所有由真核细胞构成的生命形式的出现都是至关重要的。[1]

所有动物和植物细胞都是这样的复合体，由永久结合在一起的细菌构成。[2]

细胞、动物物种和生物圈同时都在进化。最初的动物和植物以不定型的细胞群体形式存在，以后便进化成独立组织和个体化的相互作用的细胞群体。个体细胞的进化产生了我们所能识别的作为动物身体的细胞群。动物群体，如昆虫社会和人类社会，开始达到类似超生物的同一性和组织化水平。与其他生物相比，人体本身就是一群分化繁殖、联系松散的细胞集合……如果动物个体在深层意义上也是生物群体，即一群有一定历史和起源的细胞，那么为了自圆其说，主流生物学应该解释为什么称为"自然选择"的东西不能作用于生物群体。为了讨论方便，我们这里可以接受数亿年前多细胞复合体进化为动物世系的观点。这些生物群体比起其独立生存的单细胞亲属留下了更多的后代。它们的身体本身就包含了社会利他主义原则，在这个原则中，有些细胞特化了，减弱了它们的"自私"的倾向，为了其所属的群体的"利益"而无限繁殖。[3]

---

[1] 〔美〕林恩·马古利斯、多里昂·萨根：《倾斜的真理——论盖娅、共生和进化》，第55页。

[2] 〔美〕林恩·马古利斯、多里昂·萨根：《倾斜的真理——论盖娅、共生和进化》，第4~5页。

[3] 〔美〕林恩·马古利斯、多里昂·萨根：《倾斜的真理——论盖娅、共生和进化》，第246页。

　　人们通常认为有中枢神经系统的动物才有学习、思维的能力，马古利斯认为这种能力也起源于微观世界，如细菌。"知觉过程、意识、思考以及其他相关的思维活动都演化于微观宇宙中，如细菌祖先生活着的微观世界……人类大脑在远古时代的决定性的开始，来源于细菌的舞蹈：即细胞运动的复杂机制。细胞是如何运动的？对这个问题的回答也就意味着揭示思维－大脑起源的开端。"① 一个由比利时和法国的科学家组成的研究团队选择单细胞多头绒泡菌做实验，他们发现若干多头绒泡菌会融合成一团黄色黏质物，它能缓慢移动，这种黏质物能够"学习"，以避免刺激物的影响，因此他们认为，各种没有神经元的有机体可能有一种迄今未能得到承认的学习能力。② 新的研究还发现，我们的长期记忆能力，源自几亿年前的逆转录病毒基因的注入。最近，犹他大学、哥本哈根大学和英国 MRC 分子生物学实验室的研究人员发现，神经元基因 Arc 对哺乳动物大脑的长期信息存储至关重要，Arc 蛋白有衣壳，其自我组装的方式像 HIV 逆转录病毒的运作方式，并以此为神经元交流的平台。他们认为 Arc 源于几亿年前的逆转录病毒的祖先将它的遗传物质注入了一种陆基四肢动物③。这一发现再次表明，进化不是（至少不只是）随机突变，而（更多的）是生物体相互借用基因。

　　多细胞的动植物诞生后，并不能傲世独立，而是在一个微生物无处不在的环境中生存。动植物的协同进化，离不开

---

① 〔美〕林恩·马古利斯、多里昂·萨根：《倾斜的真理——论盖娅、共生和进化》，第 151～152 页。

② 《研究发现：无脑有机体也有学习能力》，《参考消息》2016 年 5 月 2 日。

③ 《我们的记忆可能源自一种古老的病毒》，http://www.sohu.com/a/22388 5149_354961。

与微生物的协同进化。微生物不仅协同进化形成了多细胞生物生存和进化的环境，而且与它们形成了协同进化的永久性同盟。例如，绝大多数植物根系都不是单纯的植物根系，而是以菌根的形式出现，植物与菌根真菌协同进化形成了高度统一的互利共生体关系，菌根真菌从宿主植物体内获得所需碳水化合物和其他营养物质，植物也从菌根真菌那里获得多方面的好处，包括改善植物对矿物元素的吸收效率，提高植物对恶劣环境的抗逆性和抗病性，维持群落的多样性和稳定性等。根瘤细菌、放线菌、蓝细菌与森林中的大多数植物协同进化形成共生固氮关系，使植物的生长得到明显改善，并明显增加土壤中的氮元素含量，对改善环境、加速群落演替起着重要作用。

　　动物更是如此，动物的体内分布着细菌，它们对动物的生存和进化起着至关重要的作用，如有蹄动物瘤胃中的共生菌使寄主能消化植物纤维素；绿水螅体内的绿藻虫原是一种兼性寄生的原生动物，使绿水螅能在食物缺乏时进行光合作用。以往科学家认为动物细胞主要是自己的，如人体内的细菌只占人体细胞的1/10，但最新研究发现人体细胞只占身体内细胞总量的43%，其他都是非人类的微生物细胞群。如果从基因数量看，人类基因组约由2万个基因组成，人体中微生物细胞群的基因则有200万～2000万个，是人类基因的100～1000倍，这些微生物对人的消化、调节免疫系统功能、抵御疾病和生产人体必需的维生素等都扮演着重要角色。①

---

①　《科学家称人体仅有43%算人类：过半细胞由微生物组成》，《参考消息》2018年4月12日。

　　微生物在生物进化的历史过程中，既是起点，又是自始至终的协同者，还是生命循环的枢纽。微生物曾统治地球约20亿年，然后才有植物，才有以植物为食的动物。在生命的物质循环过程中，它提供了动植物所必需的元素，当动植物死亡后，它又把它们分解还原，进入生命过程的再循环。微生物重量只有约一万亿分之一克，在1克土壤中约有10亿个微生物。我们肉眼看不见它们，但其数量多到难以估量，据科学家估计，微生物某一大纲细菌的数量为4~6后面加30个零，全球细菌活体的总重量达5万亿吨，相当于全球植物的有机物质的总重量，加上非细菌的微生物，微生物活体的总重量可能大于植物和动物总重量之和（全球动物的总重量只占生物总量的1‰）。①

　　我们对微生物的认识还很肤浅，据2016年5月出版的美国《国家科学院学报》的一份研究报告，由于过去对微生物的采样和研究手段不足，科学家一直认为地球上现有的物种数只有约3000万个。新的基因测序技术使信息量大增，近几年的微生物采样工作也激增，现在美国印第安纳大学的科学家把来自政府、学术界和民间的生物数据综合汇编，依据大量数据呈现的生物多样性随个体生物的丰富度不同而变化的规律，估计地球上的物种数可能多达1万亿个，其中只有0.001%得到确认。微生物的广泛多样性，使真正确认地球上所有微生物物种的数量成为超乎想象的严峻挑战。②

---

① 〔英〕约翰·波斯特盖特：《微生物与人类》，周启玲等译，中国青年出版社，2007，第3~4页。

② 《西媒：地球上或有近万亿个物种　绝大多数未被发现》，《参考消息》2016年5月5日。

微生物以其丰富的物种多样性和庞大的物种数量，悄无声息地在相互之间、在动植物之间、在与无机环境之间的化学和生物学活动中，起着非常重要的作用。生物之间相互竞争、相互依赖、相互适应，形成一种复杂精巧的结构和协同调节的机制，彻底改变了地球表面的原始面貌，使其化学过程维持在一个稳定状态，任何生命活动打破这种稳定状态的变化都能很快被逆转，非生物因素引起的纯化学变化已经显得微不足道，并很快被生物学过程所修复。马古利斯强调：

> 没有它们，我们将没有空气来呼吸，食物中将缺乏氮元素，没有可以生长庄稼的土地。没有它们，生命的基本活动将会迅速停止，地球将会像金星和火星那样贫瘠荒凉。抛开微生物在进化阶梯中的作用不提，我们既被它们包围而且由它们组成。生物学的新知识还进一步改变了我们把进化看作是一个个体之间与物种之间充满血腥竞争的漫长过程的观念。生物不是通过竞争，而是通过网络协作占领地球的。生命类型的多样化和日趋复杂并不是通过杀死其他生命，而是要通过相互适应对方来实现的。[1]

即使发生核战争，动植物被灭绝，微生物中那些耐辐射、耐高温的物种仍将生存下去，并重新开辟进化的道路。

---

[1] 〔美〕林恩·马古利斯、多里昂·萨根：《倾斜的真理——论盖娅、共生和进化》，第 107 页。

第三节　中观层次

一　协同创造进化奇迹

中观层次是一个我们看得见的由动植物和真菌等组成的多细胞生物世界。生物进化没有计划，但其趋势是从简单到复杂、从单一性到多样性。多细胞生物诞生，动植物出现，使生物和生态位趋向多样性、资源利用趋向充分性、生物生产力趋向最大化。

随着真核细胞进化出来，最初的动物（原生动物）出现在地球上，我们今天看到的大草履虫、变形虫等就是真核单细胞生物。生命科学研究把变形虫作为实验的重要对象，研究它的运动、摄食、排泄、生殖、营养、寿命等，对弄清生命的一些基本问题有重要价值。随着真核细胞和接踵而至的多细胞生物出现，生物进化和环境变化加快，地球开始因生物进化呈现万物竞秀、多姿多彩、热闹非凡的图景。最后，有发达中枢神经系统的人类进化出来，宇宙的自然演化在地球上通过人类而呈现自我反映、自我创造、人化自然的能力。这个过程包含了很多超复杂性现象。

从真核单细胞生物到多细胞生物再到拥有发达中枢神经系统的人类的进化，是真核单细胞生物协同进化的一个个跨越式的突变奇迹，是量变到质变的飞跃，虽然其间有中间过渡的环节，但都超越了目前单一学科的描述能力，不是通常的达尔文遗传变异的纵向进化过程所能解释得了的。马古利斯认为它起源于"共生"，是横向联合、融合、共生、协同进化的产物。按此思路，现在大多数生物学家倾向于认为，多细胞生物起源于球形群体鞭毛虫。事实是否真是这样，并不是最重要的，因为在漫长的进化过程中，生物生生灭灭，新的物种不断涌现，老的物种不断灭绝，生物进化的许多环节的"遗体"会在合成和分解的物质循环过程消失，科学要复原生物进化的所有环节是不可能的。最重要的是，我们知道横向融合、协同进化会创造超乎想象的奇迹！

科学家于 2008 年发现 21 亿年前地球上就出现了多细胞生物，并认为这与氧气浓度增加有关，是因大气出现显著变化而引发的。在这里，我们看到了生物改变环境、环境改变生物，生物与环境相互适应、协同进化的机制。多细胞生物进化成各种组织、器官或器官系统既细密分工又高度协同的生命体，但它孕育于一个细胞——受精卵，经细胞分裂，分化出具有不同专门功能的细胞，并形成组织、器官、器官系统，最终形成整体高度协同运作的个体，其过程包含了全部生命进化史。这种自组织、自创生和携带全部进化成果的循环，对科学实验再现和科学表达而言，都是超复杂的难题。科学有可能在实验室中合成最简单的生命形式，但要把这种最简单的生命形式组合成真核细胞、多细胞生物、有复杂中枢神经系统的高等动物，其复杂性就可能超出了科学的极限。但是科学把我们带进了这个领域，使我们认识到生物进化中的突变、飞跃的奇迹，没有科学，我们就一无所知。

人类作为中枢神经最发达的多细胞动物，继承了几十亿年来生物与生物、生物与地球环境相互适应、协同进化的成果，获得了惊人的自治能力。只要保持健康的生活方式、身心和谐并维护好地球生命自治体的和谐，我们就不必担心通常难免的皮肤划破和病菌入侵。因为我们健康的身体有一套处理血液循环和外伤凝血的复杂精妙的系统，使伤口能快速凝血而不会有流血不止的危险，也不会有在动脉中出现凝块而导致血栓的危险。我们健康的身体还有一套复杂精妙的免疫系统，它具有对数以百万计的侵入身体的外来抗原、物质、细胞进行识别和"消毒"的能力，这个系统拥有数以亿计的高度专一的抗体，"它们是由少量基本结构的体细胞突变产生的"[①]。至于为什么会有"突变"，这个问题超出了科学的边界。科学会追问大量的"为什么"，但追问更多的是"是什么"，即科学不追问宇宙万物的本原为什么是物质，物质为什么有属性，而追问物质是什么，它有什么属性。对各种物质现象的"突变""飞跃""质变"，科学的回答也只能是：它是物质内在属性在不同的层次、不同的相互作用过程中的不同的呈现。

二　竞争推动适应进化

多细胞生物诞生，绿色植物和动物登陆，不仅使生命系统从二级结构上升到三级结构，而且大大增加了生物的多样性和生物量，也大大改变了地表环境，增强了地表环境与生命相互适应、协同进化的抗逆能力。在几十亿年的漫长进化过程中，物种经历过几次大灭绝，这些大灭绝都与环境剧变有关。环境剧变包括太阳活动的变化、地球轨道要素的变化、小行星撞击和强火山喷发、大陆板块漂移和下垫面重大变化、气候大幅变暖变冷等。这会淘汰大批不适应的物种，但生命

---

① 〔德〕弗里德里希·克拉默：《混沌与秩序——生物系统的复杂结构》，第133页。

在强大的地球生命自治体抗逆能力的护佑下，能退一步进两步，通过快速变异获得适应性，使物种和生态位多样性、生物生产力在进化的长期过程中趋向增长。

这种增长在有限空间的特定时限内，必然会趋向极限，这个极限以环境压力（或生态压力）显示出来。环境压力导致种内和种间对资源的竞争，竞争会淘汰不适应者，生态位完全相同的两个物种会形成生态学中称为"竞争排斥"（高斯假说）的现象，推动了生态位的细化。瑞典农业科学大学的科学家发现，在拥挤的环境中，相互邻近的植物在地上和地下有互动，它们会调整根部或叶子的生长，以避免相互间的生长竞争。① 美国科学家发现在伊利诺伊州的悬铃木叶子上有6种斑叶蝉，科学家进一步研究发现它们是在叶片的不同部位取食。科学家还发现有5种树莺栖于同一片针叶树丛中，但它们在树丛中的取食部位有明显的不同。这表明竞争选择会使某种生物比其他生物更具适应性，形成一些利用特定资源的能力和生活方式，从而避免竞争排斥，保持物种和生态位多样性的增长。

多细胞生物的必死性，是多细胞生物适应性进化的必然结果，因为没有死就没有生，没有生就没有进化。同样，生物间吃与被吃的关系也是生物的资源循环利用的必然结果。生态系统中存在两种主要的食物链。一是碎屑食物链，动植物死后的残体，或经腐食、碎屑食动物消费，然后被微生物再消费和分解还原，或直接被微生物消费和分解还原，这一过程被称为碎屑食物链，它是大多数生态系统中物质能量流

---

① 《英媒：植物通过"交谈"避免生长竞争》，《参考消息》2018年5月4日。

动的主渠道。二是捕食食物链，除在某些水生生态系统中，某些植食性原生生物可以在短时间内把某种浮游藻吞食掉，滤食性浮游动物直接取食浮游植物初级生产量的强度很大之外，在陆地生态系统中，植物的净初级生产量只有很少一部分被植食动物吃掉，在能量沿捕食食物链流转的过程中，转化效率约为10%，因而肉食动物比植食动物要少很多，二级肉食动物又比一级肉食动物少很多，依次逐级减少，顶级肉食动物最少，因而食物链一般只有4~5个环节。在生态系统中，吃与被吃的关系并不是单一的食物链，而是一个错综复杂的食物网，所有生物都直接或间接地联系在这个网中。

生物间吃与被吃的关系，对物种而言，不是施加于被吃者的灭顶之灾，而是会对双方都形成选择压力。在物种多样性的自然生态系统中，植食动物吃植物，对植物形成选择压力，植物对这种压力的反应是，进化出自身的多种防卫能力，如表皮加厚、长毛、长刺、叶片形状多样化、俯卧生长、长得很高大、生长点不在顶尖而在基部、有怪味、有毒素等；这反过来对植食动物又会形成选择压力，植食动物在这种压力下，会逐渐适应并形成克服压力的能力；反过来，这又对植物带来新的压力，迫使植物形成新的适应能力，如此循环往复，形成动态的协同进化关系。

自然生态系统协同进化展示了丰富的多样性。有许多植物分布在啃食严重的地区，它们依赖大型植食动物的啃食而生存，因为这种啃食淘汰了对啃食敏感的植物，抑制了抗性较强的植物生长，从而为这些植物提供了生存空间。草原中既有牧草也有灌木，草本植物的生长点在植株的基部，灌木和树苗的生长点在茎枝的顶部，植食动物的啃食不影响牧草的生长，但对灌木和树苗的生长影响很大，如果没有植食动物的啃食，草原就会长出很多木本植物，它们会挤占草本植物的生长空间，因而，草原与植食动物实际上形成了互利关系。更为奇特的是，在坦桑尼亚的矮草草原上，斑马、野牛、角马、转角牛羚、汤姆森瞪羚等植食动物，按严格秩序一种接一种地连续穿过草原，每一种都只吃草被的不同部分，这样后来者也有可吃的食料。

肉食动物与猎物的关系与此类似，在非洲大草原，肉食动物有狮子、猎豹、鬣狗、野犬等，它们的猎物有野牛、角马、牛羚等草食动物和其他小动物。这些猎物在选择压力下都进化出了灵敏的感官，具有快速奔跑、小心隐蔽和群体活动能力；肉食动物要捕猎成功，就必须进化出快速的奔跑和聪明的伏击能力，这样，捕食者和猎物之间相互形成选择压力，它淘汰的是老弱病残者，推动的是协同进化的过程。在一个生物群落中，如果没有捕食者，其结果很可能是灾难性的。美国曾由于大量捕杀狼和美洲狮，导致有蹄动物蠕虫病大流行；挪威曾为保护雷鸟而大量捕杀猛禽猛兽，结果造成球虫病和其他疾病在鸟类中大传播。有心栽花花不发，消灭捕食者，使病兽、病禽失去了捕食者的淘汰机制，给猎物种群带来了出乎意料的负面影响。

肉食动物捕食植食动物中奔跑不快的老弱病残者和粗心大意的落单者，而肉食动物中的老弱病残者会因失去快速奔跑和有效伏击的能力而饿死或成为其他肉食、腐食动物的食物，这就使有限的资源更好地用于青壮繁育年龄的动物，使它们得以繁衍不息。因而，肉食动物控制着群落中动物的年龄结构、物种组成和规模，从而在整个群落中起着关键性的平衡调节作用。它们使群落中的植食动物保持适度规模和适宜结构，从而维持对植物的适度啃食，植食动物吃掉老叶而刺激新叶再生，动物排出的粪便，既为碎屑食动物提供了食物，又为微生物提供了分解还原的有利条件，还为植物的生长源源不断地输送必需的物质养分，从而加快了群落的物质循环，提高了植物的生产力。

自然界中到处都分布着由植物、植食动物、肉食动物和微生物众多种群组成的生物群落。一般而言，空间面积愈大，生物多样性越丰富，食物链就更长，食物网也更复杂，物质循环的速度更快，生物生产力更高，生态系统也更稳定，其中，植食动物、肉食动物功不可没。例如，在草原或森林中，如果没有植食动物，仅靠微生物分解植物的枯叶，过程就很慢，而经大型植食动物和碎屑食动物食用后，其排泄物就很容易被微生物分解还原，从而加快了物质循环过程。如果没有肉食动物，那么植食动物过度繁衍，对植物过度啃食，又会大大降低植物群落的生产力，反过来，植食动物过度繁衍，植物群落的生产力大大下降，植食动物就必然陷入饥饿和疫病蔓延的困境而大量死亡，幸存下来的饥病交加的植食动物即使能繁衍，也会给后代带来不利的遗传影响，如果在一个不能迁移的封闭环境中（如小岛屿上），就极可能导致植食动物灭绝。

三　共生利于进化

生态学研究揭示了自然界中极不相同的生物生活在一起并相互依存、相互受益的共生现象，有的还进化到离开了对方就不能生存的相依为命的程度。例如，蚂蚁喜食蚜虫分泌的蜜露，它们悉心保护蚜虫，驱赶和杀死蚜虫的天敌，有时还把蚜虫带入蚁巢保护。传粉昆虫在采花粉的同时为有花植物授粉，昆虫获得食物，植物则完成生殖过程。对美国加利福尼亚州沙漠中的丝兰来说，丝兰蛾是唯一为它授粉的昆虫，没有丝兰蛾授粉，丝兰就不能结果实，同时，丝兰蛾只把卵产在丝兰的子房内，从卵中孵出的幼虫，只有在丝兰的子房内才能完成发育。食用无花果只有在鹦榕小蜂为其授粉之后才能结出果实，鹦榕小蜂则要靠三种无花果来完成生活史，它在第一种无花果上过冬，在生长季节转移到第二种无花果上完成发育，成虫羽化后再飞到食用无花果授粉，没有无花果，鹦榕小蜂就没有过冬和发育场所。

　　生物学家曾认为，竞争推动进化，而共生会妨碍进化，因为较快进化出共生生物特征的物种提供的帮助比获得的回报多，因而会比较吃亏。他们把"红皇后效应"（在生物进化的王国里，物种必须不停地奔跑，才能保持原样，如狐狸必须跑得足够快才能吃到兔子，兔子必须跑得足够快才能逃脱捕食）视为一种进化原则。这种进化原则已经影响了历史学家，如最近几年名声大噪的美国斯坦福大学教授伊恩·莫里斯在《人类的演变——采集者、农夫与大工业时代》中就有一节专论"红皇后效应"。但是，这种唯竞争、非共生的进化理论已被最新的研究所推翻。金合欢树有膨大的叶形刺、叶密腺和供蚂蚁食用的小体，蚂蚁栖于空心刺中，保护金合欢树不被植食动物啃食，攻击在树上遇到的其他昆虫和树下150厘米以内的外来植物，使金合欢树在无竞争的空间中长得高大舒展，如果不与蚂蚁共生，金合欢树就无法生长成熟。按照"红皇后效应"，这种共生会妨碍蚂蚁的进化，但是，一份发表在英国《自然·通讯》杂志上的最新研究表明，这种蚂蚁的基因组比同样生活在哥斯达黎加的遇到入侵者跑得快的普通蚂蚁的基因组进化得更快。[①]

至于植物、动物与微生物的共生关系，除了上一节所述的高等植物与菌根共生、动物与某些细菌共生、昆虫与真菌共生等形式之外，还有大量的其他形式。地衣是单细胞藻类和真菌的共生体，二者相互适应、协同进化到无法区分它们是藻类还是真菌的程度，真菌的菌丝深入到单细胞藻类的原生质内，它们相互交换养料，协同维持水分和无机盐的平衡，抵御干旱和极端气温的威胁，比任何单一生物都更能适应恶劣环境。昆虫的口腔、肠道、血管和排泄管中和各种细胞原生质中，有大量共生的细菌、真菌、立克次氏体、酵母菌和原生动物，这些微生物为昆虫提供必需的各种维生素、葡萄糖和消化酶，使昆虫发育得更好，生殖力更强。白蚁如果没有肠道内的多鞭毛虫分泌的纤维素酶，即使吃大量木材，也会饿死，多鞭毛虫如果离开白蚁的肠道，也会饿死。由于微生物覆盖了一切生态位，微生物与动植物的共生是一种普遍现象，只是我们的认识还很有限。

在一个相互依存的生态学结构中，竞争选择推动的是相互适应、协同进化，而不是万能的适应者和通吃的强者，打破这种直接或间接的相互依存的生态学结构就是自杀。现代人看到的动植物病虫灾害爆发的现象，主要出现在规模化、单一化种植或养殖的人工系统中，因为这是一个生态结构失衡的系统，其中的动物或植物是人工驯化的而不是自然选择

[①] 《共生妨碍进化理论被推翻》，《参考消息》2016 年 8 月 26 日。

的。在人类干预过的生态失衡系统，如人工造林、伐木、捕猎的生态系统中，也会出现这种现象，其原因也相似。但随着昆虫、病菌爆发性增长而来的食物短缺，又会导致昆虫、病菌跳崖式地死亡。在极少有人类干预的热带雨林中，动植物、昆虫和微生物保持着最丰富的生物多样性，从不会出现病虫灾害爆发的现象，因为这是一个经过漫长的自然选择、相互适应之后形成的自循环、自调节、自平衡的生态系统。现代地球已经很少有这样的生态系统，因而人们到处可见的是生态失衡。

生态系统中的植物、植食动物、肉食动物的捕食与被捕食、吃与被吃的关系，展示了中观层次生物适应与反适应循环演进的过程。在表象上这是一种竞争关系，也是进化的动力机制，这一过程中的不适应者——无论是植物、植食动物、肉食动物还是寄生物——都会被淘汰。从深层看，生物适应与反适应的演进推动的是协同进化，它淘汰的是不适应协同进化者——不仅包括被吃的"弱者"，还包括猎食的"强者"，会造成寄主死亡的寄生物、造成植物死亡的植食者看起来很强，但寄主、植物的死亡也会导致寄生物、植食者的死亡。自然界从未进化出万能的适应者或通吃的强者，如果有，在进化史上恐龙可能算一个，在现代除了人类还有谁？以往人们认为恐龙灭绝于6500万年前的一次小行星撞击，但最新的研究认为，在小行星撞击之前很久恐龙就开始衰落，衰落的原因是它们挤满了陆地栖息地，阻碍了它们的进化。小行星撞击改变了地球环境，导致恐龙彻底灭绝。

因而，通吃的物种并不是强者，而是适应性差的弱者。在失衡的生态系统中，它们的命运是间歇性地爆发又覆灭，在健全的生态系统中则没有这种现象，在进化过程中它们或者被淘汰，或者适应性地进化。在寄生关系中，适应性强的寄生物会给寄主带来可以承受的压力，也能使寄主获得有利于生存的好处，从而使寄生物自身获得可持续繁衍的保障，这种协同进化最终会导致某种共生关系的形成。

生物进化在生存环境的选择压力下进行，环境包括生物环境和非生物环境，每一个物种与其共存于群落中的其他物种互为环境，因而，适应进化是相互适应进化。猎物要适应它们的捕食者，反过来，捕食者也要适应它们的猎物。肉食动物、植食动物、植物都相互影响和相互适应。相互适应、协同进化没有终点站，它是一个动态的无止境的过程。

按德国真菌学家德·巴瑞的"不一样的生命生活在一起"的"共生"定义，目前生态学教科书中的共生概念是狭义的，广义的共生与"共栖"重合，表面看所有的生物都没有直接的依赖关系，但间接地，所有生物都是相互影响和相互依存的。马古利斯指出：

> 生物学课本对共生的定义是以人为中心的——指互利关系或动物利益，包含有成员间的社会契约或损-益分析的含义。这种定义是非常愚蠢的，共生是一个普遍的生物学现象。[①]

更有甚者，达尔文自己也是一个拉马克主义者，他在他写作的时候已经预见到了共生起源的意义，他说："我们不能揣测有机体奇妙的复杂性；但根据这里提出的

---

① 〔美〕林恩·马古利斯、多里昂·萨根：《倾斜的真理——论盖娅、共生和进化》，第376页。

假设，复杂性已经大大增加。每一种生物必须被视为一个微宇宙——一个小的宇宙，由一系列自我繁殖的有机体组成，这些有机体小得难以想象，数量多得就像天空中的繁星"。[①]

包括真核生物和我们自身在内的所有多细胞生物个体，都是更小的生命形式共生的产物，同时，我们共生于一个更大的生命形式之中。在微观层次，真核细胞是多个不同细菌的内共生体；在中观层次，动植物是多细胞的共生体。植物甚至砍干剪枝也不影响其再生，剪下的树枝有的可以嫁接，有的可以插活；动物死后，有些器官可以保存下来进行移植，有些细胞可以存活很长时间。在宏观层次，我们将看到，所有的生命形式，包括微生物和动植物都共生于一个更大的生命形式之中，它超出生态学中的生物圈概念，包括整个地表的陆地、海洋、大气和所有生物，英国大气科学家詹姆斯·拉伍洛克把它称为"盖娅"。

第四节　宏观层次

一　地球生理学

在宏观层次，地球的生物环境与非生物环境相互适应、整体协同，形成陆地、海洋、大气物质循环、能量流转、温湿适宜、酸碱适度的像生物"体内平衡"那样理想的复杂微

---

① 〔美〕林恩·马古利斯、多里昂·萨根：《倾斜的真理——论盖娅、共生和进化》，第389页。

妙的反馈调节系统。

生命诞生之前的地球，其大气构成与金星、火星相似，二氧化碳含量占98%，氮占1.9%，氩占0.1%，可能有微量的氧气，但难以在大气中积累；处于热力学平衡态的地球，二氧化碳含量占98%，氮占1%，氩占1%，氧气为零；现代地球的二氧化碳含量占0.03%，氮占78%，氩占1%，氧气占21%。对比一下地球大气中的成分变化，就可以看到，在前两种情况中，二氧化碳的含量极高，氮的含量极低，没有游离氧，而在现代地球的大气中，情况发生了反转。现代地球的大气互不兼容的成分违背化学平衡的规则，稳定地维持着最有利于生命生存的比例。

无生命的原始地球没有游离氧，处在太阳紫外线的强烈辐射之下，这为在浅海中化学合成有机物质创造了条件。原核细胞生物诞生后，它们有极强的抗紫外线辐射能力，而且浅水崖石的避光面或10米以上深度的海水中，都是它们的安全庇护所，它们以有机物质为食。这一过程持续了十多亿年，直到原始生命进化出能进行光合作用的含叶绿素的蓝藻，它们把二氧化碳和水合成有机物质，同时释放出氧气，大气才开始了氧的积累。氧在紫外线的辐射下生成由3个氧原子组成的臭氧分子，臭氧能全部吸收对生物危害最大的波长小于295纳米的紫外线，大部分吸收对生物有一定危害的波长为295～320纳米的紫外线，不吸收对生物无害的波长大于320纳米的紫外线。臭氧随着氧气的增加而增加，海洋生物的生存空间也随着臭氧保护能力的增强而扩大。氧气对早期生命是有毒的，但在自然选择过程中，能利用氧气的生命进化出来了，并从海洋登上了陆地，开始了更快、更多样性的适应进化。陆地地表生命的生存和繁衍依赖于降水，海水在太阳能的驱动下蒸发，通过气流输送到陆地，形成近海岸陆地的降水，绿色植物登陆后，它们的蒸腾作用形成降水的小循环，它们把自身繁衍的空间和降水逐渐引向了内陆纵深地区。

在上述过程中，生物与生物、生物与无机环境一道进行着碳、氮、硫等物质的天地大循环，彻底改变了包括大气、海洋和陆地在内的地表性质。没有生命的地球，地表的一切变化都受物理化学过程控制，气温的波动幅度、海水的盐浓度、降水的酸度、大气的总压强等都远比现在的地球高，任何动植物都不可能生存。生命从地球的无机环境中诞生，反过来改变了地球的无机环境，使整个地表进入了与生命相互适应、协同进化的过程，现在地表的一切变化都受生化过程控制，纯化学作用的影响微不足道并会被生化作用所逆转。

要对生物之间、生物与地球环境之间的相互适应、协同进化的过程进行细述，需要一本书的篇幅，笔者曾在《地球之难：困境与选择》一书中论述了这方面的内容，在这里只作些简短补充。

地球生物之间、生物与无机环境之间相互适应、协同进化，形成了全球范围的、像生物"体内平衡"那样复杂微妙的"生物地球化学循环"、反馈调节系统，导致英国大气科学家詹姆斯·拉伍洛克提出了著名的"盖娅论"。

　　盖娅是个超级"有机体"，由大气、海洋、表面的岩石紧密联系在一起的整个"活着的"系统组成。[①]

---

① 〔英〕詹姆斯·拉伍洛克：《盖娅：地球生命的新视野》，肖显静等译，上海人民出版社，2007，序第7页。

地球上生物的完整系列——从鲸鱼到病毒、从橡木到海藻——应被看作组成了一个单一的生命实体，它能够通过操纵地球上的大气来满足其全部需要，并且拥有远远超过其组成部分的本领与力量。[①]

马古利斯是盖娅论的有力支持者。

盖娅是地球生理学：我们星球表面的生命之网的能量和物质交换活动的总和……盖娅理论把地球生物圈（生命存在的地方）看作是一个单一的、自我调节的实体：地球是活的。盖娅理论体现了"生命是地质力量"的思想，并进一步假定生命延续所必需的各种条件也是由生命体自身利用来自太阳的能量来维持的，……共生是指不同物种的有机体之间的自然联系。……地球上所有的生物体通过水、大气和土壤发生物质接触，……正如格里高利·海因克尔所说的，"从宇宙空间来看，盖娅就是共生。"……地球表面怎样变化以回应生命的演化，生命如何进化以回应地球的演化……进化把地球上所有的生物通过时间联系在一起，盖娅则通过三维空间把所有的生物联系在一起。[②]

虽然拉伍洛克、马古利斯等科学家都把盖娅与生物圈连在一起论述，但生物与生物、生物与无机环境相互适应、协

---

① 〔英〕詹姆斯·拉伍洛克：《盖娅：地球生命的新视野》，第 11 页。
② 〔美〕林恩·马古利斯、多里昂·萨根：《倾斜的真理——论盖娅、共生和进化》，第 3～6 页。

同进化使地球生命具有行星尺度的性质，超越了生态学目前对生物圈的论述。拉伍洛克本人就明确指出："起到调节作用的不仅仅是生物圈，而是一切物体，包括生命、大气、海洋和岩石。包括生命在内的整个地球表面都是一个自我调节的存在，这也正是我使用盖娅的含义之所在。"① 现在的科学界也不再只是从物理学、化学、生物学等单学科的视角来看待地球，而是用生理学的新视野来认识地球的性质。

由于有人对盖娅理论质疑，这里有必要讨论一下相关问题。对科学而言，质疑不仅正常，而且是科学发展的一个重要机制。但对盖娅的质疑不能推翻盖娅理论。如，盖娅理论没有提出盖娅使地球温度维持恒定，更没有提出盖娅中的物种不会灭绝。科学研究表明，在地球生命存在的近 40 亿年中，太阳辐射强度增加了 25% ~ 30%，这对地球气温有很大影响；而且太阳活动有 11 年 ~ 10 万年的多个周期性变化，地球绕日公转轨道及地轴倾斜度也有多个周期性变化，这也对地球气温有较大影响。但是，根据考古资料和历史文献记载，从 22 亿年前至 1 万年前，地球气温变化超过 10℃，而近 1 万年来，气温变化范围为 2℃ ~ 3℃。正是盖娅的自调节，避免了太阳辐射强度变化的过度影响，使地球气温从未出现灾难性波动，这与人体根据环境温度变化，通过出汗或颤抖调节体温以适应 0℃ ~ 40.5℃ 的环境温度相似。

气温的较大变化必然会使许多物种因不适应而灭绝，导致地球生态系统失衡，但随着适应新环境的物种的涌现，地球生态系统会实现再平衡。这一过程使生物与生物、生物与

①　参见〔英〕詹姆斯·拉伍洛克《盖娅：地球生命的新视野》，序第 3 页。

环境相互适应、协同进化呈现振荡性的动态变化。同时，地球生态系统内某个物种因在进化中具有很强的适应性而快速增长，也会打破地球生态系统的原有平衡，导致许多原有物种灭绝。但随着原有物种的灭绝，快速增长的某个物种就会失去适应性优势而衰落，地球生态系统又会随着新物种的涌现而实现再平衡。生物的代谢过程会影响大气的物质构成，生态系统失衡会影响气温，使之变暖或变冷，但这种变化总是会通过生态系统的再平衡而得以恢复稳态。导致物种灭绝和气温波动的原因很多，但迄今为止，盖娅使气温波动维持在生命适宜范围之内的能力没有被摧毁。

二 横向科学支持

耗散结构论、系统论、信息论、控制论和协同论等横向科学都为盖娅论提供了支持。在耗散结构中，虽然热力学第二定律揭示了宇宙中自发的能量转化是一个普遍的熵增过程，是无序度趋向极大，与之相反的过程不可能自发发生。但是，生命是一个自组织的逆熵增过程，这种逆熵增现象不仅见于所有生物体，而且见于整个地球表面。这种相反的过程并不导致热力学第二定律与生命逆熵增现象的相互否定。在"日－地"大系统中，太阳源源不断地输出能量，是一个熵增过程，当太阳的能量趋向耗尽，"日－地"大系统的熵增也趋向最大化，符合热力学第二定律。在这一过程的几十亿年间，小小的地球接受太阳输出的一部分能量，演化成了有生命的星球，产生了远离热力学平衡态的、有序的耗散结构。如果遥远的太空中有一些高度发达的外星文明，它们在搜索宇宙中的行星时，发现了地球这种逆熵增的自组织现象，那么它们就会断定地球是一个生命之星。事实上，现代地球人寻找外星生命，采用的就是这种方法。

生物代谢产生的气体会改变行星的大气构成，大型天文望远镜能记录行星反射的光谱，分析其化学成分，如果发现行星有氧气、臭氧和甲烷等"生物标记"，即可认定该行星有生命。依据这一方法，科学家判断地球的两个"邻居"金星和火星没有生命，但火星的地表下是否有能在极端环境下生存的微生物，有待进一步探索。如果有，那么可以证实的是稀少的生命不足以形成行星尺度的生命自治，火星与地球有很大的差别，它并不适合人类生存，更谈不上天堂乐土。

地球从细胞到动植物到整个地表都是一个远离热力学平衡态的耗散结构（本书使用的"平衡"概念，是生态学的"平衡"概念，与热力学、耗散结构论的"平衡"概念不同，而与耗散结构论中的"稳定"概念一致）。人们难以理解地球是一个巨大的生命体，主要受无机与有机、无序与有序、环境与生物截然分开的非此即彼的二分法思维方式的影响。这种思维方式，看起来界限分明，却作茧自缚，它无法回答有机、有序、生物如何从无机、无序、非生物中产生的问题，要回答就只能向神创论靠拢。

耗散结构是一个与外界进行物质和能量交换的开放性系统。在耗散结构中，一个远离平衡态的复杂系统，各元素之间的作用是非线性的，这种非线性的相干机制，导致大量粒子的协同动作、突变而产生有序结构。有序结构在无机界也有很多例证，生命系统就是典型的耗散结构，从细胞直到地球表面都是如此。在热力学平衡态的地球上，是不可能有生命存在的，生命诞生并持续进化必然是一个行星尺度的现象，不能把无机与有机、无序与有序、非生物环境与生物环境截然分开，正所谓："天无私覆，地无私载，日月无私照。"天地日月的"无私"性，普惠整个地球表面，体现于生命的整个体系。正如拉伍洛克所说，我们要从盖娅的视角认识自己。

> 1974 年，当我在爱尔兰西部未受破坏的风景地开始写作时，就像生活在一个由盖娅管理着的房屋中，盖娅努力使所有来访者感觉舒适。我开始越来越多地以盖娅的视角观察事物，就像脱去一件陈旧的外套一样，慢慢地丧失了人文主义者的基督信仰：人类的利益高于一切。我开始明白我们全体是无意中保持地球舒适环境的生物共同体的一部分，我们人类对于盖娅共同体来说没有特权，只有义务。①

在系统论中，复杂现象大于因果链的孤立属性的简单总和，在整体中，正在发挥功能的部分与从整体中分割出来的部分截然不同。在盖娅的上万亿个物种中，丧失一部分非要害的物种，盖娅仍然存在，但盖娅的任何物种，离开了盖娅，那就是另一回事了。例如，依赖于盖娅，人类才得以生存和从事各种活动，才成其为人类；离开了盖娅，人类就什么也不是，但盖娅仍然存在。就像人的手臂只有是活着的人体的有机组成部分，才能发挥出应有的功能，才成其为手臂，离开了活着的人体，它就什么也不是。《盖娅：地球生命的新视野》一书有专章论述控制论并涉及信息论。这里只需提及，

---

① 〔英〕詹姆斯·拉伍洛克：《盖娅：地球生命的新视野》，序第 4 页。

盖娅的大气构成、地表温度、海洋盐分、pH 酸碱度等都说明它是一个极其复杂微妙的反馈循环、非线性自组织系统，它具有像生物体内平衡一样的稳定性，远远超出了人类的机械控制和数学模型的设计能力。

协同学是研究远离平衡态开放系统在一定条件下从无序走向有序的系统性科学，它表征系统有序或无序的变量是"序参量"。当系统无序时，序参量为零；当系统走向有序时，序参量增大；在临界点上，系统产生突变形成新的有序结构，序参量骤增到极大值，因而序参量有点像负熵。协同学把系统中的各种状态变量分为快变量和慢变量，对系统进化起主要作用的不是转瞬即逝的快变量，而是慢变量，即序参量，系统中的一些序参量既相互依赖又相互竞争，从而协同一致形成一个不受外界作用和内部涨落影响的自组织结构。协同学与耗散结构论是两种不同的理论体系，却殊途同归、相互印证。

在漫长的历史时期，人类只看到了中观层次的动植物界的表层现象，微观层次和宏观层次的生命现象，是人类在显微镜和太空时代才看到的图景，在这之后才逐渐认识到协同性是生命世界更深层的本质关系。科学家通过显微镜对微生物的整体性观察，提供了自下而上的纵贯横连、微宏一体的新发现，英国皇家学会会员、著名微生物学家约翰·波斯特盖特说："生物在最宏观的水平上以一种相互依存的方式生活着。"[①] 从太空对地球的观察提供了自上而下看清地球整体的新视野，拉伍洛克说："我是从太空上自上而下地俯视地球，

①　〔英〕约翰·波斯特盖特：《微生物与人类》，第 2 ~ 3 页。

而不是通常还原主义者所用的自下而上的观察方式。自外部对地球进行整体性观察，使我意外地既与后现代世界保持和谐一致，又与热衷于还原论之前的主流科学相一致。"① 微观和宏观两个层次的观察发生了交汇重叠，借助科学理论的创新，得出了地球生命的整体性、协同性的统一论证。

最先研究生命现象的是中观层次的动植物学家，但最先看到生命的相互适应和协同性，认识到生命是一个行星尺度现象的是大气化学家和微生物学家，这导致整个生命科学观念的改变。但是，人们对进化论的理解仍停留在一个半世纪前的"竞争选择，适者生存"，并将之引申到人类的政治、经济、社会领域中，成为资本主义竞逐私利最大化的经济理念和帝国主义弱肉强食的政治信条。正是这一信条作为"科学发现的自然法则"的错误滥用，导致一百多年来人类社会贫富两极分化不断扩大，人与人、人与自然的"两个对抗"不断加剧。这不仅使科学技术和生产力的不断发展未能造福人类，而且使社会陷入周而复始的经济危机，导致了两次世界大战和此伏彼起的局部战争，并使资源消耗、环境污染、物种灭绝以空前的力度和速度冲击着地球生命自治体的自调节、自平衡体系，导致这一体系的失衡，危及人类生存，使人类深陷经济、政治、社会和生态环境多重危机。

人类为了满足无止境的贪欲而有意识地作恶，与其他生物为生存而竞争，在性质上是完全不同的。其他生物的竞争是地球生命自治体进化过程的自调节，在整体上形成的是一个相互适应、协同进化的动态平衡，而不是强者通吃。人类

① 〔英〕詹姆斯·拉伍洛克：《盖娅：地球生命的新视野》，序第7页。

以一己私利来划分一切，于己"有用"的就利用，"无用"的就废弃，"有害"的就消灭，几十亿年来万物相互适应、协同进化所形成的地球生命自治体的动态平衡，不敌人类一百多年无限制的榨取和排放。人类有意作恶，是人类社会环境恶化的最大根源，为了私利而玩弄挑拨离间、拉帮结派，造谣生事、栽赃陷害，恃强凌弱、巧夺豪取，两面三刀、翻云覆雨的把戏，不仅是恶化人际关系的毒药，而且堂而皇之地用于国际关系之中，成为强国对弱国发动侵略战争的"理由"，平民世代建设的家园，不敌几颗瞬间飞来的炸弹。

在宇宙普遍的熵增洪流中，任何生命个体都是渺小而脆弱的。生命只有成为一个行星尺度的现象才可能有意义。霍金一再告诫人类不要和外星人联系，不要暴露自己，以免招来巨大灾难。其实地球表层自组织逆熵增现象，早已向宇宙公开了地球是一个生命之球，人类的天文望远镜，又暴露了地球是一个懂得利用物理学知识的文明体。没有人会排除可能有来自地外的多种因素对地球生命构成威胁，但在人类掌握的科技力量已相当强大并还在快速发展，而社会仍不能消除分化、分裂、敌对状态的历史时期，对地球生命的最大威胁是人类自己。人类只有尽快地解决自己的致命问题，才能解决地球的问题，才能解除来自地外的因素对地球的威胁。

第四章　生命价值

　　天问是一个统一的问题，但第二、三章涉及较多的是"从何而来"的部分，对"向何处去"的部分没有具体展开，本章要通过探讨生命的价值来回答这一问题。这三章所涉及的是宇宙演化、生命进化、文明发展的三个阶段或宇宙整体三大层次的理论问题。弄清生命的价值即生命的意义非常重要，第一章提到人类自创造宗教以来就生活在终极意义之中，人类不仅对自己的行为赋予功利性意义，宗教还以灵魂不死赋予某些灵魂上天国（或肉身成仙）以神圣性意义，使之成为几千年来人类追求的终极去向。但科学的发展已使天国和灵魂不死的神圣意义失落，人类对终极去向的追求也陷入了"何处是归程？长亭更短亭"的惆怅之中。本章要在第二、三章的基础上提出：宇宙演化是一个隐卷秩序渐次展开的过程，人类生物学本能和科技发展所追求的终极去向，是使生命和文明获得永生的宇宙本体性意义。

第一节　目的与动力

一　异化的矛盾

　　生命和文明究竟有什么意义？虽然人类提出各种价值学说来赋予人类各种行为及事物以意义，但它们大多属功利性的意义。在我们的亚宇宙可能有千亿年、万亿星系的时空演化史上，生命和文明只有成为星际网络现象，成为宇宙隐卷秩序渐次展开的新过程，才具有宇宙本体的、永生的、终极的意义，否则就只是孤立渺小的行星时空中忽生忽灭的现象，谈不上什么意义。明确这一点，对人类今天及未来的发展至关重要。

科学的巨大进步和潜力，使人类在技术上正在获得由命运（基因和环境）的奴隶翻身成命运的主人的能力，但社会的分化，体制、机制、观念和思维方式的滞后，使我们正处在一个最有希望又最危险的关键时期，为避免功败垂成，探讨生命和文明的本体性、终极意义以及实现这一意义的安全进化的维度，就成为必要的了。

生命和文明的终极意义，需要从生命的本能、人类的本能欲求和文明进化的不变指向中去寻找。人类活动的目的和动力究竟是什么？是追求最大化地生殖和无限贪欲的满足？还是追求长生？这两者形异而实同，因为历史上大多数思想家认为两者都源于自私，对它们持否定态度，大多数思想家既拒斥贪婪的自私，又把追求长生视为自私和虚妄。要回答这个问题，必须先回到生命的本能上来。

假设一切生物的活动都有其目的和动力，那么这种目的和动力就是它们的本能：生存和繁衍。任何事物都具有自我肯定的属性，生命之所以为生命，是因为它们有好生恶死、自我肯定的本能。人类是有自我意识的生物（当然不仅是人类），任何身心健康的人，都能认识到自我生命的唯一性、短暂性，都能感知身心愉悦之可恋和死亡之可怖，因而有延长生命的欲求，追求长生的生物学本能就显露出来。

　　人的寿命长短，虽然是其身心状况的呈现，却不是个体化的孤立现象，而是展开于人与人、人与社会、人与自然相互作用、交换物质（质量、能量）和信息的过程中，因而个体生命的长短，取决于个体与环境的状况和关系。这种状况和关系受人类的认识程度、行为方式和文明发展水平的制约，虽然人有追求长生的生物学本能，但在过去的几千年中，私有制把人与人、人与社会、人与自然的关系，异化为人与物的关系，从而决定人与人的关系。人类追求的目的和动力异化为对外在物占有的最大化，从而导致社会贫富分化。少数人富可敌国，拥有的财富远远超出了满足健康消费的需要；多数人家徒四壁，有些人甚至一无所有，陷入生存困境，于是铤而走险，或偷盗抢劫，或揭竿而起。富人本想用享用不尽的财富来延年益寿，结果反受其累，成了众矢之的，陷入失财甚至丧命的劫数之中。其深层的原因就是人类好生恶死的本能，只要一息尚存就会顽强地表现出来。人类文明史所展现出来的人类精神和物质活动及其变化，虽然纷纭复杂、迂回曲折，但大趋势仍然为人类这一本能的追求所决定。

　　中国道教与其他大宗教有一个显著的不同，就是它没有走以今生之苦换取来世之福的曲折路径，而是不仅追求灵魂不死，还直接追求肉身长生。其理论基础——老子哲学——就是以珍惜和保护生命为主旨的哲学，它抓住了人有好生恶死的本能这一根本，这与道教追求肉身长生虽然不同，却是道教借以生长的哲学基础。

　　道教追求长生也是要抑制一些贪欲和苦行修炼的，这就导致了很多人的心理矛盾。曹植很相信道教，他与一位道士同寝共处百日，看到道士绝谷百日，"行步起居自若也"，于是表示要皈依道教，为此写了不少游仙诗，可是他不能放弃声色欲望的满足去追求长生，所以深以为憾："但恨不能绝声色，专心以学长生之道耳。"[1] 这种矛盾实际上普遍存在于中国古代的文化人身上。《红楼梦》中跛足道人的"好了歌"唱绝了这种矛盾：

> 世人都晓神仙好，惟有功名忘不了！古今将相在何方：荒冢一堆草没了。世人都晓神仙好，只有金银忘不了！终朝只恨聚无多，及到多时眼闭了。世人都晓神仙好，只有娇妻忘不了！君生日日说恩情，君死又随人去了。世人都晓神仙好，只有儿孙忘不了！痴心父母古来多，孝顺子孙谁见了？

甄士隐对"好了歌"作了精彩的注解：

> 陋室空堂，当年笏满床；衰草枯杨，曾为歌舞场；蛛丝儿结满雕梁，绿纱今又在蓬窗上。说甚么脂正浓、粉正香，如何两鬓又成霜？昨日黄土陇头埋白骨，今宵红绡帐底卧鸳鸯。金满箱，银满箱，转眼乞丐人皆谤；正叹他人命不长，那知自己归来丧？训有方，保不定日后作强梁。择膏粱，谁承望流落在烟花巷！因嫌纱帽小，致使锁枷扛；昨怜破袄寒，今嫌紫蟒长；乱烘烘你方唱罢我登场，反认他乡是故乡；甚荒唐，到头来都是为他人作嫁衣裳。[2]

①　《曹植集校注》，赵幼文校理，人民文学出版社，1964，第396页。
②　曹雪芹、高鹗：《红楼梦》，人民文学出版社，1974，第11～12页。

正是生物求生避死的本能，使草食动物在猛兽袭击时拼命反抗或逃跑，使猛兽冒险袭击庞大的野牛群以求饱食而活下去，使人类劳心费力地提高生存质量、发展医药以延长寿命。追求长生是人类进化隐含的终极理想，道教把人类追求长生的潜在心理欲求显性化。道教之所以在中国古代有广泛的影响，原因就在于它符合人类追求长生的最深层理想，它未能实现长生的目标，却直接体现了人类文化隐含的终极目的，对中国医药学、养生学做出了重要贡献。

二　生命的肯定

人类追求长生，是生命本能的自我肯定，因而既是人类追求的不变目的，又是文明发展的永恒动力。人的欲望很多，有人把权力、金钱视为人生目的，作为自身价值的唯一度量，在年轻时为了出人头地而不择手段、用尽心机，甚至不惜抛弃自尊，卑躬屈膝地攀龙附凤，到了晚年心力交瘁，才发现满堂金玉全是无用的玩意儿，它们并不能延年益寿，却为了它们失去了健康、快乐和幸福，才认识到自己年轻时的荒唐，悔恨自己走上了邪道。

到了近现代，人类并没有放弃对长生的追求，而是把希望转向了科学。现代文明已把人均预期寿命的增加，作为衡量社会发展的重要标志；现代科技对生命、疾病、衰老的研究不断取得重大突破，人类将大大延长寿命已不再是遥远的梦想，长生的终极追求也不再只是神话，而是见于文明发展和科技进步的过程之中。我们可以毫不夸张地说，如果没有这一追求，人类文明就不可能有进步，甚至不可能维持下去，背离这一目标就会导致灾难。

　　人的各种欲望满足与长生的关系只能靠科学的不断发展来认识和统一。现代人都很重视食品、饮品、药品、用品的安全，重视居室、环境的清洁，重视体育、体检、户外活动，重视提高生活质量，有病不会不治，也不会省钱求神，而是宁可负债也要求医。同样，人的健康和生命安全也是社会关注的一个核心问题，科学研究生理、心理、社会和自然，教育传授知识和技能，企业提供安全的产品和服务，医院救死扶伤，慈善组织解危济困，心理学家致力精神开导，国家建立社会保障和自然保护体系，国际社会维护和平避免战争，并在应对重大灾害时开展全球协作，一切危害他人健康和生命的行为，都会遭到人们的强烈反对，等等。这都表明满足人的健康需求已经成为当代人类活动最普遍的目的和动力。虽然健康与寿命并不等同，却是生命质量的呈现，身心健康、活力充沛者与身心痛苦、万念俱灰者对生命的感知是不同的，追求生命的长度是健康身心的本能欲求，是不需要外部压力、强制驱动的主动力，也是人类物种可持续进化和人全面发展、快乐幸福的集中体现。

　　追求健康长生的目的和动力既是客观的也是最终的，其关联性既是确定的也是可度量的。而如果把竞逐私利最大化或把增加收入、满足不断增长的欲望作为目的，其关联性就是不确定的也是不可度量的，因为竞相追逐的私利或欲望永无止境，这种无止境的增加和满足离开了提高健康水平和生命长度的关联和度量，就不仅没有意义，而且有害。竞奢比阔，欲壑难填，永不满足地追求身外之物，不仅会使人迷失本性，身心被贪婪腐蚀，失去健康和快乐，而且会导致社会分化、失衡；无限榨取自然资源，会导致资源枯竭，环境加剧恶化，最终导致人类的自我毁灭。

有不少人乃至有的国家提出把增进幸福作为目的。设想虽好，但不好运作，因为幸福是一种主观感受，同样的事，不同的人有不同的感受，幸福难以像增寿那样进行客观定义和度量，也难以成为衡量文明进步的尺度。

心理学研究表明，大多数人在大多数时候是快乐的，这与遗传有关，"我们的祖先进化时，郁郁寡欢和悲伤忧愁的个体估计不大可能延续下来，并足以成为我们的祖先。就算他们可以生存下来，求偶时也没有太多优势……那些能产生快乐和幸福的基因……更容易被自然选择，从而使我们成为拥有平均水平以上快乐的人类"[①]。但是，在人类历史上，并没有人均快乐、幸福感不断增加的显示，认为文明初期人类的快乐情绪极少，现代人的快乐情绪比他们多，未来人的快乐情绪会达到极大化的观点是荒谬的，很可能原始共同体中的人比今天深陷职场竞争焦虑的人快乐，文明的进步不会使人类情绪的丰富性变成快乐的单一性，却有使人均寿命逐渐延长的趋向。

人们通常认为，快乐的人较少生病，生了病也比较容易康复，甚至认为快乐的人能更加长寿，但英国《柳叶刀》在2015年发表了一项研究报告，该研究对71.9万名女性的健康状况、幸福度、压力等进行了历时10年的调查，结果表明，幸福或不幸福并不意味死亡的风险会相应地变得更低或更高。[②] 美国盖洛普咨询公司等机构于2014年公布的"全球幸

① 〔美〕戴维·吕肯《幸福的心理学》，黄敏儿等译，北京大学出版社，2008，第9页。
② 《生活幸福并非长寿因素》，《参考消息》2015年12月13日。

福感报告"显示，巴拿马人的幸福感在被调查的 135 个国家中位居第一，前 10 名中有 6 个是拉美国家[1]。这表明幸福感与文化差异有关。美国加州伯克利分校心理学家的研究显示，人们越是把幸福当作独立的人生目标予以珍视，就越事与愿违，越不幸福。[2] "每年都有大批社会学家和资料搜集员前往不同国家，了解那里人们的幸福观。……适用于世界各国的幸福标准就像是圣杯，大家都在找，但很少能找到……也许最大的问题是，在不同文化和语言当中，'幸福'这个概念有多大区别。"[3]

幸福要借用快乐、高兴、满意或与之相反的痛苦、哀伤、失望等语词来表达，这些情绪因人因事而异，持续的时间很短，而且可能相互矛盾。生活在一个兵荒马乱、盗贼蜂起的社会中的有神论者，会认为在这之前死去的人是幸福的，而活着的人是不幸的。一个一辈子重复恒常的节奏，过着平静生活的农人认为他是幸福的，东奔西走的商贾是劳苦的，而后者的看法恰恰相反，认为过着单调重复生活的农人是可怜的。大人认为无忧无虑的小孩是幸福的，而小孩认为能自己做主、管理家庭的大人是幸福的。

幸福感虽然很重要，但难以客观定义和度量，不能替代健康长生，只能成为健康长生所应有的内涵。健康并不一定长寿，但这不等于科学不能把二者统一起来，科学发展指向的正是与健康相统一的长生，而不是病痛衰朽之体的人为延

---

[1] 《巴拿马人幸福感全球第一》，《参考消息》2014 年 9 月 18 日。

[2] 《追求幸福却适得其反——美报评新书〈焦虑的美国〉》，《参考消息》2016 年 11 月 3 日。

[3] 《美媒文章：不同国家幸福观迥然不同》，《参考消息》2016 年 2 月 11 日。

长。这里把健康长生定义为人的生命状态良好过程的更长持续，"健康""可持续"，作为理解健康长生的重要概念，还可以引申评价人类的各种组织活动的意义。人类热衷于从事政治、经济、社会、文化等各种活动，这些活动有不同的形式和目标，只有当其有利于促进人的健康长生时，才是健康的、可持续的，否则就是病态的、不可持续的。例如，企业需要利润，因为它不能只是简单地维持故我，还需要有适应环境变化的抗风险和自我更新的进化能力，但企业只有因对人的健康做出贡献而获得相应的利润时才是可持续的，无节制地把利润最大化作为目的和动力是病态的。无节制地追求利润最大化使企业竞相把成本外部化，导致浪费资源、污染环境、毒害生命、刺激犯罪的行为到处可见，使人类竞逐财富的过程，变成了危害自身健康、葬送未来前途的自杀性过程。健康长生是从微观生命个体到宏观环境整体的多层次不可分离、紧密交融的统一。追求健康长生既是目的又是动力，是目的与动力的统一。背离这一目的与动力的行为，都有可能成为自杀性行为。

第二节　生命的意义

一　本体性意义

人类是社会性、文化性动物，其语言、交流、互动比其他任何动物都要复杂，要使这种复杂的交流、互动成为可能和有效，就需要有一些共同理解和认同的对各种行为和事物进行判断的价值标准，如什么是好的，什么是不好的；为什么要这样而不要那样。这就是我们通常说的是否有意义和有什么意义的问题，即价值观问题。最初的意义问题最简单，原始群体的意义问题，主要是共同体生存、繁衍、安全的问题，是简明的功利性问题。但越往后就越复杂，随着生产力发展，人口增长，不同群体交往扩大，互动趋向复杂化，安全的不确定性也增加了，人们关注的不仅有当前的安全性，还有未来的确定性。对未来确定性的追寻，最终会归结到这些问题：渺小的人类与周边的环境甚至与宏大的宇宙是何关系，人类的存在有何背景性意义，人死后去了哪里，何种行为和事物对人是至关重要的，等等。对这些问题如果有多少人就有多少种回答，那么对意义的追寻就毫无意义。要避免这种窘境、提供服众的回答只有两种可能：一是假托超人的启示，二是揭示人与自然的关系和宇宙的奥秘。第一种靠宗教神学创造，提供的是神圣性意义，第二种靠哲学和科学发展，提供的是本体性意义。

至少在2000多年前，对意义的追寻在宗教神学创造和哲学发展上都达到了把人类的意义与宇宙联系起来的高度，突破了功利性意义的局限，这对人类的心理激励和文化创造都意义重大。一神教认为宇宙不只是物质的，而是在物质之上还有超人、超物的全能的造物主——上帝（佛教例外），人类和宇宙的一切都是上帝创造的。并赋予献身上帝从而灵魂能升天的人以神圣的终极意义，这不仅确立了让万众臣服的唯一权威，使上帝信仰和神启的社会规则、伦理秩序具有神圣性，不容人质疑，而且能把一切说不清的东西都交给上帝，"天机不可泄漏"，免得宗教代言人什么都去解释而破绽百出、自相矛盾。但是，自然灾害、社会苦难、人生祸福都会无情地否定神的灵验和宗教的预言，不同宗教和同一宗教不同派别的分歧、冲突又会破坏宗教的不可置疑性。

宗教以灵魂不死来赋予人生意义，献身上帝、今生行善的人灵魂能上天国或来生有福报，作恶者和自生自灭的大众人生没有意义。但在佛陀看来，灵魂不死有"自私"之嫌，他认为追求个人永生的欲望是邪恶的，他谴责灵魂转世和否定灵魂永存。庄子更是认为人生没有意义："一受其成形，不亡以待尽。与物相刃相靡，其行尽如驰而莫之能止，不亦悲乎！终身役役而不见其成功，苶然疲役而不知其所归，可不哀邪！人谓之不死，奚益！其形化，其心与之然，可不谓大哀乎？人之生也，固若是芒乎？其我独芒，而人亦有不芒者乎？"（《庄子·齐物论》）其大意是：人受孕出生，终生只是活着等死，人与物相互伤害相互压服，像奔驰的马一样不能停止，真是可悲！终生被役使而看不到成效在哪里，身心俱疲却不知归宿在何方，真是可哀！这样的人长生不死，又有什么益处！人的肉体死亡，心也随之灭亡，这不是最大的悲哀吗？人生就是这样的茫昧吗？世人难道只有我茫昧而有不茫昧的吗？因而，在佛陀看来，一神教赋予灵魂不死的神圣价值没有意义；在庄子看来，长生不死没有意义，短暂、辛劳甚至哀伤的生命更没有意义。

但是，人类自创造文化以来，就生活在自我赋予的意义中，意义是行为的依据、精神的支撑、生活的理由。每个人都有一颗思考的头脑，在私有制社会中，每个人、每个社会群体都从于己是否有利去判断各种行为和事物是否有意义，都有自己功利主义的价值观，虽然不同的人、不同的群体甚至同一个人在不同的时期或同一个群体的不同个体的价值观相互矛盾、相互冲突，但他们都认为自己的行为是有意义的。由于这些行为大多是不同主体受各自历史环境的局限而做出的生存选择，因此我们不能抽象地否定这些功利主义价值观，智慧有大伪，盗亦有其道。人类一路走来，虽然坎坷艰辛、代价巨大，但还是推动了文化的发展，展示了文明的进步，还是受人类好生恶死、自我肯定本能的驱动。

事物都是矛盾的统一，佛陀和庄子拒斥个体追求长生也是对的。因为他们处在科学技术和生产力发展水平很低的历史时代，这种追求纯属社会上层人士永享富贵和权力的贪欲，不仅没有实现的可能，而且导致他们为享乐和炫耀更加贪婪，百姓更加困苦，社会对立和冲突更加激烈，从而使社会陷入相互伤害的零和博弈。因此他们都把目标指向了内心的平静而不是外物的占有，通过去除贪欲使心灵净化，达致智慧通达，实现内心的宁静，而不是在对外物的贪求中陷入深刻的矛盾、忧伤和痛苦。

更根本的原因还在于，宇宙演化、生物进化、文明发展以及一切事物都有一个渐次展开的过程。不要说在 2000 多年前的古代，就是在 100 多年前的近代，人类通过牛顿力学对宇宙的认识已经有了很大的进步，但人类的足迹仍局限在地球的狭小空间中，人类文明发展的潜力和人与社会、自然的复杂关系都远未展现出来。直至今天，有些人仍把健康长生视为一种超脱社会环境（所谓超凡脱俗）的个体化追求，有些人仍相信入山修道能获得健康长生。从庄子到今天 2000 多年过去了，人类仍未摆脱"与物相刃相靡"的状态，只有当健康长生所需要的物质技术条件具备时，当人与社会、自然的整体性关系展现出来时，人才能从庄子所说的"终身役役"

中解放出来。

今天的科学技术已经把宇宙的极大与极小，生物的相互适应、协同进化与人的健康长生的关系及其丰富内涵揭示出来，我们已能窥探人类好生恶死的生物学本能追求的意义、人类文明进步的意义、历史上的思想家拒斥个体化道路的意义和开辟新的整体安康道路的意义，人类追求健康长生的目的、动力和生命的意义也就显露出来了。人类追求的目的和动力是健康长生，在今天已经不仅有着无可否定的证据，而且有着重要的现实意义和永续的进化意义。只有确立追求健康长生是人类追求和文明发展的目的和动力，才能认识并实现生命的终极意义。因为所有这些意义，最终全在于它能成为宇宙隐卷秩序展开的新进程。

宗教以上帝创造万物和高尚的灵魂进天国的神话，赋予这些灵魂以永生的神圣价值，虽然它无法验证，却激起人类探索自然和宇宙的极大兴趣，因为这是人类向何处去的终极关怀。这种探索始于哲学，展开于科学，如今已是硕果累累。科学已经揭示：宇宙是物质（质量与能量）按自身规律运动展开的过程，并没有超物质的上帝操控一切。所有事物都是一个渐次展开的过程，我们的亚宇宙、银河系、太阳系、地球、地球上的生物、人类、人类文明都不是从来就有的，而是亚宇宙在一百多亿年演化过程中渐次展现出来的。据科学家研究，我们的亚宇宙可能还有千亿年的演化过程，在千亿年、万亿星系的时空中，地球不过是一粒尘埃。迄今为止，人类的生物进化史不过几百万年，文明史只有几万年（即使有几十万年的差别也无妨），这在亚宇宙的时空中微不足道，即使人类文明还将在地球上存在若干万年，对宇宙而言，也只是某个行星尘埃上孤立的、忽生忽灭的瞬间闪现，谈不上什么宇宙本体性意义。生命和文明进化只有能构成宇宙隐卷秩序展开的新进程，才具有宇宙本体性意义，这是一个漫长的历史演进过程，人类的功利性行为只有有利于推进这一进程并最终从行星文明走向星际文明，成为星际网络现象和永生的存在，才具有本体性、终极性意义。

因而，提高健康水平和生命长度是生命、文明进化成败、有无意义的关键一步，人的目光、境界、责任、担当和道德意识都与其生命的长度有关，能活千岁的人与只能活几十岁的人的思维、行为方式会完全不同。人类只有以此为文明进化永续不变的目的和强大动力，才能避免鼠目寸光的贪婪和愚蠢的自毁性行为，在生命和文明的摇篮（如地球）中获得足够长的时间，进化成合格的"通用知识"的发现者和建设者（本书第九章还会论述），才能把文明进化成星际网络文明，从而克服孤独的行星文明的脆弱性，使文明获得强大、持久的永生能力，真正展开宇宙隐卷秩序的新进程。

概而言之，要认识并获得生命的意义，就必须充分理解生物进化赋予生物求生避死的本能和人类普遍追求健康长生的欲求，如果今天仍把这种本能和欲求理解为源自文化的荒谬或自私的妄念，那就是大错特错。对这种本能和欲求的理解程度，反映了人类对宇宙和生命的认识程度，这种本能和欲求不仅有生物学的根源，而且是人类文明进化的永恒目的和动力。组成我们身体的单细胞生物，其本能原本是通过不断地自我复制而获得永生，但它们在进化中合成了多细胞生物，数以万亿的细胞整体协同运作的结构和功能太过复杂。这些单细胞生物在自我复制过程中有出错（变异）的概率，它们会对多细胞生物的整体协同产生某种影响，其中有些是负面的，负面影响的积累最终导致整体协同的解体，从而导致死亡。解决多细胞生物必死性的生物进化机制是生殖——通过生殖实现多细胞生物的延续和进化。但人类并不满足于此，于是就创造了让灵魂永生的宗教，这是人类对多细胞生物必死性的精神抗争，进而通过科技在物理学、化学、生物学、生态学层次解读生命，力图使人类成为基因选择的主人而不是工具。从基因编辑、细胞更新、器官再造、免疫唤醒中创造出把长生与进化合为一体的新的多细胞生命形式，并推进人工智能的发展，创造出既消除了生物学生命的局限性，又能自我进化的物理学智能生命，通过它们走出行星，开辟恒星、星系和宇宙文明，从而展开宇宙演化的隐卷秩序而具有宇宙本体的意义。

要使上述进程不被人为的错误中止，我们还需探讨生命的维度，找到生命和文明的安全阀。

二　生命的维度

本书前面已多次提到宇宙是一个隐卷秩序渐次展开的过程。在超弦理论中，宇宙空间是九维，加上时间就是十维，那么，除已知的维度以外，其余的维度是什么呢？有些人认为是尚未展开的仍处于隐卷中的秩序，有些人则转向了高维度的神秘主义解释，但未见有人提出生命的维度。现代物理学试图把宇宙囊括于一个统一的解释体系中，使之成为全部自然科学的基础，但如果这个解释体系中没有与生命相关的任何维度，生命在宇宙中就没有意义，如果有，那也只是人类的一种自我安慰而已。这使我们不能不讨论这一问题。

　　我们的亚宇宙起源于一个难以描述的时空大爆炸，在 138 亿年的演化、展开过程中，物理世界展现出空间三维、时间一维、力（包括引力、电磁力、强力、弱力或其他可能存在的力）一维，共五维，即物理世界是一个五维的世界。

　　由于物理世界的演化，在某些行星（如地球）上出现了生命、意识、意识的物化态——人化自然，等等。如果这一过程能进化成一个星际网络现象，展开宇宙演化的新进程，我们就很难否定这是宇宙隐卷秩序的展开，很难否定它具有宇宙本体的意义，构成了宇宙的维度。生命的维度包括生物、意识、实践、人化自然、价值各一维，共五维，生命的五维也是一个渐次展开的过程。

　　负熵（生物）维。物理学的宇宙是一个普遍的熵增过程，这个过程持续了数十亿年后，其隐卷秩序展开到某些行星上的物理化学过程演化出逆熵增、自组织、自循环、自平衡、自创生的负熵生物，这种从生物个体到整个行星的逆熵增现象，虽然表现形态仍是物质和能量的运动过程，却是对宇宙熵增过程的一个否定。

　　意识（自我反映）维。负熵生物与行星相互作用和相互适应的自组织逆熵增演化过程持续几十亿年后，拥有发达中枢神经系统（大脑）的生物进化出来，宇宙隐卷秩序就展现出自我反映和表达的意识，宇宙的自我意识不是物理学的镜像式的粒子（光子）反射、感应刺激，而是能动地对宇宙从现象到本质、从特殊到一般、从个别到普遍的能动反映。意识虽然本质上仍是物能运动的一种表现，但在表现形态上是对物质实体性的一个否定。

　　实践（意识验证）维。就地球而言，宇宙的自我反映和表达是通过人类来实现的，作为宇宙自我反映和表达的人类的目的和动力，是生物进化赋予了人类追求健康长生的本能。它驱动人类文明朝着增效增寿的方向演进；而要满足增效增寿的欲求，只能通过正确反映和遵循宇宙的自然规律，因而，人类追求增效增寿的过程，是宇宙展现自我反映和表达过程的实现形式。但进化只赋予了人类思维的头脑，而不是直接洞察宇宙奥秘的能力，因而人类为实现增效增寿而反映和遵循宇宙规律的过程，只能是一个从经验到解释、从猜想到验证、从失败到成功的无限演进的实践过程，这个过程使人类成为"通用知识"的获得者和建设者。

人化自然（通用建设）维。人类通过实践创造了一个人化自然，人化自然是意识的物化形态或物质形态的意识，是人类实践的产物，对人类命运和行星环境都影响巨大。它是否真的符合人类增效增寿的欲求，取决于是否正确地反映和遵循宇宙自然规律的要求，这种要求集中体现于：人化自然在更好地满足人类增效增寿欲求的同时，能更好地维护行星生命体系持久生存和进化的条件。在这一要求的驱动下，人化自然进化出人化智能（人工智能），人化智能既继承了人类所获得的关于宇宙的通用知识，又扬弃了人类生物学适应性局限而获得物理学的普遍性，因而将成为星际文明的通用建设者，从而使宇宙隐卷秩序又展现出一种新的智能化演进过程。

价值（整体安康）维。价值维是人类为了既能更好地满足增效增寿的欲求，又能更好地维护行星生命体系持久地生存和进化的要求，必须遵循的最基本的思维和行为准则，因而它不是人为设定的，而是由这"两个更好"客观地决定的。

在历史上，人类曾长期信奉征服自然和相互征服的"生存之道"，这可能是人类从动物的反应性进化到宇宙意识的一个难以避免的阵痛过程，"两个征服"今天已走到了尽头，面临毁灭的危险。价值维既是避免地球生物进化全部成果前功尽弃的防火墙，也是基因技术和人工智能发展的安全阀，人类只有坚守它，才能安全地发展人化自然，特别是基因编辑和进化速度远快于人类的人工智能，才有可能成为宇宙自我反映和表达的合格者，进而才有可能通过人工智能建设星际文明，实现生命的永生和展开宇宙隐卷秩序的新进程，获得宇宙本体的、终极的意义。否则，人类就只是宇宙的一声叹息，没有意义。

生命的五维加上物理世界的五维，就是十维。需要说明的是，不要把这里的十维与超弦理论的十维混同，我们对后者的十维尚没有获得根本的理解。生命的五维不违背物理学规律，对生命的进化和人类在宇宙中的位置至关重要，它最终能否成为宇宙大统一理论（或 M 理论）中的一个构成部分尚属未知。如果生命和文明的进化最终显示为宇宙隐卷秩序的展开，一个不包含生命的大统一理论就很难说是完备的。

在飞行器登陆月球、火星，远访太阳系边缘和基因编辑、人工智能发展到来之前的时代，要严肃地讨论生命的宇宙本体性意义和生命的维度几无可能。但今天我们必须跨出也能够跨出这一步，因为今天的实践已提触及这一问题——人类的物质技术能力，已达到向外星拓展和相互毁灭的临界点——我们如对此没有必要的清醒认识和有效的安全体系，就可能功亏一篑。

下面我们要把讨论转向人类的本能追求与文明进化关系

的起点和过程，虽然这一过程很曲折，表现形式复杂，但我们还是可以看到一个不变的指向，那就是提高生存的质量和生命的长度，人类生命的这一本能即是实现生命意义的潜能，人类的一切文化创造最终都要经受它的选择。

第五章　结偶选择

在完成第二、三、四章相关理论探讨的三级穿越后，现在要回到对人类的一些最基本的本能欲求的探讨中来，并先从人类的结偶选择开始。生存与繁衍是一切生物的本能，在许多动物物种中，生存与生殖（这里用"生殖"与单细胞生物的"二倍化繁衍"相区别）之间还出现了"性择"（结偶选择），其进化与性择密不可分，在有着文化进化的人类身上，更以生存、性择、爱情、结偶、生殖等形式表现出来。本章从生物学、心理学、社会学、文化学等视角探讨人类的这些本能在文化进化中的演变过程，从中可以看出人类的进化既受基因支配（遗传），又是人类自我选择的结果（性择）。人类的结偶方式既受生物学本能支配，又与生产力发展水平和社会形态紧密关联，社会的发展水平决定人类的结偶方式，结偶方式终归只是一种生存方式或生存方式的重要构成。

第一节　生存与生殖

一　生殖服从生存

第三章已经提到，达尔文把自然选择的单位放在生物个体，基因被发现并得到研究后，达尔文的自然选择单位也就逻辑性地推到了基因。生物学家理查德·道金斯的褒贬不一、影响很大的著作《自私的基因》，就是从基因而不是从生物个体来看待生物进化。道金斯认为，基因只是复制自己，它是自私的，生物体只是基因传递的运载工具，基因利用生物体这个运载工具不断传递下去（或传递开来），因而生物个体也是自私的。

> 成功基因的一个突出特性就是其无情的自私性。这种基因的自私性通常会导致个体行为的自私性。然而我们也会看到，基因为了更有效地达到其自私的目的，在某些特殊情况下，也会滋长一种有限的利他主义。上句中，"特殊"和"有限"是两个重要词儿。尽管我们对这种情况可能觉得难以置信，但对整个物种来说，普遍的爱和普遍的利益在进化论上简直是毫无意义的概念。①

道金斯的这一观点很简单：进化论就是自私论。

科学家对事物的某一个方面进行穷根究底的分析研究，遵循的是培根、笛卡儿的把复杂事物层层分解的分析方法，这是科学研究普遍采用并行之有效的方法，因为我们无法把超复杂的世界作为一个整体来研究，而世界本身呈现多层次性和组分性的特性，把它分解成较简单的不同层次，从各个方面来研究是可能也可行的。因而就有了从基础层次逐级向上的横向分支的学科分工，如量子物理学研究原子，化学研究分子，基因学研究基因，细胞学研究细胞，生理学研究器

---

① 〔英〕理查德·道金斯：《自私的基因》，卢允中等译，中信出版社，2012，第3~4页。

官，心理学研究个体行为，社会学研究群体，生态学研究生态系统，天体物理学研究星体和宇宙等，同时，每一层次又细分为更小的次级学科或专业。虽然这些纵向层次和横向分支都相互联系，但每一层次都有不同的特性，每一分支也有不同的对象。

这种方法使科学走上了学科不断分化的道路，它大大推进了人类对世界的认识。但是，要把不断拆分下来的最小的"零件"组装、还原成整体，对极简单的事物如机械系统可能适用，对"整体大于部分之和"的复杂事物，就有力不从心的认识局限。这种局限提醒科学家在从基因层次跨入进化论的整体过程时，需要谨慎，不要张冠李戴或以偏概全。这里不讨论《自私的基因》的具体内容，而是要说这种"基因达尔文主义"（暂且如此称呼）是错误的。

基因是一种化学分子，基因复制是这种化学分子在"群体"相互作用的特定条件下具有的一种功能，把社会学个体的"自私"概念用于解释这种功能，不仅没有意义，而且会把人们对进化论、生态学和社会学的认识引向歧途。尽管有很多概念是多学科通用的，因为每个学科都造出一套本学科独有的概念，既困难又不必要更不利于理解，而且横向科学的泛概念还大大推进了人类对宇宙普遍规律的认识，但这只是就事物的共性而言才有效。

借用物理学的时空概念，地球生命现象也是一个四维时空之网，其中的任何生物都处在一个多层次纵横交错的节点上，而不是一维的线，如果生物进化只是一维纵向延伸的线，我们今天就还是一种原核单细胞细菌，就没有进化。进化不能没有基因的作用，但基因作用不是单个基因的独立运作，而是众多基因的协同运作，形成一个四维时空连续过程。最早的生命形式——原核单细胞细菌不断一分为二地复制着自身，复制出错导致基因分流，产生新的原核单细胞生物，这些不同的原核单细胞生物密集地生活在一起，它们不仅在相互交换基因中产生新的原核单细胞生物，而且会发生吞食或融合现象，最终进化出真核单细胞生物。密集成团的真核单细胞生物的基因交流经过漫长的相互适应、协同进化过程，进化出更为复杂的多细胞生物，有性生殖更是要两个亲体基因交流重组才能完成。在生物进化过程中，基因的自我复制被视为"自私"，单细胞生物的基因变异是对自我复制的"自私"的否定；在多细胞生物中，这种"自私"又被众多基因的整体协同运作所否定，不仅如此，新的多细胞生物涌现，不仅有基因重组、部分基因的休眠或活跃，还有外源基因进入、原有基因增删的开放性。

基因分子是化学研究的对象，但它又是细胞核中染色体上一种特殊的大分子，其构成和排列控制着生物的遗传，是生物学的一个次级分支学科——基因学研究的对象。基因是一个化学现象，具有细胞学功能，那么，我们应如何认识基因的特性呢？借用机械学的名词"机制""功能"，基因就是生物体所特有的完成自我再生和维持的机制，它没有意识、计划、目的，它只有控制细胞运作的分子机制或功能。基因控制细胞的运作，细胞是最小的生命体，但基因并不是生命，细胞质、蛋白质等细胞中的组成部分也不是生命，它们各自孤立地存在时不能进行新陈代谢，不能像细胞那样自我复制、再生和维持。把自私的概念泛化到基因的自我复制，它决定了个体行为的自私，决定了普遍利益在进化论上毫无意义，这种跨越分子、细胞、生物体、智慧生物、社会结构、文化、科学认知等层次和进化对人的影响，太过夸张了。

"自私的基因"论者，把生物体仅仅当成基因传递的工具，生物体是基因用来扩散自己的中介。换句话说，蛋是主动的、有目的的操控者，鸡只是一个被蛋利用的产蛋工具。更进一步说，蛋也是被利用的工具，真正操控大权的是蛋中被称为基因的化学分子。把生命的意义降至无生命的化学分子的水平，可谓将论述推到了极致。

但这种极致的推论是错误的，因为事物的每个层次都有不同的构成、组合方式，呈现不同的性质。就生命而言，虽然生殖是生命的本能，但生命生存的意义全在于最大化地生殖吗？生殖得越多越有意义吗？从逻辑上来说，没有生存就没有生殖，生存是第一位的，生殖是第二位的，生殖服从生存。

就自我分裂的单细胞生物而言，它们不断地一分为二地繁衍，似乎它们生存的唯一目的就是生殖，但是，反过来说更符合事实，"生殖"是它们生存的实现方式，因为它们是通过不断地一分为二地复制自己来生存的，在这一过程中，"生殖者""生殖"的并不是"子代"，而是自己，它们只是在不断地"二倍化"地生存着，从而实现不死（没有遗体）。所谓生殖，对它们而言，纯属奇谈怪论。

就有性生殖的多细胞生物而言，生殖是它们生命过程中某个时段的性活动的产物，而不是生存的目的，因为它们大多在生殖后继续生存，有的不生殖也生存。现代人通过基因学知道生殖能传递自己的一半基因，在这之前，除人类有模糊的子代与亲代之间存在血缘关系的观念外，其他有性生殖的生物，都绝没有为传递自己的基因而生存的意识。而且拥有基因传递观念的现代人，也绝不是以传递自己的基因为生存目的的。因为他们知道，自己的基因在子代能传递 1/2，在第 3 代只能传递 1/4，第 4 代 1/8，第 5 代只有 1/16……越往后越稀薄，如此一代代地重组下去。基因进行着普遍的交流，结果是同一物种的基因基本上是共有基因，个体的基因只是沧海一粟，以基因传递为人生的唯一目的纯属以偏概全。

有些科学家认为，男性天性风流，是基因驱使他们找更多的性伴，生育更多的孩子，使基因散布得更广。但这种解释可以反过来，女性的卵子很有限、很珍贵，而且女性的生育年限短，受基因驱使，女性应该更倾向于生育多元化的后代以扩散基因，因而应该更风流。美国拉特格斯大学人类学教授费舍通过一项历时 15 年的研究得出结论：人类恋爱、结婚、生育、婚外情、离婚大约需要 4 年，之后便要另觅配偶，大多数女性在结婚生育后，就会对配偶失去兴趣，原因是基因告诉她们，与不同男性生育孩子，能使下一代拥有多元化的天分，增加存活概率。不要说从一而终不可能，就连"七年之痒"也要改为"四年之痒"了。但这两种观点把人类的结偶变化、婚外情完全归因于实现生殖的最大化，不过是为道金斯的"自私的基因"提供例证，是不符合事实的。

现代人类生多少孩子，与男性的经济条件、生育意愿、社会环境和避孕技术有关，并非越多越好，女性也并非以成为最大化的生育工具为人生的目的。在经济文化较发达的国家，采用避孕技术控制生育已是比较普遍的现象，有些夫妻甚至拒绝生育，有些国家鼓励生育，但仍不能改变出生率负增长的态势。至于是否忠于配偶，则受夫妻之间的情感、夫妻双方的道德修养、所受的教育、不同的文化背景等影响，而不是夫妻双方要通过离婚再婚或婚外情去最大化地传播自己的基因。在历史上，人类的性行为，绝大多数与传递基因无关。有些人口密度很低、经济文化落后的民族盛行生殖崇拜，是由于受生存环境和卫生条件制约，女性受孕率或婴儿存活率很低，千百年来人口增长很慢，在族群存续的压力下形成的集体意愿；而有些人口密度高和生育率高的民族，在古代就采用各种方法避孕，根据对法国 1.5 万年前的一幅岩画、公元前 3000 年克里特国王米诺斯的传说、《旧约》、古埃及等的研究，在古代就有千奇百怪的避孕方法[①]，避孕失败的甚至会杀死婴儿，这些民族的婴儿存活率不高，杀婴是原因之一。

人类生殖在代际更替过程中，不仅个体的基因会越来越稀薄，而且可能发生变异或丢失。基因变异在多细胞生物中大量存在，科学家用单分子实时 DNA 测序技术（SMRT），成功地确定了人类基因中数百万个小变异，用这种新方法对葡萄胎基因组进行研究，已发现约 2.2 万个过去未发现的基因变异，并认为还有很多未发现的基因变异[②]。人类喜欢相信由于自己的复杂程度高而登上了进化系统的顶端，但科学家发现人类自与类人猿分化进化以来已丢失了 3.7 万个基因，现代人类所拥有的遗传信息远不如远古的亲戚[③]。

人类的基因甚至不是纯粹的人类基因。科学家分析了 40 多种不同动物物种的基因组，发现了数百种从细菌、真菌、

①　《人类漫长而奇特的节育史》，《参考消息》2015 年 2 月 5 日。
②　《新测序法发现数万基因变异》，《参考消息》2014 年 11 月 12 日。
③　《人类在进化中丢失数万 DNA》，《参考消息》2015 年 8 月 10 日。

微生物甚至植物转移到动物细胞内的遗传物质，具体到人类，发现有 145 个"外来基因"。这些外来基因在人体代谢和免疫系统及各种生物化学过程中都发挥着特殊作用①。

我们对病毒闻之色变，但它们在生物进化中起着重要作用。细胞融合，形成有多种细胞核的大细胞，对大多数器官如肌肉、皮肤、骨骼甚至生殖器官等的形成至关重要，这种融合需要专门的蛋白来完成。迄今只发现了两种细胞融合蛋白：第一种是 2000 年发现的合胞体蛋白，对人类胎盘的形成至关重要，合胞体蛋白的基因来自一种病毒；第二种是 2002 年发现的，被称作"EFF－1"，它帮助形成秀丽隐杆线虫的皮肤。2007 年，科学家发现 EFF－1 是被称作"FF 蛋白"的类似蛋白的族亲，2014 年，科学家发现 FF 细胞融合蛋白家族也来自病毒②。加上前面已经提到我们的神经元基因 Arc 也源于几亿年前的逆转录病毒遗传物质的注入，不难想到，如果没有病毒的贡献，我们现在可能还是没有肌肉、皮肤、骨骼，不能进行有性繁殖和长期记忆的生物。

生物进化的历史事实是，生物基因组不是孤立封闭、一线单传的系统，而是一个既独立又开放的系统，基因变异、交流、丢失、转移、融合、重组在生物进化过程中发挥着重要作用。

多细胞生物体会死亡，其基因会通过生殖传递下去，它们为传递基因（生殖）而冒着各种风险甚至牺牲生命。生物体只是基因传递的运载工具，如果是这样，那对于生物体如

---

① 《研究发现：人体内存在"外来基因"》，《参考消息》2015 年 3 月 18 日。

② 《英国〈新科学家〉：人类器官形成或得益于病毒》，《参考消息》2014 年 3 月 1 日。

人类而言，生存的意义不仅是冷酷的而且是悲哀的，我们对天问的提出和回答就变得毫无意义。人类的文化包括神学、哲学、文学、科学、艺术等都无异于做白日梦，一些现代"精英"所醉心的自我中心论纯属自作多情，所谓民主、自由更是自欺欺人，因为人类的万丈豪情和无限雄心，都被一只看不见的基因之手所否定，无论人如何异想天开、自吹自擂，都只是一个被利用的基因传递工具而已。

但是，进化的逻辑并非如此简单，生物体的命运也决非如此不堪。生物体不仅是全部生命体系的基础构成，而且调控着整个地表的生态环境，由此所形成的生物适应性进化规律决定着基因传递的成功与失败，而且人类自种植植物、驯养动物开始，就承担了基因选择者（选择良种）的角色。现代科学对基因的解读，更使人类变成了基因增删的编辑者，基因操控生物体的"看不见的手"走向了否定之否定——转化成生物体人类操控基因的"看得见的手"。

我们说生存和繁衍是一切生物的本能，因为生命具有两个本质特征：新陈代谢和繁衍。新陈代谢是生命的维持，繁衍是生命的延续，这两个过程都受基因控制，既有不同又相联系。新陈代谢是生物体同环境交换物质和能量以实现生存的过程，这一过程决定了任何生物都不能脱离其他生物和无机环境而独自生存。生物体的代谢过程会对其他生物体的代谢过程和生存过程产生影响，所有生物体的代谢过程相互作用和影响，形成一个复杂的物能流动和变换过程。这个过程形成从微观到宏观（盖娅）的相互作用、相互影响的复杂的网络系统，所有生物代谢的物质、能量流动和变换过程既影响着这个系统，又必须适应这个系统，否则就不能生存下去。

因而，在这个系统中，生物与生物之间、生物与环境之间必须形成相互适应、协同进化的机制。基因调控着生物体的新陈代谢，它形成的是一个从分子到地球的多层次的相互适应和协同进化的四维时空网络共生关系。正是在这种超复杂的共生关系中，生物体才能生存，才能繁衍，繁衍出来的生物体的新陈代谢过程，必须与这个四维时空网络相互协同，否则就不能生存，其基因传递也随之终止。

二　性与生殖

有性生殖的多细胞生物生殖后代，是它们生命过程中某个阶段的性活动的产物。对于非人类动物而言，它们的性活动是否以生殖为唯一目的？回答是否定的。因为目的是人类文化的概念，非人类动物没有这种概念，它们的性活动只是其生存过程中某个时段的一种本能欲求，而且这种本能欲求在生理上有多种功能，生殖只是其一。对于非人类动物来说，生殖可能只是"无心插柳"的结果；对人类来说，生殖才是明确的"有心栽花"行为。要弄清这一点，还需要对性与生殖的关系作些了解。

现在我们要区分三个概念：基因、性、生殖。这三个概念虽然相互关联，但可以肯定的是，除了现代有点基因常识的人类之外，其他有性生殖的动物都不知道基因为何物，它们为"性"竞争配偶，是受身体内在本能的驱动，是分子层次的化学激素作用在生理上的反应（我们称之为"性"驱动），不是为了生殖自己的后代，否则，动物界和人类中存在的没有生殖功能的性行为特别是同性性行为就不能得到解释，不同人种及不同动物物种的杂交现象也不能得到解释。

有些动物，雄性在完成授精时甚至在授精过程中，会被雌性配偶吃掉，这种雄性为性而献身的行为，表明性是一种能使生物个体冒生命危险的本能欲求。有些动物如鲑鱼从大海游到河口，再逆流而上至河流的上游，在产卵之后耗尽生命的能量而死去，这同样也是性的驱动。把性等于生殖或为生殖而性的观点是错误的，性是前提，生殖只是性行为的一个可能的结果。同样，动物养护幼崽也是进化的选择，是本能使然，而不是知道这有关自己基因的传递，否则，鸟类孵化非自己所产的蛋，成年动物收养非自己所生的幼崽的现象，也就不能得到解释。外来雄狮杀死非自己所生的幼狮，也不是为了生育自己的后代，而是不如此就无法俘获雌狮，其动因是性而不是生殖。

人类也像有性生殖的动物一样受性的驱动，并认为性的满足像饮食一样不可或缺。孔子说："饮食男女，人之大欲存焉。"（《礼记·礼运篇》）"吾未见好德如好色者也。"（《论语·子罕第九》）告子说："食色，性也。"孟子也说"好货""好色""百姓同之"。他们说的都是性，而不是生殖，生殖只是性的多样性功能之一。人类明白遗传的奥秘远早于基因的发现，因此才有近亲结偶的禁忌和外婚制的出现，但人类对生殖的态度是既重视又限制，对性的态度却不是这样。现代人知道了基因、性、生殖三者的联系后，除极少数有能力养活多个孩子同时也认为孩子越多越好的人外，性与生殖在绝大多数人那里是分开的，有些人有性生活却不愿生育。如果基因的自私性表现为最大化地传递自己，那它就要为性与生殖的分开深感失望了。

在进化论及生物学中，生存与生殖是两个重要概念，因为没有这两者就没有生物的进化。但在生理学特别是心理学中，性的重要性超过生殖的重要性。弗洛伊德甚至认为，在人的深层的潜意识中，性欲的冲动是所有欲望冲动中最根本的本能冲动，所有社会风俗习惯、宗教戒律、道德规范都是对人的性本能的节制，一切科学和文学艺术都源自性本能的升华。这里不讨论弗氏的性论是否太夸张，性的功能远非生殖所能比却是无疑的。建立在生物学基础上的现代心理学认为，人类发生性行为，更多的是心理原因，而不仅是为了繁衍，人类对性的困扰通常都有心理方面的原因。

第二节 性与生存和进化

一 性择与进化

现在我们进一步探讨性与生存的关系。英国著名动物学家、人类行为学家德斯蒙德·莫里斯在《人类动物园》一书中，把人类的性行为称为"超级性行为"，它至少有生育、结偶、固偶、泄欲、探寻、自娱、消烦、镇静、商业、显示10种功能，生育功能仅是其中之一，其他都是非生育功能。这些功能相互区别，有时甚至相互矛盾，但通常是多种功能同时兼有。既然人类性行为有多种功能，其中只有一项是生殖，那么其他功能有何意义呢？回答是：其他功能表现形式虽然各有不同，但都具有生存、进化或生理、心理、社会的意义。

人类为何会进化出如此复杂的性功能，这里可以作一个推测。以往认为，人类直立行走，抬起了头颅，让视野更开阔，同时手足分工、群体协作劳动，推动了大脑的进化，这当然是对的。但是，推动大脑进化的因素还不止这些，推动生物进化的还有一个重要因素，那就是"性择"，它对人类进化起着显著作用。

在很长一段历史时期，"性"在东西方文化精英中都是避谈的禁忌，但它作为一个重要的动物进化机制，迟早会为人们所认识。达尔文因《物种起源》的自然选择理论而享誉全球，但他在《人类的由来及性选择》中阐发的"性择"理论遭到生物学界权威的顽固反对，被打入冷宫一个半世纪。现在，随着《美的进化》提名 2018 年美国普利策图书奖，"性择"在动物界特别是人类的进化中所起重要作用被更多地揭示出来。

人类为何是"裸猿"？科学家有很多解释，其中最有说服力的是"幼态持续"，但为何会出现幼态持续，则没有很好的解释。性择可能是一个关键因素。基因研究表明，人猿分手于约 700 万年前，考古发现的南方双足直立猿出现于 400 多万年前，但人类脱毛发生在 100 万年前，即从直立猿到人类脱毛的时间跨度约为 300 万年。人类和猿等灵长类出生时除头发外都无毛，但人类幼儿的成熟期比猿等灵长类的要晚得多，脑成熟得更晚，因而长毛时间也晚得多。人类直立行走使性器和第二性征前置，性视觉刺激远比性器后置的动物强烈，裸体的视觉刺激又远比毛体的强烈，因而，人类偏爱与裸体或少毛的异性结偶，这会使裸体或少毛的人类祖先留下更多的后代。同时，精神现象是物质运动的一种呈现，人的精神之所以对人的生理有重要影响，可能与量子对化学分子、细胞的影响有关，因而，精神层面的性择偏爱裸体，在漫长的选择过程中也会形成抑制体毛发育的机制。上述两个过程相互结合，经过几百万年的进化，终于实现了人类向裸猿的转变。

人类性器前置和裸体强烈的性视觉刺激会对原始人类族群秩序造成冲击，从而形成应对这种冲击的人类安全选择压力。在这种压力下，人类女性进化出了隐性排卵，从而消除了其他雌性动物排卵时会发出的各种刺激雄性的性信息，这有利于避免对原始人类族群秩序带来过多冲击。隐性排卵是何时进化出来的仍不清楚，它很可能是与人类从毛体到裸体转变的过程一道在安全选择的压力下进化的。但仅是隐性排卵还不够，还必须出现用兽皮等物件遮盖身体和规范族群秩序的文化。遮盖身体对于避免直接的性视觉刺激，避免在草原、丛林中活动时被茅草、树枝划伤，避免昆虫叮咬以及冬季御寒都是必要的。遮盖身体是出于安全的需要，但如果没有性行为的隐秘性，还是不能达到安全的目的，于是搭盖既隐秘又能遮风避雨的窝棚就成为必要。因此，遮盖身体、搭盖窝棚、用柔软的物件做卧具（防止硬物划伤身体）、使用火（裸体不能御寒），等等，都与人的裸体和性有关，后来人类穿衣服、建房屋、盖被褥都不过是上述过程的持续。火的使用还带来了人类食用熟食的革命性变化，它大大提高了人类身体特别是大脑能量获得的效率，减少了疾病的发生，延长了寿命。而延长寿命对远古人类积累经验、创造文化具有决定性意义，因为如果他们在十几岁生育后很快死亡，就不可能在文化创造中有什么作为。由此可见，人类的生物学进化和文化进化都与直立、裸体和性有直接的关系。

上述过程使人类的性活动转向了隐秘，与隐秘性相伴而生的是进化出了禁忌文化和心理的羞耻感，这与动物的公开性活动大相径庭。但隐秘、禁忌、羞耻都不能走极端，走向对性的否定。如何在隐秘与公开的矛盾中找到某种平衡，似乎成了人类文化中一个永恒的话题。例如，穿衣服是为了遮盖，但又不能遮盖到看不出两性区别，更不能为防止性刺激而自我丑化成令人厌恶或恐惧的模样，而是要遮盖、显露、刺激三个要素兼顾。人类自穿上衣服以来，服装、饰品、化妆品万变不离其宗，都是围绕这三个要素展开。古代女性的禁忌虽多，身体遮盖也严密，但仍会尽可能地打扮自己，女为悦己者容、花枝招展、风情万种等成语，都是古人用来形容女性穿着和仪态的美丽动人。现代女性的禁忌已大为减少，服装饰品的遮盖虽仍有极限，但显露和刺激的功能已展示得花样百出。

遮盖、隐秘性又会刺激普遍的好奇心和探寻欲，这种好奇心和探寻欲导致人类在性行为中出现有违社会规范的失当、出格、冒险行为，导致矛盾和冲突，从而使得性行为成为人类所有身体行为中最具复杂性和危险性的行为。从古至今，无数的小说述说着人类的悲欢离合、恩怨情仇，今天的社会新闻和街巷传闻也不过是这类故事的重复，大众传媒对这类故事也总是乐此不疲，因而它成了既带来刺激、快乐和满足，又制造灾难、痛苦和罪恶的一把典型的双刃剑。

有性生殖动物的性行为需要雌雄结偶才能完成，它看似简单，但由于存在竞争机制，因而会形成"性择"压力。这种压力对雌雄两性的影响程度不一样，会导致受压大的性别进化出有利于结偶却不利于生存的体征。动物对"性择"的挑剔可能主要是雌性，从而使压力主要落在雄性一方。例如，有些动物雌性其貌不扬，雄性反倒进化出鲜艳的颜色、浓密的鬃毛、夸张的犄角、长长的尾羽等，这些"装备"除了有吸引雌性的炫耀价值外，生存价值几乎为负，因为这些"装备"展现了雄性的强壮，把宝贵的能量奢侈地用于吸引雌性，从而削弱了攻击能力或逃避敌害的能力，使自己更加显眼地暴露于捕食者的视线中，似乎是以生存价值换取性的获得。

但大自然是公平的，得与失会通过补偿机制来平衡。这里的补偿机制就是，这类动物的雌性都能自食其力，雄性不必费力甚至冒险去为雌性提供食物，从而使得雄性为性付出高昂代价的动物仍能进化成一个物种。当然，大自然的公平又是有限度的，雄性如果过度进化"装备"而走向特化的极端，最终还是会增加灭绝的风险。科学家通过对虾类化石档案的研究和对鸟类物种的调查，发现在 93 个生活在 8400 万 ~ 6600 万年前的虾类物种中，两性差异最大的种群的灭绝率是两性差异最小的种群的 10 倍；北美雄性个体颜色鲜艳的鸟类物种的灭绝率比雄性个体颜色灰暗的鸟类物种的高 23%[①]。之所以如此，可能与把有限资源过度用于性装备而减弱了适应气候变化、环境恶化的生存能力有关。但无论如何，这些问题否定的是"过度"，而不否定"性择"是推动生物进化的一个重要机制。没有这个机制，大自然就不会如此丰富多彩，鸟儿就不会有动听的歌声和漂亮的羽毛，植物就不会开出万紫千红的花朵，雄狮就不能称雄草原而为其他动物留下生存空间。

人类的"性择"压力两性皆有，这与两性择偶都更为挑剔有关。就女性而言，进化赋予了成年女性各有所长的美丽

---

① 《性别差异大物种更易灭绝》，《参考消息》2018 年 4 月 14 日。

容貌、体态、情趣、形象思维能力和在化妆品、衣帽鞋包等小玩意儿上煞费苦心地折腾的偏好，这无疑与男性偏爱美貌、健康、灵巧女性的选择压力有关，它导致貌丑、体弱、鲁莽的女性不易结偶、固偶，繁殖的后代就少。女性有吸引力，这对女性具有生存价值。就男性而言，才貌出众的女性毕竟是少数，要获得与这样的女性结偶的机会就需要有自身的优势，这种优势除体健貌端外，还必须包括较强的获取生存资源的能力，这种压力可能是男性擅长抽象思维、热衷文化创造、热衷社会活动和敢冒风险潜质形成的一个重要的进化动力。

因而，性择是生物进化的一个重要机制，就人类而言，这一机制的作用尤为突出。就遗传而言，人类受基因的控制，但性择可以让人类在基因的整体表现结果上再次选择，使"好"的结果被选择（体健貌端者易于结偶、生殖），"坏"的结果被淘汰（体弱貌丑者难以结偶、生殖），人类通过性择，自己创造了自己。人类的生物学进化和文化进化都与此有关，没有这一机制，就没有人类的进化。今天，人类已进入基因编辑领域，性择和基因编辑，正一步步使人类从受基因控制的被动工具变成控制基因的主人。

二　性的生存价值

性具有多种生理、心理和社会功能，并非人类所独有的现象。20 世纪 60 年代以来，不少科学家进入非洲雨林观察和研究黑猩猩的生活，发现生活在刚果河南岸的倭黑猩猩和生活在刚果河北岸的黑猩猩的有所不同。生活在河北岸的黑猩猩的领地意识很强，成队的雄猩猩不断地在领地周边巡逻，搜寻并袭击外来的黑猩猩。1998～2008 年，一个被称为恩戈戈的黑猩猩族群共发动几十次袭击，杀死了 21 只其他族群的黑猩猩，扩大了自己的领地。在 1974 年和此后的连续 3 年中，一个被称为卡萨凯拉的黑猩猩族群不断成队地进入被称为卡哈马的黑猩猩族群的领地并发动袭击，打死了卡哈马族群的全部 6 只雄黑猩猩和 1 只雌黑猩猩，两只雌黑猩猩失踪，3 只雌黑猩猩收编到卡萨凯拉族群。黑猩猩族群内会拉帮结派、相互倾轧，会为争夺地位、争夺食物而打斗，雄性黑猩猩会殴打、强暴雌性黑猩猩。

生活在河南岸的倭黑猩猩却不是这样。1986 年 12 月 21 日，一位科学家观察到两个倭黑猩猩族群相遇，它们不像河北岸的黑猩猩那样大打出手，而是两个族群各走出一头雌猩猩，它们相互拥抱，大秀恩爱。随后两个族群所有的倭黑猩猩无论雌雄老少都相拥做爱、分享食物、相互为对方清洁身体。在接下来的两个月中，它们重复这种行为 30 多次，从未发现暴力行为。

研究表明，这两种黑猩猩在 150 万年前是生活在东非一个大内陆湖畔的同一个物种，由于气候、地质变化，该内陆湖溃堤而形成了刚果河，这个猿类王国被一分为二，分处两岸，130 万年前，河北岸的进化成黑猩猩，河南岸的则进化成倭黑猩猩。两者不同的进化道路与食性有关。两岸的黑猩猩都吃水果、种子和猴子，但南岸的黑猩猩拓宽了食谱，它们还吃嫩叶和树根，它们的牙齿发生了适应性进化，身体也发生了一些变化。为什么南岸的黑猩猩会拓宽食谱，而北岸的没有，目前尚无定论。但食谱拓宽的好处是明显的，它使倭黑猩猩的食物不再匮乏，由于食肉是祖传习俗，且肉类来之不易，虽然它们仍然捕猎猴子，也会吃掉早夭的年幼同类，但告别了同类相残和性暴力行为。黑猩猩族群内部的矛盾和族群之间的敌对，在倭黑猩猩这里通过性的共享而被一一化解，倭黑猩猩走上了一条完全不同的和平友爱演化道路。倭黑猩猩的性活动并非为了生殖，而是进化成了有利于生存的行为。

借用经济学的"资源"概念来分析，由于生存资源和性资源获得的难易不同，黑猩猩与倭黑猩猩走上了战争与和平两条不同的演化道路。倭黑猩猩族群的规模也远比黑猩猩族群的大，前者通常有 16 个成员，后者则只有 2 ~ 8 个成员。在采集食物时，黑猩猩会分散行动，因为窝在一起如果弄不到族群所需的食物，就会发生打斗，因而要冒一定的安全风险，倭黑猩猩则能集体行动，因而也更安全。

黑猩猩与倭黑猩猩不同演化道路的例子，对理解人类的进化道路有重要启迪意义。人类是食谱比倭黑猩猩更宽的杂食动物，工具和火的使用使人类能够进入和适应更多的生态系统，人类的头脑比倭黑猩猩的发达，组织协调能力也更强，所有这些都使得人类比倭黑猩猩更容易获得食物。也正因为如此，人类在漫长的采集渔猎时代，能够通过流动性生存方式向外扩散，他们在流动过程中可能会有暂住的"营地"意识，但没有像黑猩猩那样的"领地"意识。

但仅凭上述优势，人类并不能以流动性生存方式扩散到全球，因为人类与所有物种一样，最初都是地方性的物种，是在与所在地生态系统的相互适应中进化出来的，对全球各地千差万别的生态系统并不具有万能的适应性。人类穿衣服，使用工具和火，只能有效地应对各种气候问题和毒蛇猛兽的袭击，却不能应对新环境中从未接触过的微生物和病毒的侵害。在前科学时代，要抵御这种侵害，就需要有与新环境相适应的相关基因，而获得这种基因的最快途径，就是通过性与早已适应当地环境的人种进行基因交流。因而，在人类从非洲向全球扩散的过程中，性对与一路上相逢、共处的其他人种既起着基因交流的作用，又起着和谐或和缓关系的媒介作用。如果一遇到陌生人种或族群，就像黑猩猩那样你死我活地厮杀起来，人类很可能在走出非洲的途中就灭绝了，而且基因交流对智人加快免疫系统的进化起着重要作用。基因研究揭示，智人在走出非洲向全球扩散的过程中，与尼安德特人、丹尼索瓦人有基因交流，还与一个未知的人种有基因交流，这对人类的生物学进化特别是免疫系统进化有重要价值。智人离开非洲时，与已在非洲以外地区生活了几十万年的尼安德特人有基因交流，这使大多数现代欧洲人仍携带尼安德特人基因组中约 2% 的 DNA。美国斯坦福大学的科学家发现其中有 152 个基因与现代的甲型流感和丙型肝炎相互作用，这使智人能够抵抗此类疾病，否则智人可能已被流感消灭①。

性的满足有利于身心健康，有利于提高生存质量，对这一点科学家已有共识。而最具争议的性的商业功能与生殖毫无关系，但它具有生存价值。

科学家的观察表明，猴群中的母猴也有以性换取食物的行为，性的商业功能并非人类所独有。人类性交易的起源大概与此类似，不要说在人类进化的漫长的原始时期，就是在有严格性禁忌的近几千年中，无论是婚内还是婚外的性行为，

---

① 《英媒：研究发现尼安德特人曾阻止人类被流感消灭》，《参考消息》2018 年 10 月 8 日。

只要存在利害权衡，就有商业功能，差别只是表现形式不同而已。但无论何种表现形式的性商业功能，就其总体而言，都有利于生存的一面。性的商业化大致可分为三种：第一种是婚内合法商业化，即为金钱地位而结婚；第二种是婚外隐形商业化，即以性交换利益的"情人"关系；第三种是市场公开"零售"，即按才色和时间明码标价的买卖。人们对性的商业化多持负面看法，甚至为这种"堕落"痛心疾首。但是，作为社会的客观存在，它是社会环境的产物，服从于生存的需求，仅用某种抽象的道德标准去裁判它，既无济于事，又会因有失客观、公正而造成认识和管理的混乱。

人类性行为的商业功能有利于生存，是对社会环境的一种适应。人类之所以能进化成人类，之所以能在几百万年的进化过程中，经历自然环境剧变和社会环境动荡而生存下来，并扩散到全球，创造出灿烂的多样性文化，就是因为人类显示了极大的灵活性和适应性，这种灵活性和适应性就包括了性的灵活性和适应性以及性的商业功能。

在和平时期，性的市场"零售"为被压抑的性驱力提供了一条和平的释放渠道，避免了其爆发性的破坏作用。性的市场"零售"之所以在迄今为止的任何文明社会中都存在，是因为这些社会无一例外地存在为数不少的难结偶、离异、失偶的孤男寡女，长期流动在外的性压抑的商旅。他们的性需求需要得到满足，性的非生殖功能使他们被压抑的性驱力通过性市场的"零售"渠道释放，减少强奸、斗殴、凶杀等性暴力行为的发生。同时，私有制社会建立在利害权衡基础上的单偶制满足的是生育财产继承人的需要，而不是爱情的结合，从而难以避免地会向婚外另寻出路，而对社会、家庭破坏最小的方式就是性的市场"零售"方式。与权色交易和地下情相比较，性商品公开交易对家庭和社会的冲击更小，性交易与其他商品交易一样，交易双方讨价还价达成一个双方都能接受的价格，双方都认为这样是公平的。总体而言，性的"零售"只是交易，不会有情感的纠缠，而权色交易会导致公共权力的腐败，它和地下情一样，会造成夫妇感情冷化、家庭冲突甚至解体，进而伤害到年幼的子女。

历史似乎有无穷的讽刺性。历史的发展有明显的人的解放的走向，随着社会生产力、科学技术的发展和人的认识水平的不断提高，历史上曾严重束缚人的迷信思想、文化观念和制度禁锢不断被打破，今天世界上的大多数国家在人权、男女平等、自由恋爱、性观念解放、女性参加社会工作、废除一夫多妻制等方面取得了历史性进步。而且，从20世纪上半叶开始，在精神分析学派和性学研究成果的影响下，许多国家经历了"性革命"。人们以为通过性革命能够解放几千年来在父权制压抑下的性需求，进而推进社会的变革。但是，性革命失败了。人类不是倭黑猩猩，它们没有私有财产观念和占有观念，满足性的生物学本能欲求就能成为其社会和谐的"引力场"，而人类在私有制牢笼中驯化了几千年，金钱至上、家庭财产继承制已成为人类社会更强大的引力场，性革命的引力场带来的只是性商品自由交易的市场利润，而社会的基本制度毫发无损。英国著名精神分析学家乔治·弗兰克尔说：

　　性越解放，人们就越能够自由地追求其性需要，他们也就越可能被追求利润的市场剥削……马克思主要关注的是人类物质产品向商品转化，而我们现在面临的是人的情感和性向商品的转化。当性不再被公然地压抑时，它就能够变为商品，可以公开的买卖。①

现在的性也变成了主要的商品。做性交易的商人在众多性压抑和性饥渴的人中有着巨大的市场。从前这个市场是被宗教的禁令限制的，现在性解放已把我们从秘密的强制性冲动中解放出来，性商品充斥了市场成了继武器市场——军火工业之后的资本主义最有利可图的领域。②

性商品不仅包括直接提供的性服务，而且包括相关的药品、器具、服装、表演、广告、书刊、文艺、信息等。它已经成为一个所涉甚广的大产业。德斯蒙德·莫里斯认为：

> 脱衣舞女、选美皇后、夜总会女招待，以及舞女、模特和性感明星，她们正在做的也属于肉体交易，只是次一等罢了。这些人用自己的肉体形式化地"表演"……以此换取金钱，只是按职业规定，她们仅止于此……为了弥补缺憾，除了非常逼真地把各种……动作表演出来，她们还采用许多职业化的挑逗动作，尽可能地增强表演的刺激性，从而达到性服务的目的。③

总之，性的商业功能通过性解放而公开释放出来，在今

---

① 〔英〕乔治·弗兰克尔：《性革命的失败》，宏梅译，国际文化出版公司，2006，第49页。

② 〔英〕乔治·弗兰克尔：《性革命的失败》，第47页。

③ 〔英〕德斯蒙德·莫里斯：《人类动物园》，刘文荣译，文汇出版社，2002，第89～90页。

天的许多国家，它起着财富再分配的作用，一方面，它成了性商品经营者的牟利领域；另一方面，在一个分配不公、男性占主导地位的社会中，斯密的"看不见的手"通过这一渠道，使财富从高地向贫困低地渗流，在某种程度上起着使经济生态不致过度失衡的作用。

性的生殖和非生殖功能通常都具有生存价值，有些人甚至会因性而杀人或自杀，似乎性与生命是等价的。但性与生殖一样，终归服从于生存。很多宗教信徒为追求长生或灵魂永生而绝性禁欲，放弃生殖，这表明在人的深层意识中，追求长生是最根本的欲求。

任何事物都有相互矛盾的两重性，人的性行为的非生殖功能同样如此。从正面来看，它在生理上能调节自然需求，使之达到平衡并获得快感，在心理上能增强自信意识等；从反面来看，它是一把"双刃剑"，性的探寻功能有可能导致喜新厌旧，性的显示功能有可能变为贪婪占有，性的商业功能使性对象随心所欲地变换，这三者相互强化，从而与爱情的纯洁美好、夫妻的相互忠诚相背离。

性功能多样性有利于生存，并不等于它没有消极的一面，生存是一个沉重甚至严酷的话题，它是要付出代价的，这种代价包含血和泪。而且私有制社会制度的不公和人的自私、偏见，使性的两重性矛盾尤为突出，充满讽刺。虽然性的商业性从古至今在婚内婚外都广泛存在，但由于婚姻是法律认可的，因而婚姻内在的商业性质以及婚内的强奸、暴力、奴役、折磨等恶行通常被掩盖了，即使暴露，社会通常也容忍；婚外情被社会默认，各种性刺激的"表演艺术""文学艺术""人体写真""社会写实"大赚其钱。在所有这些领域，人们看不到多少道德的影子，道德批判更多地集中于性的市场"零售"业。这种"零售"业事实上无法禁止，但常为法律禁止而转入地下以隐性的形式存在。

第三节 天下为家

一 结偶方式演变

人类的结偶方式变化与社会形态的变化有直接的相关性，现在我们要来具体探讨一下这种相关性。

科学家和学者对为何大多数人类社会实行一夫一妻制进行了很多研究，形成了不同的见解。有的认为一夫一妻制与杀婴风险有关。2013 年，在美国《国家科学院学报》上的由伦敦大学学院、曼彻斯特大学、牛津大学和奥克兰大学联合发表的一篇研究报告表明，幼儿在完全依赖母亲时最易受到伤害，因为母亲在哺育幼儿时会推迟下一次受孕，这会导致幼儿受到与其没有血缘关系的成年男性的伤害，因为成年男性杀死幼儿就可以让其母亲再次受孕。父亲分担育儿工作不仅可以缩短幼儿的依赖期，还可以加速母亲的生育。杀婴风险是推动一夫一妻制进化的原因，父母共同育儿是一夫一妻制的结果，它出现后，男性更有可能关心其后代，爱情产生在这之后[①]。

这就是说，人类在进化之始实行的就是单偶制。在动物界，外来雄狮在击败狮群的首领后，会杀死幼狮，因为不这

---

① 《外媒：研究表明一夫一妻制起源无关爱情》，《参考消息》2013 年 7 月 31 日。

样它就不能使雌狮发情而俘获它们。但人类的母亲并没有这种发情的规律，而且这种脱离原始人类的实际生存状况，抽象地研究他们的结偶方式只能是无的放矢。早期的原始人类是以群为活动单位的，不可能以一夫一妻的小家庭独立地生存（后面还有进一步分析）。

有的认为一夫一妻制与性病传染有关。2013年，发表于英国《自然·通讯》杂志上的一篇论文认为，性传播疾病似乎促使人类婚配行为出现了符合社会要求的单偶制。科研人员建立了一套数学模型，模拟30多人的狩猎采集型社会和300多人的农业型社会，以及多偶制社会和惩罚多偶者的单偶制社会，对3万年进化期内的情况进行了2000次模拟，发现小型多偶制社会基本上可以在暴发性病疫情后恢复过来，但在人口较多的社会，人口数量会急剧下降。单偶制社会比多偶制社会在繁殖方面要成功得多，单偶制社会如果惩罚、赶走多偶者，繁殖表现会更出色。①

这里的问题同样是以抽象的分析去替代对原始人结偶方式演变的具体研究，因而也是不正确的。数学模型可以对多种不同的结偶方式进行模拟、比较、选择，但很难有证据表明原始族群能进行这种比较，并能做出实行单偶制的革命性选择。比邻而居的原始族群虽然有可能进行比较，但即使从原始族群发展到了氏族社会，人类实行的也不是单偶制而是对偶制。更何况，即使在实行单偶制的古代社会，社会上层实行的也不是单偶制，各阶层都有婚外性行为的存在；即使在人类实行单偶制并已经知道性病危害同时也能有效防治性

---

① 《性病迫使原始人实行一夫一妻制？》《参考消息》2016年4月15日。

病的现代社会，性病的阴影还是挥之不去。据世界卫生组织2019年6月的报告，2016年全球有大约1.27亿年龄在15~49岁的人感染衣原体疾病，8700万人感染淋病，630万人感染梅毒，约1.56亿人感染了滴虫病①。性病不可能是实行单偶制的真实的历史的根本原因。

生物学家大多认为，人类实行单偶制的原因是雌雄体量的差异很小，加上怀孕和哺育婴幼儿的时间很长，如果丈夫在这期间不提供食物和安全保障，而是一走了之，另寻新欢，人类的繁衍就会失败，因此人类只能实行单偶制，并举出一些动物界实行单偶制的例证。这种观点也不能成立。

我们必须正视一个事实，那就是动物界的单偶制十分罕见，"甚至罕见到在生物学中，这属于最不正常的行为之一"②。以往人们认为90%以上的鸟类至少在繁殖期实行单偶制，有的鸟类甚至终生不渝，但这一说法已被基因技术和血缘测试所推翻。通过观察，人们把著名的长臂猿也踢出了相互忠诚的名单。现在被认为实行单偶制的动物有寒鸦、颌带企鹅、长耳鸮、犀鸟、黑兀鹰、非洲迪克小羚羊、加州鼠、草原田鼠、短尾仓鼠、苏卡达螳螂虾、斑节虾等。由于对这一问题的研究很少覆盖一个以上的繁殖期，或研究对象很少超出几十个家庭，如果信息更多，上述"被认为"的对象可能还会改变。生物学家对极少数动物实行单偶制提出了很多解释，但不同物种实行单偶制的原因是不同的，很难用它们

---

① 《世卫组织报告显示全球每天有百万人感染性病》，《参考消息》2019年6月8日。

② 〔美〕奥利维雅·贾德森：《性别战争》，杜然译，山西人民出版社，2010，第174页。

来解释人类为什么实行单偶制。

从科学家 2000 年宣布破译人类基因密码直到今天，我们对人类实行单偶制的遗传机制仍一无所知。在历史上，人类曾经出现过群婚制，在一夫一妻制出现后，一夫多妻和一妻多夫制仍然存在，婚外情等现象更是屡见不鲜，因此，科学家难以证明人类是严格的单偶制物种。人类与其他实行单偶制的动物的重要区别是：其他实行单偶制的动物在孵卵或哺育期间，无论雌雄谁看家，另一方可以独立提供食物，如小鸟捕昆虫，雄鹰猎鼠兔，都可以独立完成，无须群体协作，甚至有的雄性什么事也不干，只要跟着雌性走就行了，如迪克小羚羊。

与上述单偶制动物不同，人类在进化过程中，开始用两足直立行走，人的头颅变大，但与此相矛盾的是，两足直立行走导致人类骨盆变窄，为了解决这一矛盾，婴儿提前出生的生育模式被进化出来。猿的脑量为 400CC，其新生儿的脑量为成年猿的 1/2；现代人类的脑量为 1350CC，其新生儿的脑量为成年人的 1/3，人类新生儿的脑量是猿类新生儿的 2 倍多（早期人类的脑量虽然要小些，但是比猿的大很多）。提前出生使婴幼儿的后天发育时间延长，人类女性生产的风险也更高，生产前后需要悉心照料。从女性怀孕、生产到孩子成人要十多年，在这期间，母子必须有食物供给和安全保障，成年男性必须提供食物。但是，在原始社会早期，一个男性仅凭木棍、石块单独捕猎不仅极可能一无所获，而且很可能成为肉食猛兽的捕食对象，捕猎成为一条不归路，一个哺育婴幼儿的女性更不敌猛兽的袭击。因此，结偶双方仅凭自身力量孕育后代存在双方都要付出生命的高风险。这时人类解决生存和繁衍安全问题的唯一可行的方法就是群体协作，成年男性集体在外捕猎，成年女性集体在营地哺育婴幼儿、守护营地和采集食物。这时实行的是群婚制。

以往科学家认为，早期的人类经历过一个无限制的群婚时期，性关系不受限制，整个族群的男性与整个族群的女性的性关系均无限制，这个时期是两性相互共有的进化阶段。但是如果参照倭黑猩猩的性习性，那么人类的群婚制可能有母子之间的限制，是一个排除了母子性关系的群婚制。之所以会出现这种群婚制，是因为这时人类的生产工具（也是武器）还很原始，人类的意识处于蒙昧状态，要想在强敌环伺的环境中生存下去，就只能组织成群。由于成年男性的嫉妒，群与家庭不能相互补充而只能相互对立，只有消除男性的嫉妒，使他们相互宽容，群才能组织起来并保持稳定，正是这时的生存条件决定了人类社会早期实行的是群婚制。因此，在人类进化的早期只有群，没有家，或者说，一个群就是一个家。在这里，我们同样看到，在人类的进化过程中，只能是性适应生存需要而不是相反。

人类原始群体拥有比倭黑猩猩族群更大的规模，集体生活对人类的大脑、语言和文化的进化起着推进作用。科学家通过对90种不同类型的海豚、鲸和鼠海豚的众多行为特征的研究，发现脑部体积更大的种群，种群规模更大，它们的语言和生活方式也更复杂，更像人类。"文化脑假设"（一种认为人类的智力是为应对复杂的大规模社会群体而形成的理论）也适用于海豚、鲸和鼠海豚。宽吻海豚会使用简单的工具，虎鲸会彼此呼唤名字，抹香鲸会用地方方言交谈。许多鲸类生活在紧密团结的群体中，养育幼鲸要尽整个群体之力，它们在社会环境中获得知识，而不是通过个体努力获得知识，落单者或小群体中的成员的脑部体积更小。鲸类共同捕猎和养育幼鲸，形成地方性方言，在观察中学习复杂的社会文化，这些都与种群规模和脑部体积增大有关。

人类原始群体像倭黑猩猩一样实行的是群婚制，和平是基本常态。所谓基本常态，就是说特殊情况总是会有的。因为与倭黑猩猩相比，人类拥有更大的大脑、更小的肠子。大脑是高能耗的组织，现代人类的大脑重量只占体重的2%，消耗的能量却占身体总能耗的20%，更小的肠子要为大脑提供更多的能量，就需要吃熟食和肉。要吃肉就要狩猎捕鱼，这项活动并不是总能有所收获，更不能保证捕获的食物可以满足族群几十个成员的需求。在气候恶化时或在迁徙途中，食物尤其是肉类匮乏的情况并不罕见，在极端情况下，取食猛兽捕食剩下的残肢腐肉、吃同伴的尸体、袭击遇到的其他族群就可能发生，因为饥饿的压力大于对死亡的恐惧，生存的压力会改变一切。在食物严重匮乏时，动物会出现同类相食和草食动物吃肉的现象，人类这时出现像黑猩猩一样的行为并不奇怪。

伊恩·莫里斯认为，熟食使180万年前的原始人不再像黑猩猩、倭黑猩猩那样生活在个体众多、性关系混乱的群体中，而是一雌一雄地成对生活①。用黑猩猩、倭黑猩猩难以实行熟食来推论人类结偶方式的突变太过武断。黑猩猩、倭黑猩猩难以实行熟食，是因为它们的手足分工和脑的进化都没有达到能控制火的水平，而人类一旦能控制火，实行熟食就

---

① 〔美〕伊恩·莫里斯：《战争》，栾力夫译，中信出版社，2015，第259～261页。

成了常态。但仅仅使用火还不足以使人类实行单偶制，使用火并不等于个体就能轻易获得食物和安全，在原始社会，跨越生产力水平实行的一夫一妻制的单干户只有死路一条。

人类的结偶方式是生存方式的重要构成。正是这种群体协作的生存方式，才有力地促进了人类大脑的进化和智力的发育，才有适应群体交流和协作的文化进化，从而才有结偶方式随着生存方式和文化的进化而进化。人类历史研究表明，人类的结偶方式经历了无限制（或母子除外）的群婚、代际受限制的群婚、兄弟姊妹受限制的群婚、对偶家庭、一夫一妻制家庭的一系列进化，这种进化是一个历时几百万年的过程。

经这一系列的演变直至出现不稳定的对偶婚，人类的社会形态由原始群体进化为以母系血缘为纽带的氏族，群婚制、内婚制也转换成氏族之间的外婚制。至于转换的原因，学界分歧较大，这里有必要对此再做简要探讨。

关于外婚制的起源，芬兰人类学家爱德华·韦斯特马克认为，从小在一起长大的人们对他们之间的性行为有天生的反感；英国著名性学家哈夫洛克·埃利斯认为从小一起长大的人，他们在视觉、听觉和触觉上对彼此的感官刺激都习以为常，变得迟钝，失去了性唤起的能力。这种先天本能的观点遭到弗雷泽、弗洛伊德等人的批评。还有人认为原始民族很早就注意到了近亲繁殖对其种族的威胁，因而有意识地禁绝。这种理论同样遭到了批评，理由是人类的乱伦禁忌早于人类对动物的人工驯养，他们认为人类通过人工驯养明白了近亲繁殖对种族特性的影响，人类的远古祖先不可能考虑使其后代免受伤害的问题。达尔文、弗洛伊德等持下面这种观点。达尔文从大猩猩的习性推论出史前人类最初生活在群体中，其中最强壮的成年雄性出于嫉妒阻止了群体中的性乱交；弗洛伊德不仅完全赞成此说，而且把大猩猩的习性作为"俄狄浦斯情结"（杀父娶母）最重要的依据①。但达尔文和弗洛伊德在这个问题上都错了，弗洛伊德关于"俄狄浦斯情结"的论断也错了。我们再来看一下倭黑猩猩群、大猩猩群的习性。

倭黑猩猩体量远比大猩猩小，也比黑猩猩小。倭黑猩猩群是以雌性为首领的母系社会，群的规模较大（大的有150多个成员），寿命约为40年，性成熟期约为12年，雌性每隔5~6年产一仔。倭黑猩猩无论老幼都爱性游戏，除超过6岁的雄性与其母亲没有性行为外，其他没有性禁忌，倭黑猩猩的母子关系能持久保持，分群后年轻的猩猩还会回群探母。相邻的倭黑猩猩群之间关系融洽、接触频繁，一见面首先就忙于性活动（在群内不可能只做这件事，因为还有采猎食物、哺养婴幼和安全防御等工作要做），而且更爱与陌生的同类而不是与熟悉的同伴分享食物。

大猩猩是父权社会，以最强壮的成年雄性为首领，一夫多妻，等级分明，群的规模比倭黑猩猩的小。雄性体量和力气都很大，雌性要小很多，首领通常有能力独立击退入侵者，狮、豹等猛兽见之也退避三舍，在森林中几乎没有天敌。大猩猩的性成熟期和寿命与倭黑猩猩的相近，雌猩猩每胎产1仔，产仔后禁欲2~4年，这期间尽力照护幼仔直到其能独立生活。首领为加快雌猩猩性欲的恢复，会将约1/3的幼仔杀

---

① 参见〔奥〕西格蒙德·弗洛伊德《论宗教》，王献华等译，国际文化出版公司，2001，第127~131页。

死，而不是以生殖（基因传递）最大化为目的。雄猩猩长大后会被驱逐出群，有的雌猩猩长大后会离群出走，离开群后的大猩猩有能力独立生活，在找到配偶后会组成新的家和繁衍新的兽群，有的雄猩猩会在首领年老力衰后回来取而代之。两个大猩猩群关系紧张，往往会发生冲突，失败一方的雄猩猩多会被杀死或逃走，未被杀死或逃走的雌猩猩则会被俘获收留。

把人类与倭黑猩猩群、大猩猩群的习性进行比较，可以很清楚地看到，人类处于二者之间且更接近倭黑猩猩而不是大猩猩。

群婚制的原始群时代，是一个人人皆知其母而不知其父的时代，但人口的增长必然导致原始群的分化，原始群不断地一分为二，逐渐地由近及远地分散出去，但总会有一些群是相邻的，他们有亲缘关系。人类的食谱比倭黑猩猩更宽，头脑更发达，交流更多，性择意识更强，因而群婚不仅见于群内。由于群内有朝夕相处导致的感官迟钝和"视觉疲劳"，群外有"距离产生美"和新鲜感的美学和心理学动因的驱动，所以人类比倭黑猩猩（偏好与陌生同类的性活动和分享食物）更钟情于外婚制。

因此，原始群的群婚制一开始就种下了孕育母系氏族和外婚制的种子，只不过在生产力很落后、人均寿命很短的历史时期，社会组织只有以群的形式存在，才能拥有一定的人口规模。人口规模要适度，这一点非常重要，因为人口少了不足以应对捕猎和安全的挑战，人口多了又超出了活动半径内食物的自然生产力。

随着生产工具的改进和人均寿命特别是女性寿命提高到

50～60岁，有些女性已有条件成为曾祖母，当四代人达到约100人的规模时，母系氏族的外婚制就有可能演化出来。这里要提醒一下读者，本章名为"结偶选择"，所谓选择，就是在比较中选择，有比较才有选择，我们在本章第二节论及人类脱毛与性择有关，而且人类于一百万年前完成了脱毛进化，所以后来文化的一系列进化与裸体和性择有关，现在我们要进一步提出，人类的性择推动了从群婚到氏族外婚的进化。

从群婚制的原始群进化到外婚制的母系氏族，可能经历了几万年甚至更长的时间，结偶方式经历了群婚、群内婚与群外婚混合、群外婚为主、氏族外婚一系列形式。在这样漫长的历史时期，人类的性择偏好会使人拒绝与丑陋、体弱、智障、残疾者结偶。不能因为现在这样的人有不少能结偶，就推测他们在原始社会也能结偶，情况可能恰恰相反。因为现在实行的是单偶制，只要人口性别比大体均衡，就在最一般的意义上保证了人人都有结偶的可能，而且文明已进化到人一旦生出，就不能不养活他们，有生理缺陷者结偶虽然选择的余地小，但他们的父母还是会尽可能地为他们寻找一个条件相当的结合对象，社会福利也会为他们提供生活保障；而在实行群婚制、多偶制的原始群体中，无论男女，体健貌端者都可以选择多个异性结偶，丑陋、体弱、智障、残疾者不仅难以结偶，而且很可能出生不久就被遗弃了，因为原始群体要适应的是严酷的丛林莽原，不可能行慈善，也不存在人权，更没有福利主义，否则人类就会灭绝。

概言之，由于存在多个相邻的原始群，因而存在群内婚与群外婚两种结偶方式的比较，通过几万年乃至更长时间的比较，血亲结偶的后代缺陷不断地暴露出来，原始人逐渐产生了禁忌。连倭黑猩猩都有母亲不与 6 岁以上子代雄性发生性行为的"禁忌",就更不要低估原始人类的识别能力。那时的人类虽不懂科学方法,却有非同寻常的记忆、观察、直觉能力和口口相传的经验积累,它会对有害的事物回避、害怕,产生禁忌(对现存的原始群体的研究已经证实了这一点)。若没有这种能力,人类这种纤细裸猿就不可能在万兽之中脱颖而出,进化成地球上最强势的物种。因而,原始人的结偶选择和社会选择,都会进化出对近亲繁殖的排除"机制",从而使原始群的群婚制向母系氏族的外婚制转换,看起来这就像是一个自然的过程。否认原始人能认识到近亲繁殖对其种族的威胁,是不能成立的。

达尔文、弗洛伊德对实行"母系制"的倭黑猩猩的习性一无所知,这是时代的局限而不是他们的错,但他们把人类与实行"父权制"的大猩猩类比是错误的。人类这种纤细裸猿的雄性,既没有能力单独击退猛兽,又没有能力单独捕猎,因而没有可能在人种进化之初就实行一夫多妻的父权制或单偶制,只能结合成群,实行群婚制。到了母系氏族社会后,人类仍然要靠一定规模的群体协作来解决生存和安全问题,而且,外婚制所缔结的不同氏族之间的亲缘纽带,必然会导致当单个氏族遇到不能独立应对的挑战时,相邻氏族会来支持。共同应对挑战的合作机制出现了,因而力量也更强大了。

弗洛伊德关于"俄狄浦斯情结"的论断之所以也是错误的,是因为以下三个方面。

首先,它不符合人类进化的历史。如上所述,人类社会组织从群婚制的原始群演化到外婚制的氏族,只能是母系制氏族,而不可能是父权制氏族,父权制氏族只能出现在母系制氏族之后而不可能是之前。父权制氏族是农牧文明有一定发展和家庭私有制出现后的产物，而且母系制的历史远比父权制悠久。

其次，这是一个死循环。最强壮的成年男性首领，把年轻的儿子们杀死或驱逐出氏族，自己独占所有女性，被驱逐的兄弟们联合起来，为娶母而杀死父亲，但要像父亲那样独占所有女性，兄弟们又得互相残杀，直至剩下最后一个，如此循环不已。俄狄浦斯情结是一个毫无出路、自取灭亡的悲剧死循环，比大猩猩的前景更黑暗，因为被驱逐出去的年轻大猩猩还可以在外成家创群，人类氏族首领的儿子们却只能结伙回来杀父娶母和相互残杀。

最后，它不具有普遍性。俄狄浦斯现象在历史上的某些民族中可能出现过，但它根本不具有普遍。人类心理的起源应当追溯到更久远的时代——母系氏族时代，而不应止步于欧洲某些民族几千年前的神话故事（或曾出现过的现象），并把它们视为普遍现象。更何况历史的普遍事实与此正好相反——建立在家庭私有制基础上的父权制，恰恰要生育儿子来继承财产。揭开心理之谜有多条路径，心灵考古——探索心理现象的进化之源是路径之一，但仅把精神症与某些民族历史上的神话故事或曾出现过的现象类比会误入歧途，因为就连现代心理学都有很多实验不能重复，就更不要说杀父娶母这种极端心理现象了，人们不能通过重复验证而使其成为一种普遍的情结。同时，揭开人类的心理之谜还有一条很重要的路径，那就是脑科学的发展。

现在要回到正题。人类从原始群的内婚制转换到母系氏族之间的外婚制，同样经过了一系列的再演进。在早期阶段，这种外婚制虽然排除了血缘关系结偶，却是非血缘关系的共妻共夫，因而是有限制的群婚制，并不改变原始社会的"大同"性质。但有性限制就意味着有性文化、性规范。由于人类的性择与自然选择存在天然相向而行的总体合理性，随着氏族人口不断增长，可供选择为配偶的对象也不断增长，性文化也会有与之相适应的进化，亲属通婚的结偶方式逐渐被排除，群婚形式逐渐退出历史舞台，向对偶婚过渡。对偶婚从一个男子或一个女子有许多配偶，其中有一个配偶为主的多妻多夫现象，到多妻多夫现象逐渐退出，最后只剩下一对对在或长或短时期内结合在一起的配偶。但这种对偶家庭脆弱不稳定，正如恩格斯所说，它还"不能使人需要有或者只是愿意有自己的家庭经济，因此它根本没有使早期传下来的共产制家庭经济解体"①。

原始社会在排除血缘关系结偶的过程中，形成了一些与之相适应的禁忌，违者即为"乱伦"，对乱伦者的惩罚通常是处死。为何对乱伦者要采取如此严酷的惩罚？这大概是因为人类的原始祖先既认识到排除血缘关系结偶的必要性，也认识到这样做的困难性。人类毕竟经历过一个由动物进化到人的群婚制阶段，不严酷就不足以清除群婚制的遗风。

二　私有制与单偶制

人类性择和社会选择与自然选择相吻合的机制推动了群婚制向对偶制的进化，但要把对偶制发展成牢固的一夫一妻

---

① 《马克思恩格斯选集》第 4 卷，人民出版社，1972，第 43 页。本章引用恩格斯的话较多，以下凡引《马克思恩格斯选集》而未标出姓名的引文，均出自恩格斯。

制，性择和自然选择已经不够，它还需要新的动力，这就是家庭经济，即新的社会选择机制。由于生产知识、生产工具的进步和农业、畜牧业、手工业社会分工的发展，原始的生存方式逐渐过时。当一个人的简单看护就能使畜群繁殖时，原始集体狩猎获取肉类的生产方式就会被淘汰；当家庭组织的经济效率远高于共同体的经济效率时，共同体的经济职能就会被家庭替代；当家庭经济出现，劳动力已能生产显著超出自身消费需求的剩余产品时，不同共同体之间就出现了互通余缺的交换，不同家庭之间也出现了互通余缺的交换。当财富"转归各个家庭私有并且迅速增加起来，就给了以对偶婚和母权制氏族为基础的社会一个有力的打击。对偶婚给家庭添加了一个新的因素。除了生身的母亲以外，它又确立了确实的生身的父亲，……随着财富的增加，它便一方面使丈夫在家庭中占居比妻子更重要的地位；另一方面，又产生了利用这个增强了的地位来改变传统的继承制度使之有利于子女的意图。……必须废除母权制，而它也就被废除了"①。正是家庭经济的发展导致对偶制向一夫一妻制转变。

随着家庭私有经济的发展，社会开始了对偶婚向一夫一妻制、母系制向父权制的转变。在这之前，部落战争中的失败者，一般会被杀死或驱逐，现在则作为奴隶留下来，成为能提供剩余产品的家庭经济的生产者，因而这时的家庭的"主要标志，一是把非自由人包括在家庭以内，一是父权"②。其典型形式是罗马家庭。在罗马人那里，家庭这个词，起初甚至不是指夫妻及其子女，而是指奴隶，指一个家庭的奴隶、

①　《马克思恩格斯选集》第 4 卷，第 50～51 页。
②　《马克思恩格斯选集》第 4 卷，第 52 页。

一个人的全体奴隶。在 1800 多年前，古罗马法学家盖尤斯认为家庭即遗产是按遗嘱传授的。马克思说："现代家庭在萌芽时，不仅包含着奴隶制，而且也包含着农奴制，因为它从一开始就是同田间耕作的劳役有关的。它以缩影的形式包含了一切后来在社会及其国家中广泛发展起来的对立。"①

一夫一妻制是建立在私有制、父权制基础上的，其明显的目的就是生育父亲自己的并应继承他的财产的子女。这之所以必要，是因为子女将来作为继承人要继承父亲的财产。"一夫一妻制是不以自然条件为基础，而以经济条件为基础，即以私有制对原始的自然长成的公有制的胜利为基础的第一个家庭形式。丈夫在家庭中居于统治地位，以及生育只是他自己的并且应继承他的财产的子女——这就是希腊人坦率宣布的个体婚制的唯一目的。"②"为了保证妻子的贞操，从而保证子女出生自一定的父亲，妻子便落入在丈夫的绝对权力之下了；即便打死了她，那也不过是行使他的权利罢了。"③古希腊《荷马史诗》中的俄底修斯（又译尤利西斯或奥德修斯）从特洛伊返回家乡后，因怀疑 12 个女奴在他离家时有不规矩的行为，在一根绳子上绞死了她们，这种处置在当时并不会引起质疑，因为女奴只是一种财产。妻子的地位要高些，她也只是家奴们的主管而已，她被丈夫视为自己的私有物，如果失贞同样会受到极严厉的惩罚。

对偶婚与一夫一妻制的区别，在于前者可以自由离异，男女双方都是平等的、自由的，都没有强制另一方的权利；

---

① 《马克思恩格斯选集》第 4 卷，第 53 页。
② 《马克思恩格斯选集》第 4 卷，第 60~61 页。
③ 《马克思恩格斯选集》第 4 卷，第 53 页。

后者通常只有男方才能解除，女方处于屈从地位，必须严守贞操。在荷马史诗中，被俘的年轻妇女是胜利者按军阶依次选择的战利品，阿喀琉斯和阿加门农争夺一个女俘是《伊利亚特》的关键情节。"正是奴隶制与一夫一妻制的并存，正是完全受男子支配的年轻美貌的女奴隶的存在，使一夫一妻制从一开始就具有了它的特殊的性质，使它成了只是对妇女而不是对男子的一夫一妻制。"① 奴隶制消亡后，虽然公开的奴隶不再存在，但女性完全被排斥在社会公职和社会活动之外，没有社会地位和政治经济权利，完全依附于男性。

生产力的发展、一夫一妻制和私有制的出现，开启了社会发展从氏族向部落、部落联盟、国家演变的新进程。在氏族向部落演进的过程中，由于没有家庭财产、私有观念，也由于相邻氏族长期通婚的外婚制，这些氏族之间不仅形成了密切的经济和生活联系，而且形成了世代亲缘交错的网络，在经济发展、人口增长和抵御外部入侵而需要有一个更大的社会组织和地域空间时，它们大多能够以和平而不是以暴力的方式实现氏族联合，完成从氏族向部落的过渡。这与以后的从部落、部落联盟向国家跨越往往要通过暴力方式来实现的情形截然不同，因为那时氏族以和平方式联合成部落的基础已经瓦解，家庭经济、私有观念、领地意识已经牢固确立，跨部落外婚所缔结的亲缘纽带在半径、密度及力度上都很有限，因而，国家的出现和帝国的建立，大多伴随着部落之间、国家之间的战争。

人类在父权制确立、社会发生阶级分化后，为什么实行

---

① 《马克思恩格斯选集》第 4 卷，第 58 页。

的是一夫一妻制，而不是一夫多妻制呢？这是因为有两个机制在起作用。一个是自然机制，那就是在正常时期，社会的人口性别比大体是平衡的，人类性别比的基本平衡为实行单偶制提供了条件。至于性别比的基本平衡是自然生育的结果，还是人类选择的结果，我们不是很清楚，但有依据表明，自然生育是基础，人类选择起一定作用。在远古时期，人类的生育率远高于成活率，一对夫妇能生很多孩子，但能养活的可能只有其中的 2~3 个，他们进行健康选择和性别选择，会弃养其中的残疾者和过多的同性别者。当然，由于原始生存环境中不可预测、不可控制的因素比现代社会要多，为了捕猎或战斗的需要而多留男性是可能的，但捕猎或战斗会消耗男性，而且女性抗御疾病的能力比男性强，女性的平均寿命比男性长，所以能保持性别比的基本平衡。另一个是社会机制，那就是人类智力发达，手中握有能置人于死地的武器（如弓箭），虽然这时的社会很不平等，但人类在漫长的原始共同体时代进化出来的平等意识不会消失。如果在人之大欲的满足上没有一个公平的底线，社会就会因自相残杀而不能维持下去，奴隶、农奴和社会底层人口的增加，本身就是源源不断地为社会金字塔提供支撑的基础。因而，人类没有普遍实行一夫多妻制的可能。

但是，从群婚制进化到一夫一妻制，群婚制并没有彻底消失，而是以杂婚制存在于文明时代，并且日益变为公开的性商业化。

这种杂婚制直接起源于群婚制，起源于妇女为赎买贞操权利而作的献身牺牲。为金钱而献身，最初是一种宗教行为，它是在爱神庙举行的，所得的钱最初都归于神庙的财库。……这种献身起初是每个妇女的义务……在其他各民族中，这种杂婚制起源于允许姑娘们在结婚前有性的自由，因此也是群婚制的残余……在野蛮时代高级阶段……也出现了与强制女奴隶献身于男性的现象并存的自由妇女的职业卖淫。由此可见，群婚制传给文明时代的遗产是两重的，正如文明时代所产生的一切都是两重的、口不应心的、分裂为二的、自相矛盾的一样：一方面是一夫一妻制，另方面则是杂婚制以及它的最极端的形式——卖淫。……它使旧时的性的自由继续存在，以利于男子。……但是，在一夫一妻制内部第二种矛盾也因此而发展起来了。同靠杂婚制取乐的丈夫并存的还有一个被遗弃的妻子。……随着个体婚制，出现了两种经常性的、以前所不知道的特有的社会人物：妻子的经常的情人和戴绿帽子的丈夫。男子获得了对妇女的胜利，但是桂冠是由失败者宽宏大量地给胜利者加上的。虽然加以禁止、严惩但终不能根除的通奸，已成为与个体婚制和杂婚制并行的不可避免的社会制度了。子女是否确凿无疑地出生自一定的父亲，象从前一样，至多只能依据道德的信念；所以，为了解决这个无法解决的矛盾，拿破仑法典在第三一二条规定："凡在结婚以后怀胎的婴儿，以该夫为父"。个体婚制三千年来存在的最后结果，便是如此。[①]

---

① 《马克思恩格斯选集》第4卷，第62~63页。

　　农业文明时期的妇女不仅不能担任社会公职、参加社会活动，而且不能单独在社会上抛头露面，偶尔外出，也有女伴的陪同。她们通常幽居在家，从事"女工"（如纺织、缝补）、哺育小孩之类的活动。出嫁后的妇女之所以受到监视，是由于其丈夫需要其生下的是确切出于他自己的、能继承他的财产的孩子，他把妻妾和子女都视为自己的私有财产。但是，丈夫并不能亲自充当形影不离的监视人，他通常奔波在外，参加社会活动，为家庭提供经济来源，因而监视只能是间接的、有限的。空间的分隔为缺少性爱的妇女提供了出轨的可能，尽管这样做要冒很大的风险，但"希腊妇女仍然常常可以找到欺骗自己丈夫的机会，而耻于向自己的妻子表示任何爱情的丈夫，就同艺妓纵情取乐：但对妇女的侮辱，却在男子身上得到了报复并侮辱了男子本身，直到他们堕落到违反自然地玩弄男童"①。

　　中国在几千年的农业社会中，女性同样只是一个家庭角色而不是社会角色，被排除在政治、经济、文化、教育等领域之外。在家庭中，女性只是"男主女从""夫唱妇随"的配角；按"未嫁从父，既嫁从夫，夫死从子"的定位，女性的最高目标是"相夫教子"的家庭"贤内助"，"贤"主要是指德而不是指才，"女子无才便是德"；其所生子女皆从夫姓，只有儿子能"传宗接代""延续香火"；即使是"大家闺秀"，受教育也很有限，而且仅限于家庭教育；女性的"四德"为德、言、容、功，功指的是家务劳动；女性如果无子、淫佚、妒忌、恶疾、口舌、盗窃、不事姑舅，就可以被遗弃（七出）。《女儿经》对

---

　　① 《马克思恩格斯选集》第4卷，第60页。

女性的言行进行细细规范，虽不是一无是处，但其根本目的就是要把女性驯化成家庭笼子中既温顺又勤俭的奴隶或家庭女仆的主管，她只是一件家庭财产。社会上层男性是否纳妾和纳妾多少，完全取决于男性的意愿和他的经济能力。

在资本主义社会的许多国家中，公开纳妾已不再合法，法律要求缔结婚约的双方必须是自愿的，婚后双方具有平等的权利和义务。资本主义社会在法律上似乎实现了男女平等，但这种契约上的平等，与劳动契约双方的自愿、平等一样，是纸面上的，正如马克思所说：

> 这个领域确实是天赋人权的真正乐园。那里占统治地位的只是自由、平等、所有权和边沁。自由！因为商品例如劳动力的买者和卖者，只取决于自己的自由意志。他们是作为自由的、在法律上平等的人缔结契约的。契约是他们的意志借以得到共同的法律表现的最后结果。平等！因为他们彼此只是作为商品所有者发生关系，用等价物交换等价物。所有权！因为他们都只支配自己的东西。边沁！因为双方都只顾自己。……大家都是在事物的预定的和谐下，或者说，在全能的神的保佑下，完成着互惠互利、共同有益、全体有利的事业。一离开这个……领域，……原来的货币所有者成了资本家，昂首前行；劳动力所有者成了他的工人，尾随于后。一个笑容满面，雄心勃勃；一个战战兢兢，畏缩不前，象在市场上出卖了自己的皮一样，只有一个前途——让人家来鞣。①

---

① 马克思：《资本论》第 1 卷，人民出版社，1975，第 199～200 页。

　　表面看，婚姻关系与劳动关系不同，因为它不是"一锤子买卖"，而是人之终身大事，但事实是，婚姻关系与劳动关系一样都是契约关系，它们的不同只是"批发"与"零售"的差别。以"自私实乃人之天性"[①]为原点，以市场交换价值为取向，以竞逐私利最大化为动力，在变动不居、纷扰不定的资本主义社会中，一夫一妻制家庭就其普遍性而言，不可能是超凡脱俗的世外桃源。结婚的双方不像古代社会那样受父母之命结合，毫无感情基础可言，而是可能有一个"众里寻她千百度"的选择和恋爱过程。虽说爱情的力量是惊人的，却未必有人相信它能百毒不侵，也未必有人相信结合的双方能无条件地奉献终身。正是因为这样，用婚姻契约来规定双方的权利和义务就成为必要的了。这样，当一方背叛而使另一方受伤害、"甜蜜的殿堂"变成黑暗的地狱时，违约者就会受到应有的惩罚，受害者就能获得相应的补偿。这对维护家庭和社会的相对稳定是必要的，但这就"撕下了罩在家庭关系上的温情脉脉的面纱，把这种关系变成了纯粹的金钱关系"。[②]

　　现代社会化大生产虽然为妇女参加社会生产提供了条件，但她们面临是操持家务还是参加社会生产的两难选择。由于几千年来父权制社会的性别歧视根深蒂固，男女同工不同酬的不平等现象和男主外女主内的传统家庭分工意识仍普遍存在，如果丈夫收入较高，妻子往往选择放弃参加社会生产而退回家中（尤其是在生孩子后）。这种丈夫参加或管理社会生

①　〔英〕亚当·斯密：《道德情操论》，何丽君编译，北京出版社，2008，第116页。

②　《马克思恩格斯选集》第1卷，人民出版社，1972，第254页。

产，妻子操持或管理家务的模式，似乎是原始共同体中成年男性外出狩猎，成年女性守护营地、哺育婴幼儿的劳动分工在一夫一妻制家庭中的继续，但两者形式相同而实质不同。男性参加或管理社会生产是为家庭提供经济来源，而女性操持家务是私人事务，不像在原始共产制经济中那样具有公共性质，它对家庭是必要的，却不能从社会生产中取得收入。女性在社会经济中没有地位，尽管她们生活优裕，甚至掌管着家庭生活的经济开支，却只是家庭生活的管理者，而不是投资者，是家庭经理而不是老板，在地位上从属于她们的丈夫。因而，"现代的个体家庭建立在公开的或隐蔽的妇女的家庭奴隶制之上，而现代社会则是纯粹以个体家庭为分子而构成的一个总体。现在在大多数情形之下，丈夫都必须是有收入的人，赡养家庭的人，至少在有产阶级中间是如此，这就使丈夫占居一种无需有任何特别的法律特权的统治地位。在家庭中，丈夫是资产者，妻子则相当于无产阶级。"①

　　家务劳动的社会化发展，为婚姻契约把家务劳动货币化提供了条件，从而使妻子的家务劳动可以按比雇佣一个家务劳动者更高的工资来计算价值。之所以更高，是因为就哺育婴幼儿而言，母爱通常是家佣难以替代的，作为妻子，她对家务的操持通常更尽心，付出更多。但究竟高多少，既很难衡量，又不可一概而论，一个专业而尽职的家佣，与一个无所用心的慵懒妻子相比，前者可能会把家务操持得更好。婚姻契约把妻子家务劳动货币化虽能更明细地维护女性的权益，但这样一来，婚姻关系更加变成了纯粹的金钱关系。

---

① 《马克思恩格斯选集》第 4 卷，第 70 页。

　　婚姻的契约化实质上就是金钱化，资本主义社会是一个金钱社会，金钱不仅是商品的等价物，而且能购买荣誉、身份、地位甚至良心，抵偿责任、义务、过失甚至罪行，金钱几乎能渗透一切，买到一切。家庭私有制经济和财产继承制导致社会贫富分化成为普遍现象，社会的制度惯性和思维惯性使这种现象持久化，成了个人奋斗难以改变的"大势"，婚姻契约化则为人们提供了一条改变个人命运的狭窄途径。于是我们看到俊男对美女的吸引力不敌金钱，年龄和感情都不再是婚姻的鸿沟，金钱是无所不能的黏合剂。许多女性放弃学业、事业，不愿自食其力，以嫁富翁为人生的目标，即便日后婚姻失败，也能获得金钱的补偿，所以她们"宁可在宝马车上哭，也不要在自行车上笑"。但富翁是少数，竞相嫁富的恶性竞争只能使她们的身价和社会地位进一步下降，而且即使嫁富成功，环伺在侧的潜在接替者也威胁婚姻的稳定，这使她们不得不屈从和强颜取悦于男性。

　　上述观点并非马克思主义所独有，而是为许多学者和科学家所认同，德斯蒙德·莫里斯对此有一段著名的论述。

　　　　除了妓女卖淫，在许多正式的婚姻中，性行为的商业功能也在发挥重要作用：夫妇中的某一方，完全可能只是为了金钱或者住房之类的物质利益而"出卖"自己的肉体。他（或者她）其实对配偶毫无感情可言，只是因为对她（或者他）有所求，才接受了一种虚假的婚姻关系。一个女人（或者一个男人），如果纯粹为金钱而结婚，那么她（或者他）的行为就相当于妓女卖淫。惟一区别是：妓女的肉体是"零售"的，一夜一夜或者一小时一小时地出卖，而纯粹为钱结婚的女人（或者男人）的肉体，则是"批发"的，一次就出卖几年，甚至一辈子。但是，不管是"零售"还是"批发"，本质上是一样的，都属商业化行为。[1]

然而，极具讽刺性的是，女性的失落并没有真的抬高男性，而是导致了男性同样的失落。因为金钱婚姻不仅使大多数缺乏金钱基础的青年男性存在结婚难的压力，而且使多金的人存在离婚难的压力，后者虽有金钱支撑但不能不顾违约的成本，对他们来说，结婚容易离婚难，难不是难在感情破裂，而是难在财产分割。契约婚姻作为一种利害的权衡，如果结婚成本太高，违约惩罚太重，结婚的就少，同居的就多，名存实亡的婚姻也多；反之，如果惩罚太轻，背叛者就多，婚外情就多，离婚率就高。

概言之，在采集渔猎时期，由于没有财产观念，两性是平等的，性观念也是宽容的；在母系氏族时代，女性的地位较高；在私有制社会和一夫一妻制出现后，母系制让位于父权制，女性的地位一落千丈。几千年的历史资料罕见对父权制的质疑，历史上的平权主义者关注的只是男性的平等问题，性别不平等到 19 世纪才遭到批判，20 世纪才有女性解放和平权运动的全球涌动。进入 21 世纪，在 2009 年的一次对 16 个国家的民意调查中，人们才看到有"从印度的 60% 到英国和墨西哥的 98%"[2] 的人认为性平等很重要。即使在今天，

---

① 〔英〕德斯蒙德·莫里斯：《人类动物园》，第 89 页。
② 〔美〕伊恩·莫里斯：《人类的演变——采集者、农夫与大工业时代》，马睿译，中信出版集团，2016，第 143 页。

性别平等在经济上仍然是口惠而实不至，妻子生育确属丈夫的后代（现在已可通过基因检测来确证）以继承家庭财产的传统家庭模式，在世界上仍居于绝对的主体地位。

一夫一妻制即"个体婚制是一个伟大的历史的进步，但同时它同奴隶制和私有财富一起，却开辟了一个一直继续到今天的时代，在这个时代中，任何进步同时也是相对的退步，一些人的幸福和发展是通过另一些人的痛苦和受压抑而实现的。个体婚制是文明社会的细胞形态，根据这种形态，我们可以研究文明社会内部充分发展着的对立和矛盾的本来性质"。①

人类社会发展的历史过程表明，一夫一妻制家庭的出现导致了社会形态从"天下为公"到"天下为家"的剧变。2000多年前的中国儒家典籍《礼记·礼运》对家庭的出现带来的社会形态剧变有着精辟的论述。

> 大道之行也，天下为公，选贤与能，讲信修睦。故人不独亲其亲，不独子其子，使老有所终，壮有所用，幼有所长，矜寡孤独废疾者皆有所养……货恶其弃于地也，不必藏于己；力恶其不出于身也，不必为己。……是谓大同。今大道既隐，天下为家，各亲其亲，各子其子，货力为己，大人世及以为礼，城郭沟池以为固，礼义以为纪。以正君臣，以笃父子，以睦兄弟，以和夫妇，以设制度，以立田里，以贤勇知，以功为己。故谋用是作，而兵由此起。②

---

① 《马克思恩格斯选集》第4卷，第61页。
② 《四库全书荟要》第1卷，天津古籍出版社，1998，第34页。

　　这一概述指出大同社会演变成私有制社会的直接的、根本的原因在于后者出现了"家"。前者由于没有出现"家"，所以人皆"不独亲其亲，不独子其子"，大公无私，各尽所能，各得其所；后者由于出现了"家"，所以"各亲其亲，各子其子"，出现人人为己、贵族世袭、私产继承的社会剧变。这是历史对马克思主义经典作家关于家庭、私有制和国家的起源理论的正确性提供的强有力的证明。现在仍以大猩猩群为模型，以有些近现代尚存的原始部落是父权制为依据（对发现的母系制避而不论），认为人类的进化史与大猩猩的一样，一开始就是一雄统治多雌，一私（私有制）到底，到处发动战争，否定母系的、平等的公有制进化阶段存在的论者，至少应当承认，2000多年前的先贤对古代社会的了解比自己要多。

　　"家"是社会的细胞，家的私有性质导致整个社会的剧变。因此，要弄清"天下为家"的社会问题和展望未来的社会发展，就要在弄清家庭演变动力的基础上，展望今后的社会发展及人类解放需要一个什么样的家。

第四节　未来展望

一　追求爱情

　　讨论性择、结偶问题，就不能回避人人都关心或体验过的爱情问题。在几千年的私有制社会中，虽然从家庭的夫妻关系到社会的一切关系，都是建立在利害权衡基础上的，但在文化层面，我们还是能看到人类天性中美好情感的流露，直到一百多年前，亚当·斯密在论述人的本性是自私的同时，对贪婪和恶行还持拒斥态度。几十年前，安·兰德的《自私的德性》、理查德·道金斯的《自私的基因》相继出版，人与人的关系从经济学到伦理学再到基因学都被人类自私本性的冷冽寒风横扫，此后有人若再谈论爱情或社会之爱，就要划入不学无术之徒的行列了。但是，真理不属于极端之论，爱情和社会之爱不仅存在于人类的情感中，有其生理学的基础，而且是人类社会不朽的黏合剂。因此我们有必要讨论一下爱情。

正是因为有生理学的共同基础，古今中外的诗人才会对爱情体验发出激情的咏叹，小说家才会对爱情故事竭尽才情进行描写，文学家与读者才能够产生穿越时空的心理共鸣，而且正是文学家对爱情的咏叹和描写，才使生理学上的激情体验得以生动地表达出来。我们先从诗人的咏叹开始，看看爱情的魅力究竟有多大。

爱情诗篇中对相爱的人因分离而魂不守舍的自主性失落心理有大量的描述。"一日不见，如三月兮。"（《诗经·郑风·子衿》）"一日不见兮，思之如狂。"（司马相如《凤求凰》）"思君如明烛，煎心且衔泪……思君如夜烛，煎泪几千行。"（陈叔达《自君之达矣》）"万种思量，多方开解……系我一生心，负你千行泪。"（柳永《忆帝京》）"忆君心似西江水，日夜东流无歇时。"（鱼玄机《江陵愁望有寄》）"一寸相思千万绪，人间没个安排处。"（李冠《蝶恋花·春暮》）"天不老，情难绝。心似双丝网，中有千千结。"（张先《千秋岁》）"有谁知我此时情，枕前泪共阶前雨，隔个窗儿滴到明。"（聂胜琼《鹧鸪天·别情》）

爱情的结合是无私的、心甘情愿的奉献，这种奉献包括心与生命的一切："问世间，情是何物，直教生死相许？"（元好问《摸鱼儿》）"须作一生拼，尽君今日欢。"（牛峤《菩萨蛮》）"春蚕到死丝方尽，蜡炬成灰泪始干。"（李商隐《无题》）"重叠泪痕缄锦字，人生只有情难死！"（文廷式《蝶恋花·九十韶光如梦里》）"生当复归来，死当长相思。"（苏武《留别妻》）"落红乱逐东流水，一点芳心为君死。妾身愿作巫山云，飞入仙郎梦魂里。"（戴叔伦《相思曲》）"人成各，今非昨，病魂常似秋千索。"（唐婉《钗头凤·世情薄》）"物是人非事事休，欲语泪先流……只恐双溪舴艋舟，载不动许多愁。"（李清照《武陵春·春晚》）

爱情是情有独钟，是不可替代，诗人多角度地描写了爱情的执着。"众里寻他千百度，蓦然回首，那人却在灯火阑珊处。"（辛弃疾《青玉案·元夕》）"地转天旋千万劫，人间只此一回逢。"（吕碧城《浣溪沙》）"曾经沧海难为水，除却巫山不是云。"（元稹《离思》）"执子之手，与子偕老。"（《国风·邶风·击鼓》）"衣带渐宽终不悔，为伊消得人憔悴。"（柳永《蝶恋花》）"此去经年，应是良辰美景虚设。便纵有千种风情，更与何人说？"（柳永《雨霖铃·寒蝉凄切》）"相思似海深，旧事如天远。泪滴千千万万行，更使人愁肠断。要见无因见，拼了终难拼。若是前生未有缘，待重结，来生愿。"（乐婉《卜算子·答施》）

爱情中只有爱，它是跨越身份、地位、财产、年龄、时空、生死距离和一切社会偏见的心灵的融合。"君生我未生，我生君已老。君恨我生迟，我恨君生早。君生我未生，我生君已老。恨不生同时，日日与君好。我生君未生，君生我已老。我离君天涯，君隔我海角。我生君未生，君生我已老。

化蝶去寻花，夜夜栖芳草。"（无名氏《唐铜官窑瓷器题诗》）

双方一见钟情，却碍于世俗不能结合，留下难以言喻的心理矛盾、遗憾和痛苦，诗人们对此有感人至深的描述。"还君明珠双泪垂，恨不相逢未嫁时。"（张籍《节妇吟·寄东平李司空师道》）"还卿一钵无情泪，恨不相逢未剃时。"（苏曼殊《本事诗》）

爱情既然是无私的奉献、给予，与自私、利己主义和占有欲不相容，那么真正的爱情、美满的婚姻必然是稀缺的。男人若背叛，痴情的女子就得吞下情殇的苦果。"千金纵买相如赋，脉脉此情谁诉？"（辛弃疾《摸鱼儿·更能消几番风雨》）"易求无价宝，难得有心郎。"（鱼玄机《赠邻女·寄李亿员外》）"花红易衰似郎意，水流无限似浓愁。"（刘禹锡《竹枝词·山桃红花满上头》）

很多文学作品都与爱情有关，文学家通过展现两颗超脱俗念的纯洁心灵的强烈吸引，来拨动人的心灵深处最敏感的琴弦。爱情也是人类行为学家、心理学家关注或研究的课题，他们所展现的爱情，不仅是双方生理上的相互吸引，而且是双方心理上的相互依恋，是双方身心的融合，在这种融合中，爱情双方原先各自独立的生理、心理自主性，不再是完整的独立存在，而是在双方的融合中存在，离开了这种融合，各自的自主性就会失落。德斯蒙德·莫里斯认为：

> 爱是给予的行为，是毫不怀疑地把一切奉献给另一个人……真正的爱情里没有"给予和索取"的双向问题，它只讲给予。诚然，爱情里有"双向的给予"，但这种表述模糊了爱情的实质："双向接受"固然是爱的产物，但

"双向接受"不是"双向给予"，它只是合伙关系，只不过是令人愉快的副产品而已。①

乔治·弗兰克尔则把性行为这种两性融合的自然机制，与生命延续和生物进化、强烈的生理心理欲求和快乐满足、自然和宇宙融合的神圣体验统一起来。性与爱

打破将人与人之间分离开的自我的边界和障碍。结合的感觉，毫无保留地将自己全部给予另一个人的感觉是人类得到的最强烈、最完美的快乐体验。……这种无私的、毫无保留的与另外一个人的结合也伴随了与宇宙结合的心理意象，与自然、宇宙或上帝融为一体。自然充满了所爱的人的感觉，一个人把自己交给爱人，爱人用完全的拥抱来接受。这种大海般的深情通过神秘的思慕表达出来，这些思慕是宗教概念和诗歌想象的基础。当自我感觉失去的时候，自我参与了更广泛地与生命本身的结合，这种感觉的精神品质是宗教和艺术创作试图再体验的。在自我奉献，在与另外一个人结合，或者精神层面与自然或宇宙结合的快乐中，自恋的局限性……都被超越了。②

两个独立的个体结合在一起，只有超越自我中心和利己

---

① 〔英〕德斯蒙德·莫里斯：《亲密行为》，何道宽译，复旦大学出版社，2010，第 65 ~ 66 页。
② 〔英〕乔治·弗兰克尔：《未知的自我》，刘翠玲译，国际文化出版公司，2006，第 138 页。

主义，进入相互适应、协同一体的境界，才会有真正的爱情和幸福的家庭。家庭是社会的细胞，自私的人营造不出家庭之爱，孕育不出社会之爱，也就不能建立美好的社会。弗兰克尔说：

> 人类幸福的源泉是爱，而性快乐是社会幸福的基础。因为找不到性快乐的人无法爱，而无法爱的人就不能建立一个美好的社会。没有性快乐的爱是不可能的，认为爱可以脱离性而独立存在的观点纯属无稽之谈。另一方面，性的快乐不可能脱离爱而独立存在。一个宣扬性自由的世界就必须重新找到爱与情感的意向，这并非是以身体为代价使人精神化，也不是以牺牲其精神与情感为代价，使人堕落到只是身体反应的机械系统，而是通过重塑整个人的意识，使人在爱的活动中将身心融为一体。①

无论是在文学描述、理论论述还是在心理体验中，爱情在人的情感中似乎有超越时空的"量子纠缠"魔力。但在实际生活中，爱情和性一样服务于生存，如果它不能成为提高生存质量和提升生命活力的正能量，而是变成困死爱情双方的负能量，那就如庄子所说："相濡以沫，不如相忘于江湖。"在私有制社会中，虽然每一个个体都被认为是"独立的"私利者，不同个体之间的关系是权衡利害的关系，人们靠金钱或强制力而联系着，但在人们的心灵深处，还是有对抛开了利害权衡关系的生理学和心理学的爱情的渴望。这就告诉我

---

① 〔英〕乔治·弗兰克尔：《性革命的失败》，第7页。

们，在私有制社会中，人们的结合不仅有表层的金钱和强制的外驱力，还有深层的生理学和心理学的性和爱的内驱力，不过这两种力通常相互矛盾。

从更长的过程更全面地来看，生物进化在本质上是分化与结合的统一。本章前面已经讨论过单细胞生物"二倍化"的生存方式，这种一分为二地繁衍自身的生存方式，比孙悟空用毫毛化身自己的方式更神奇，因为它们分出的全是真身而不是化身，"母体"与"子体"、个体与种群是完全同一的。这昭示了生命的初始基础是个体的分化与整体的联系不分彼此地、完全地"结合在一起"。当生物进化到有性繁衍方式时，个体彼此呈现差异性，因而具有各自的特殊性或"独立性"，但这种具有"独立性"的个体本质上是"孤独"的，在生命本能的繁衍上是无能的"残缺者"，只有两个异性的"残缺者"结合起来，才能达到生命的圆满，才能完成生物繁衍的本能。因此，性就成了有性繁衍生物"结合在一起"的不朽媒介，而人类不仅在生理学、心理学上有"性择"的偏好，而且在心理学和文化中把这种偏好上升为爱情。虽然性不等于爱，但爱情与性是相连的，人无疑都希望与自己深爱的人结偶。爱情与性是几千年来文学作品永写不厌的主题，文学作品既揭示了爱情的美好，又揭示了几千年来人类深受爱情与性分离的困扰。性更深层的生物进化意义却不为人们所共知。

本章前面已经提到过，氏族向氏族联合的部落演进，大多是以和平的方式实现的，而从部落向国家演进，往往通过暴力方式来完成。原因在于氏族社会没有家庭财产、私有观念，相邻氏族由于长期通婚缔结了强大的亲缘纽带；而部落或部落联盟的家庭经济、私有观念、领地意识已经牢固确立，结偶的性质已经异化，受结偶半径所限，亲缘纽带的作用衰微了。但这不等于爱情已经毫无意义，生理学和心理学中的爱情，不会因社会学和文化中的利害权衡而消失，它无视金钱、阶级、阶层、种族、文化、信仰等隔阂、偏见，仍是不朽的黏合剂。作为内驱力，爱情与权衡利害的外驱力构成一对矛盾，这种矛盾导致了私有制社会的家庭细胞的不稳定性，也导致了包含这种矛盾的各种发展形式的私有制社会的松散性，缺乏内在凝聚力。

但生存的法则要求人类必须联合、协同起来，不能为一己私利而相互恶斗，最终同归于尽。这一法则必然在文化中反映出来，因此，人类最初试图通过宗教以神的权威来解决这一矛盾，赋予宗教"再一次结合在一起"的原义[1]；历史学家通过对远古大同社会的追忆，告知后人，私有制并非人类与生俱来的宿命；弗洛伊德创立精神分析学，把性置于人的心理和社会现象的核心位置；马克思通过消灭私有制来消除这一矛盾，提出全世界无产阶级联合起来，无产阶级只有解放全人类才能解放自己；等等。所有这些都是有的放矢，其中马克思直指矛盾的根源。

恩格斯在《家庭、私有制和国家的起源》中对私有制及两性关系的分析是深刻的。"卑劣的贪欲是文明时代从它存在的第一日起直至今日的动力；财富，财富，第三还是财富，——不是社会的财富，而是这个微不足道的单个的个人

---

[1] 〔美〕林恩·马古利斯、多里昂·萨根：《倾斜的真理——论盖娅、共生和进化》，第 1 页。

的财富，这就是文明时代唯一的、具有决定意义的目的。"①
他用摩尔根《古代社会》一书中的一段话作总结。

> 社会的利益绝对地高于个人的利益，必须使这两者
> 处于一种公正而和谐的关系之中。只要进步仍将是未来
> 的规律，象它对于过去那样，那末单纯追求财富就不是
> 人类的最终的命运了。自从文明时代开始以来所经过的
> 时间，只是人类已经经过的生存时间的一小部分，只是
> 人类将要经历的生存时间的一小部分。社会的瓦解，即
> 将成为以财富为唯一的最终目的的那个历程的终结，因
> 为这一历程包含着自我消灭的因素。管理上的民主，社
> 会中的博爱，权利的平等，普及的教育，将揭开社会的
> 下一个更高的阶段，经验、理智和科学正在不断向这个
> 阶段努力。这将是古代氏族的自由、平等和博爱的复活，
> 但却是在更高级形式上的复活。②

摩尔根认为以财富为唯一的"最终的目的"包含"自我
消灭的因素"，社会的利益绝对高于个人的利益，必须使这两
者处于一种公正而和谐的关系之中。他的论断是极富远见的。
现在我们来展望人类结偶方式的未来走向。历史以无情的讽
刺昭示：自私者不能获得爱情，不能获得自由，也不能实现
理想社会。若要人人都能自由地追求并实际地获得爱情，就
需要一场自我意识、社会关系和社会意识的整体性变革。这
种变革既不可能基于理想和逻辑关系人为地设计，也不可能

---

① 《马克思恩格斯选集》第 4 卷，第 173 页。
② 《马克思恩格斯选集》第 4 卷，第 175 页。

因人人有追求爱情的愿望而到来，它可能要经过历史条件的变化，经过结偶方式的否定之否定才会实现。这个过程可能要经历传统家庭衰落、多样化家庭兴起、爱情之花盛开三个阶段。

二　传统家庭衰落

事物演变的辩证法都是肯定中包含否定，本章第三节的论述已清楚地说明传统单偶制婚姻从来不是严格的单偶制，而是一直以异化的形式存在。在今后的二三十年中，这种婚姻很可能仍将是人类婚姻的主要形式，因为人类的家庭私有制、父权制和财产由确凿无疑的父亲的亲生子女继承的家庭仍将居主体地位，但它的衰落开始加快，原因有以下六个方面。

其一，在几千年的农业社会中，社会没有保障制度，土地是最基本的生存保障，90%以上的农民生存依赖于土地，官商也要拥有土地才能进退无忧。耕种或经营土地需要子孙世代接替，地产、房产在以自然经济为主体的古代，交易市场很小，这就形成了族人世代聚居一地的格局，由此难免产生各种矛盾。虽然村规民约常能有效地处理这些矛盾，但声望仍是家庭安全的一个重要因素，声望与家庭人口数量和拥有土地数量是相关的。这种人依赖于特定的人和物的关系，正是传统家庭延续几千年的根本的经济社会原因。

现代社会已经进入经济市场化、价值货币化、信息电子化、流动全球化的时代，人在经济和社会生活中摆脱了对特定人和物的依赖关系，带来了人财物的全球流动性、人和物的可替代性以及个人独立性的发展。人财物的高流动性，已使把子女留在身边守护财产或陪伴养老变得完全过时；发达的社会化服务，已使独身家庭生活事务的处理变得简单方便，而且很快要被智能机替代；社会保障水平的提高和个人积蓄的增加，也使人摆脱了养老靠子女的传统观念；等等。这些社会生活条件的巨变，使年轻人的婚姻和生育观念也在发生适应性演变。在"生育子女""继承财产"与"个人自由""独立性"的选择中，不少年轻人更看重后两者的价值，或四者兼顾，而不会放弃后两者而选择前两者。正是经济状况、社会观念和个人选择的巨大变化，导致很多人同居而不结婚、结婚而不生育，导致传统家庭——其本质属性为父权制和生育继承父亲私有财产的亲生子女——走向衰落。一百多年前林则徐说："子孙若我，留钱做什么，贤而多财，则损其志；子孙不如我，留钱做什么，愚而多财，益增其过。"今天这正在变成现实，有些人把绝大部分财产用于回报社会而不是留给子孙；有的家庭不把养老寄望于子孙，而主要是靠社会保障和自己的积蓄；更根本的问题是，在社会变化日新月异的时代，一个家庭靠从父辈继承的财产，而不是靠自我知识、技能快速更新的适应能力，只会走向没落。

其二，价值金钱化和权衡利害的婚姻，使追求爱情与爱情难得的矛盾更加突出。为了改善生存质量和获得"选择自由"，多数年轻人特别是男性青年的首要目标仍然是赚钱。因为人类通过金钱这个等价物使万物的差异和矛盾在数字上实现统一，从而使金钱"万能"化，成了人们追求的首要目标，而人自身降格为纯粹的工具，性和权衡经济利益的婚姻也必然低俗化，这与人们所追求的爱情有质的差异。与此同时，不依赖于特定的人和物的个人独立性的获得，使个人主义遍地丛生，人的换位思考能力和责任担当意识更加缺乏。两个个人主义者结合，会相互挫败；一个个人主义者与一个利他主义者结合，会以利他主义者的挫败告终；两个利他主义者又因稀缺而难以相遇相投。因而价值金钱化、数字化、低俗化和个人主义盛行，不仅使真正的爱情变得稀缺，还成为传统婚姻稳定的破坏性因素。热恋之后，当经济、身体、身份、情感、环境等发生变化时，曾经的恋人就可能拉开心理距离，极易造成婚姻解体。

其三，社会的复杂性和速变性使年轻人心理成熟变得更加困难。现代人生理发育早，十几岁就性成熟了，中学生恋爱已经不足为奇，虽然"一见钟情"有生理学和心理学的依据，但一见钟情的现代人能够结偶、固偶的概率很低。现代社会的复杂性和速变性使人的心理成熟年龄大大推迟，社会分工之复杂和社会变化之快速，使很多知识面狭窄和阅历肤浅的人可能终生都难以成熟。美国神经科学的研究表明，大脑的成熟在"'三十来岁'到'永不'之间"，人在二三十岁时会经历脑灰质的结构性专门化过程，但前额皮叶质一直处于成长的状态，这个大脑区域与注意力、复杂规划、决策、控制冲动、逻辑思维、有组织思维、人格形成、风险管理和短期记忆等重要机能相关。[①] 如果在这些极重要的思维和控制能力远不具备时就进入情场，现代人如何能获得真正的爱情并经受终身生活的复杂环境考验呢？很多人在人生的极重要阶段，可能因恋爱不仅荒废了极宝贵的学习、思考和自我成熟的机会，而且弄得身心疲惫伤痕累累，不再相信情感的存

---

① 《成年后大脑就发育成熟了？科学家说它可能还是个孩子》，《参考消息》2016 年 12 月 26 日。

在（更不要说爱情了），因而可能终生都难以建立相互忠诚的和谐家庭。

其四，社会的开放性、流动性、信息化发展，使有条件选择的人陷入了"多则惑"的困境之中。社交网络使异性间的接触、交往空间，由过去近距离的几十个人，变成了全球性的万人大会，这给人们提供了大量便捷的机会选择配偶，也有不少人找到了理想的另一半，但婚姻不是看当下，也不是看几年，而是要经受婚后终身的考验，当婚姻经营不善或心随境迁，就很可能在新人涌流如潮、应接不暇的网络选择诱惑下解体。总之，选择越多放弃也就越容易，因为每个人都认为既然异性如此易得，那有什么理由认为当前这个人最好而放弃其他众多的选择呢？人无完人，人都各有所长也各有所短，现代人择偶还受选择的时间、机遇、心情、兴趣、境况等易变因素影响，不断的选择并不一定能找到理想中的他（她），而是可能像熊瞎子掰苞米一样掰一个丢一个，不断地"恋爱－分手""结婚－离婚"，很多人因此而身心疲惫和失望，最后把自己变成了独身。

其五，人均寿命不断延长，即使经过"几年之痒"或在孩子成人后，他们还处于青壮年，此时如果结偶双方没有完成相互适应的爱情结合，或遇到了自以为更好的另一半，就有可能一拍两散。现在，不仅闪婚闪离和有未成年子女的夫妇离婚的现象在增多，而且在子女完成高考或进入大学或成家后，父母集中离婚的现象也在增多。在一个观念发生根本转变、个人独立意识增强、职业兴衰替代加快、服务业成为就业主渠道的社会中，一方面，男性在经济上将不再具有传统的垄断优势，而传统观念使男性不甘居于家庭经济的次要地位；另一方面，女性把男性经济地位的下降视为男性的无能（人们对观念的接受与自身的利益相关），这两者都会对传统的家庭模式造成强烈冲击。尽管未来具有不确定性，但科技和生产力的发展已经使现代人产生了社会总在不断发展、个人总有很多选择机会的信念，只要追求自由、幸福或改善生存状况的梦想在，即便是中老人也会打破传统的束缚而再做选择。

其六，社会的开放性和信息化使各种隐形的性商业化（地下的或网络的）更容易发生，对传统婚姻中家庭的稳定和夫妻情感的忠诚造成了更大的冲击。但社会既不可能倒退到相互隔离的时代，也不可能靠禁令去杜绝性的商业化，这一切就像死亡一样，是没有任何药物可治的。

以上六个方面，虽然主要是外部社会环境的变化，但终归是人类心理变化的外部投射，反过来又刺激人类心理的变化。这种变化造成现代社会的婚前、婚外性行为更多地发生，使得传统的包括贞操和相互忠诚在内的婚姻观念趋向衰落，在未来几十年中，传统家庭的衰落将出现加速趋势。

三 多样化家庭兴起

传统家庭加速衰落的过程，也是多样化家庭兴起的过程。多样化家庭主要包括独身家庭、同居家庭、重组但不生育家庭等。只要社会不出现重大变故，二三十年后，同居家庭和独身家庭在家庭结构中可能占主要比重。

现代选择独身的人，在一些国家已达到很高比例。如2010年，德国每1000个适婚人口中仅有5对结婚，美国有些城市独身家庭的比重已高达40%。日本2016年国情调查结果显示，独身家庭占 32.4%，夫妇与孩子共同组建的家庭只占27.9%。日本中老年人选择离婚独自生活的越来越多。

西方多样化家庭的出现，是多种因素共同作用的产物。美国学者玛丽娜·艾德谢德用经济学的方法去分析美国人的性行为，认为经济因素在美国人的性爱关系中起着重要的作用。性观念解放、避孕工具普及、追求性快乐等固然为婚前、婚外性行为的发生提供了条件，但这里面也有经济学的交易－成本收益率在起作用。贫富两极分化，导致离婚率前所未有地高，刺激了低收入家庭的年青人尝试高风险性行为，更多的大学生通过性交易来完成学业。穷苦女性结婚早，离婚率高，离婚后大多没有再婚，他们发现性交易的收益超过了预期成本。① 市场交易使非婚性行为大量发生，但其稳定性差，非传统的多样化家庭兴起就是必然的。

同居家庭和独身家庭增多，是经济社会发展使人摆脱了对特定的人和物的依赖，个人独立自主地选择自己的生活方式的意识趋强的结果。不少人同居而不结婚、结婚而不生育，更看重独立的身份和选择的自由。对他们来说，结婚就不再有这种独立和自由，生育就要承担养育子女的责任，即使夫妻矛盾重重也得忍受下去。

科学技术的发展正在加快对人的替代，性爱机器人将堂而皇之地进入市场，它将被一些结偶难的人选择。虽然性爱机器人与生物学的人有本质的区别，但不能低估其意义。在经过一二十年的改进和完善之后，它们将在知识、技能、理解、耐心、善良、利他等方面超过一般人，这时在社会的家

---

① 参见〔美〕玛丽娜·艾德谢德《爱情市场——你必须了解的性与爱的经济学》，斯塔夏译，新星出版社，2017。

庭结构中出现"人机之家"也将不奇怪。

社会环境和观念改变的影响是巨大而深刻的，正如文艺复兴和启蒙运动使欧洲人摆脱了神学依赖，不仅造成欧洲世俗社会的巨变，而且使信仰宗教的人把对来世福报的关注转向了对今生满足的追求。现代经济社会的发展使人摆脱了对确定的人和物的依赖，使人和物都可以被替代，这增强了个人选择的独立自主性，但也增加了不确定性和易变性，这必将对社会造成巨大影响。信息社会中受过较多教育的年轻人，总体上在知识结构、视野和对世界的了解方面比老年人强，对自己的饥渴、冷暖、痛痒、精神压力和理想追求更了解、更关心，也更知道应该怎么做。

四 爱情之花盛开

传统家庭走向衰落，多样化家庭兴起的过程，就是父权制衰落和以爱情为基础的结偶方式兴起的过程。但只要金钱还是权衡结偶的一个重要条件，人们就仍不能获得真正的爱情，特别是在智能机不断发展，不断取代人，导致失业率攀升，人口过剩加剧的时期，尤其如此。但是，人口的严重过剩，导致人们的生育意念降低，家庭的多样化加剧了人口负增长的趋势。智能机对人的替代是一个长期的过程，这个过程将造成全球人口大幅度减少和社会生产力大幅度提高，与此同时，社会改善教育、医疗、住房、社会保障、生存质量和生态环境的力度大幅度提高，社会协同发展、与自然和谐共生成为全人类共同的最高准则。金钱权力、家庭财产、个人名利不再具有吸引力，至少在健康和爱情面前不足挂齿，这个过程将带来社会、经济和文化观念的根本性变革，爱情之花开始盛开。奥多·泽尔丁在《情感的历史》中所说的性连一朵花——情感或理解之花——都没有长出来的历史，才会成为过去。

当然，这绝不是说人人都将获得爱情，也不是说人们能够理解真正的爱情。那种认为爱情是两个人的天地，社会化的发展将使家庭职能社会化，孩子将完全由社会机构哺育和培养，夫妇都能从哺育、培养孩子等琐碎的家庭事务中解脱出来的设想可能失之偏颇。实验表明，幼猴离开母亲，在有奶水的金属母猴与有奶水的温情的绒布母猴之间，它选择的是后者，由于始终得不到后者的温情反馈，幼猴在成长过程中会出现严重的心理障碍，成年后变得神经质和反社会。无数的观察也显示，人类幼儿在陌生人提供的食物和母亲的拥抱姿势之间选择的是后者，没有父母之爱的环境对孩子的成长是有害的，他们长大之后，会出现难以克服的心理障碍。总之，哺育和培养孩子是哺乳动物的天性。父母为幼儿提供的不仅是果腹的食物，而且是处处能感觉到的安全呵护和体贴关爱，幼儿在成长过程中会有强烈的情感欲求，父母与幼儿的情感联结是哺乳动物进化的选择。新的研究还显示，父母与幼儿的语言交流对刺激幼儿大脑的发育起重要作用。

人类本应通过爱情获得升华，但在私有制社会竞逐私利最大化机制的驱动中，穷人的情感服从生存，商人的情感服从交易，权贵的情感服从贪欲，几乎人人深受情感问题的困扰，从而不能理解和获得真正的爱情。今天的世界正在发生历史性的转折，加速发展的生产力使人类从竞逐私利的牢笼中解放出来的物质力量日趋强大，奔涌于信息网络的科学技术和优秀文化成果使人类全面认识世界、知道自己追求什么以及如何追求的精神条件日趋成熟，人类因爱结偶，父母与子女的天性之爱、人类之爱、地球之爱都将成长起来并成为人类建设新世界的重要资源。

事物发展的否定之否定永无终结之时。人将爱情理想化，使爱情成为一个永远的理想化的追求，但这种追求的性质并不复杂，它仍属性择范畴，是提高情感质量的表现。这种理想化的追求，将会推动智能机从对人的体力、智力替代走向情感替代，走向一个有缺陷的人与一个在知识、信息、技能、理解、耐心、美德等方面远超普通人的智能机结合。由于人必须适应智能机的规范要求才能实现与智能机的良性互动，因而智能机将成为人有效提升知识、技能、情感和道德水准的良师益友。智能机情感替代功能已经出现，一二十年后可望达到令人瞠乎其后的水平，因为它集中了人类的集体知识、信息、美德、超人的耐性和适应性。但这一过程并不会导致对人类爱情的完全替代。事物的逻辑总是辩证的、矛盾的，一方的完美无缺可能会使另一方自卑甚至害怕，有点小性子可能会使人感觉更真实亲切，生物学的人类丰富情感不是物理学的算法可以完全替代的。但是，这必然给人类带来选择性压力，使结偶的双方走相互适应、协同培育爱情之花的道路，顽固的自私、偏执、暴虐者将茕茕孑立、人机共弃，传统的结偶方式将完全退出历史舞台。

第六章　整体安康

上一章讨论的生存、生殖、性、爱问题，核心是提高生存的质量问题。本章要回到一切生物求生避死的本能起点，对人类追求健康长生的过程稍作展开。人的健康状况和寿命长短，虽然是个体身心状况的呈现，但是展开和实现于人与人、人与社会、人与自然交换物质能量和信息的过程之中，是这一过程的整体关系相互作用的结果。因此，实现健康长生不可能是个体化的无限贪欲满足或服药冥想修炼的过程，不可能是牺牲万物成全人类一个物种的过程，而是认识和遵循自然规律，实现文明发展与地球生命自治体整体安康相互增进的过程。在过去的历史时期，人类对这种整体性关系既缺乏认识又无从把握，因而不可避免地落入事与愿违的命运，在即将到来的物联网时代，个人的健康选择将与社会、与地球生命自治体整体安康紧密地联系在一起，这将是治疗人类的贪婪、愚蠢、盲目的一剂划时代良药。

第一节　大健康观

一　健康的复杂性

今天的科学发展不仅把宇宙的极小与极大联系起来，而且将人的健康从化学分子（基因）维度与地球生态系统整体联系起来，使人的健康问题的复杂性不仅不亚于第二章"宇宙之网"和第三章"协同进化"的复杂性，而且似乎更难把握。在物理学领域中，科学家还能用广义相对论和量子理论等去解释大量的自然现象。地球生态系统也能用进化论和生态学进行较好的解释。人的健康问题不仅涉及各人从双亲遗传的分子基因，还涉及心理因素、生活方式、社会环境、自然生态等诸多因素，它们之间进行复杂的相互作用。因人有别，科学家还没有找到严格的普遍定律，不能够用演绎推理的方法去解释相关问题。例如，人类使用抗生素已快有一百年了，除少数例外，科学家至今不知道针对特定疾病，一个人究竟应服用多少抗生素，才能既治好病，又不引发细菌耐药性；对于慢性疲劳综合征，科学家不仅至今未能弄清病因，而且对它的名字争论不休；等等。因此，现代医学只是"通过将描述诸多疾病病因的各种解释纲要有机地结合起来，提供不同类型的统一解释"①。

医学解释纲要是一个层次认知结构，它把疾病分为感染性疾病（如细菌性疾病、病毒性疾病）、营养性疾病（如脚气病、坏血病）、分子遗传学疾病（如孟德尔疾病、多因素相关性疾病）、自身免疫性疾病（如红斑狼疮），它使中等范围的生物医学理论得到充分刻画②。其中分子遗传学疾病中的孟德尔疾病，是一种发生在单基因上可遗传的突变所导致的疾病，它分为常染色体显性、常染色体隐性、X连锁显性、X连锁隐性和Y连锁5种不同类型，人类基因组约有20000多个基

---

① 〔加〕保罗·萨加德：《病因何在——科学家如何解释疾病》，刘学礼译，上海科技教育出版社，2007，第26页。

② 〔加〕保罗·萨加德：《病因何在——科学家如何解释疾病》，第44页。

因，目前已知的孟德尔表型有 5000 多个。绝大多数遗传疾病是以上基因作用的结果，同时，某些基因与一种以上疾病相关，而且绝大多数遗传疾病与遗传因素之外的更复杂的环境因素有关。例如，糖尿病、胰腺癌、基底细胞癌等与多基因遗传相关，动脉粥样硬化的易感性既有遗传因素的作用，又有饮食、锻炼等生活方式的影响，等等。本章的目的不是讨论各种疾病的病因，而是讨论健康问题的多因素影响的复杂性。

在现代科学的视野中，一个人即使没有临床症状的神经、精神疾病，其心理状态包括思维方式都会对身体健康产生影响，身体和心理相互影响，身体、心理状态又与行为、生活方式相互影响，进而与社会环境和自然环境相互影响。真正的健康是身体、心理、生活方式、社会环境和自然环境都健康。因而，要成为一个健康的人，就不能满足于自己的身体看起来暂时没有明显疾病，而应致力于使自己的身体、心理、生活方式、社会环境和自然环境都健康。这就使得我们在认识健康问题时，必须具有微观和宏观两个视角。下面我们粗略了解一下上述健康五因素。由于这五因素是相互影响、交织、反馈和渗透的，因而对它们的区分也只是相对的。

二　身体

人的身体状况和外貌各有不同，表明遗传的影响很大。人类对遗传性疾病很早就有所认识，分子生物学的发展，使人类对遗传性疾病的基因控制认识进入解密 DNA 分子结构的新时代。因新的研究，人们发现与基因相关的疾病越来越多，如高血压、糖尿病、冠心病、肥胖、肿瘤、痴呆、精神分裂症……基因性疾病的名单随着时间的推移越来越长。它似乎预示内源性疾病可能都与某种形式的基因异常有关。不仅如此，它还对人的性取向、暴力倾向、酗酒、冒险、懒惰等有影响，甚至改变了人类关于情感忠诚的一些传统观念。

美国埃默里大学的科学家发现，草原田鼠的 DNA 链中有一种基因，使它们一辈子只忠于一个配偶。科学家把这种基因移植到普通的实验用的老鼠身上，发现原本见异思迁的老鼠也变得忠诚和负责任了[①]。人类配偶有一辈子相互忠诚的，也有相互背叛的，这是否与某种基因的正常或变异、拥有或缺少有关，我们一无所知，但即使人类行为与基因有关，也不是绝对由基因决定的，因为人类行为受文化影响，远比老鼠的行为复杂。

由于对身体与疾病的认识不同，中西医从不同的起点出发，各自走了一条否定之否定的道路。受中国哲学整体性思想的影响，传统中医把人体视为一个辩证的整体，采用调本固元、综合施治的方法，力求使身体恢复自我调节、自我平衡的功能，但由于科学研究落后，对病因和药性的分解分析推进不足，因而疗效受到局限。受西方机械论和二元论哲学的影响，西医走了一条相反的道路，分解分析，头痛医头、脚痛医脚，如对癌症的治疗，采用切除、吃药、打针、化疗等方法，对癌症发动"斩首"和轰炸性攻击，但癌症还是不断扩散，成为"不可收拾"的死症。现在由于生态学既丰富了哲学的整体观又提升了科学的整体视野，中西医都开始取长补短，西医对癌症的治疗方法已取得突破性进展，这就是

---

① 参见姜广奋、郭晓雨《基因技术解密生命天书》，中国广播电视出版社，2001，第 42 页。

激活人体免疫系统功能的"免疫疗法"。免疫疗法是针对癌细胞能躲避人体免疫系统监测的"特异功能"，使用能让这种功能失效的药物，从而帮助免疫系统对癌细胞发动攻击的疗法。经试验，这种疗法，对几乎所有癌症都有效，对最难治疗的癌症疗效最佳，被认为是癌症治疗领域40年来的最大突破之一。目前的免疫疗法是取出患者的一些免疫细胞（英国科学家已从捐献的血液中提取具有杀灭癌细胞能力的免疫细胞库），把它们制作成癌细胞的杀手并释放到人体血液中；下一步是制造"有生命的药物"——它们将在人体中逐渐成长为一支猎杀癌细胞的军队①。免疫疗法正是基于人体是一个自治的整体性生态系统，其免疫系统具有捍卫人体健康的强大能力。

疾病的发生有一个复杂因素相互作用的演变过程。就癌症而言，目前已知的癌症有上百种，其中都出现了基因的异常，因而科学家认为癌症是一种个体细胞疾病。人体有约 10^{14} 个细胞，这些细胞处于不断的分裂之中，从而为有害基因的突变提供了充足的机会。但统计表明，一个正常的细胞要经过6~7次相继突变才能转变为侵袭性癌细胞。癌症的发生是一个多阶段的过程，不同基因的相继损伤导致不同类型的癌症。癌症中有癌基因、肿瘤抑制基因（目前已发现10多种）、突变基因3类基因常发生突变。在100多种癌基因中，有些是由病毒携带进入细胞的，有些是由维持正常细胞功能的基因突变而来的。由于细胞拥有多种修复基因损伤的机制，因此仅有癌基因还不足以引发癌症。肿瘤抑制基因决定了某

① 《新式癌症免疫疗法显奇效　使患者拥有更强大 T 细胞》，《参考消息》2017 年 6 月 16 日。

些蛋白质的合成，后者能限制细胞增殖并有助于控制由癌基因导致的细胞无限制增殖，当病毒或基因突变产生的癌基因在体内出现，肿瘤抑制基因再发生突变，这时一般就可能引发癌症①。在这种多次、多阶段突变的过程中，人体一直处于受各种外部环境的影响中，肿瘤抑制基因的突变，可能是受某种外部因素影响（如接触了某种化学物质）的结果，否则不会引发癌症。

行为遗传学的研究也发现，基因影响神经系统和内分泌系统的发展和作用，这种发展和作用影响人的一定行为在一定情境下发生的可能性。但是，一个生物特征并非由一个基因决定，而是由众多基因决定和有更多基因参与，而且，基因影响的倾向性与外部环境之间复杂的相互作用很难分离，要准确地区分基因与环境各起多大作用是非常困难的。基因影响的是某种倾向，环境在决定哪些遗传倾向得到表达哪些不会表达起着重要作用。对同卵双胞胎的研究表明，他们有高度的基因相似性，但可能患上不同的疾病，不同的生活状况、社会环境和自然环境都会影响基因的运作、表达，DNA不是人生的定数。

以往科学家认为遗传物质是DNA，不是RNA，但新近的研究表明，人类对基因组的认识不仅有限，还存在误区。DNA并不是简单的线性编码结构，而是盘根错节的三维结构，当它被读取或接合时，会形成或打开螺旋结构，而且只有很小一部分基因组会为蛋白质编码。此前被认为不活跃的"垃圾"基因组有些能管理基因活动，有些能产生各种RNA分

---

① 〔加〕保罗·萨加德：《病因何在——科学家如何解释疾病》，第40～41页。

子。有些 RNA 能控制基因活动，有些 RNA 会改变细胞记忆，在细胞分裂时把新信息传递下去，甚至传递到几代人之后。RNA 可能是环境在不改变 DNA 序列的情况下改变基因活动的一种方式，这种现象被称为表观遗传①。它表明后天的环境会影响遗传。

而且，我们的身体不是肉体基因的私有王国，而是肉体基因和数以万计的菌种、数以万亿计的微生物共生的生态系统，它们与我们肉体的相互作用以及它们之间的相互作用，对我们的健康影响极大。仅是我们的肠道内就有约 3500 个菌种，它们在防患可能有害的微生物和调节新陈代谢方面发挥着关键作用，它们还在合成维生素 A 和维生素 K 的同时合成消化酶，这种酶有助于人体吸收钙、铁等重要矿物质。肠道菌群的失衡会增加患大肠炎和炎症性肠病的可能性。有证据表明，婴儿肠道内的拟杆菌较多，这对提高他们今后的认知能力有益。孤独症可能与肠道细菌活性低有关。肠道菌群还可能与肥胖、糖尿病、癌症和心脏病有关。伦敦大学国王学院遗传流行病学家蒂姆·斯佩克特的一项研究发现，以种类有限的高度加工食品为基础的日常饮食，会使肠道菌群数量减少 1/3，从而对人体的健康构成危害。科学研究还表明，在温度比正常水平高 2℃的环境中生存，细菌种类将减少 34%，这种多样性减少会缩短宿主的寿命。

因而，虽然身体健康与基因有很大关系，但基因对健康的绝对决定论是不正确的。如果健康是由基因绝对地决定了的，那么改善健康就纯属基因技术问题，其他医疗技术就都

---

① 《英美学者新著揭示：人类对基因组认识存在误区》，《参考消息》2015 年 6 月 15 日。

是多余的甚至是有害的，至多外科手术有点意义。所谓心理作用、生活方式特别是社会环境、自然环境对身体健康的影响就是一个伪命题。事实并不是这样，很多疾病虽然被确认与基因有关，却不能把基因与生活方式和环境因素互动过程中的复杂作用相区分。基因与环境对健康的影响非常复杂，但只要回到问题的根本上来，认识到生命的诞生是环境演化的产物，生命的维持是生命与环境相互交换物质和能量的过程，这种交换过程同时改变环境，生命的进化终归是生命与环境相互作用的结果，是环境变化迫使生命必须有适应性进化，否则就会灭绝，就不难明白，外部环境对健康的影响比基因影响要大得多，否则我们担忧环境污染、气温上升、疫病流行就是杞人忧天、自寻烦恼了。

三 心理

心理健康问题是现代社会的一个大问题。有些人身体正常，但心理有问题。心理正常的人在不同的情境中有不同的情绪反应，但心理不正常的人情绪反应极端或在两个极端中来回转换，心理学家认为这是一种精神疾病，称为心理障碍。美国心理协会曾赞助一项对美国国内超过 2 万人的心理障碍调查，调查结果于 2001 年发表，有 14.9% 的人患有临床症状很显著的心理障碍，另有 6% 的人有显著的物质滥用障碍。最普遍的心理障碍是焦虑症，然后是恐惧症和心境障碍。有 1% 的人正在遭受经常需要入院治疗的严重的心理障碍——精神分裂症[1]。世界卫生组织在 2017 年指出，全球约有 3.5 亿人

---

① 〔美〕查尔斯·莫里斯等：《心理学导论》，张继明等译，北京大学出版社，2007，第 437 页。

深受抑郁症的困扰，严重的病人甚至会自杀。全球每年有超过80万人自杀，自杀已经成为15～29岁人群的第二大死因。[①]。

现代心理学是建立在生物学（或生理学）基础上的，并由此建立了生理心理学，随着研究不断取得新进展，人们对心理现象与大脑神经系统、基因相关性的了解也不断增多，限于篇幅，本书略去这方面的内容，只对社会环境、思维方式对心理的影响稍微涉及。社会环境和思维方式的视角值得重视，因为现代心理学的研究并没有得出心理"先天"决定论，而是认为决定大脑状态的是基因和环境结合的方式，支撑我们精神状态的脑回路的可塑性极高，有些"后天"因素甚至能改善这些回路。社会环境、思维方式的改变和心理治疗对各种心理问题的疗效，都表明后天因素的重要作用。而且，由基因异常引起的各种身体疾病和有较明显症状的精神疾病，在生活中较受人们的重视，会受到相应的治疗。但没有明显症状的心理问题，往往被人们忽视，这是社会的一个大问题。

心理问题与家庭影响、所受教育、个人处境、朋友圈子、思维方式、认知能力、社会和自然环境等有很大关系。幼小时家庭的过度骄纵或过度严苛、片面的教育、过时的观念、心高技短的失衡、机械刻板的思维方式等可能使人变得心胸狭隘、过度自我，在社会中难以适应，难有真正的朋友，从而无形中增加心理紧张、怨愤的压力，自身又无力排解，这就会导致心理扭曲，引起矛盾和冲突，对自己家庭、他人和社会的危害几乎随处可见。

---

① 《抑郁症困扰全球3.5亿人》，《参考消息》2017年4月6日。

人的心理问题有多方面的表现，它不仅损害个人健康，而且毒害社会环境。对此这里不去讨论，而只谈谈较为普遍的嫉妒病。一份由西班牙马德里卡洛斯三世大学的研究人员主导的，多所大学参与的2016年9月发表于美国《科学进展》杂志上的研究报告揭示，世界上90%的人可以划分为乐观型、悲观型、信赖型、嫉妒型四种基本人格类型，嫉妒型最为常见，占30%，其他三种各占20%①。人格型的嫉妒占如此高的比重，轻度型就可能相当普遍，因而值得高度重视。

嫉妒是一种心理疾病。嫉妒是损人、害人甚至杀人于无形的毒药，它程度不同地广泛存在于现实生活的诸多方面。嫉妒作为一种轻度的情绪与轻微的虚荣一样，能激励人们不甘落后、奋发上进，而不妄自菲薄、自暴自弃，具有积极意义，有益于社会监督制度和法律的公平设计及运作，但人格型的嫉妒既会阻碍甚至扼杀人才成长，也会毒害社会风气和自身心理健康。这是值得深入探讨并应着力防患和减轻的人的心理疾病和社会弊病。

我们不可能把嫉妒从所有人的心理中清除掉，但可以通过社会建设为形成激励各类人才成长的环境提供制度和法律保障，同时使人们从悲剧性对立的思维方式转向辩证的积极思维方式，把嫉妒的消极性转化为积极性，即以能者为师，从而使嫉妒转化为善而不是恶。

人处于万事万物的普遍联系之中，这种联系有些会直接影响身体健康，如环境污染；有些会影响心理，进而影响身体健康，如社会不公。心理自我平衡的调节能力对身心健康

---

① 《计算机为人类确定四种基本人格》，《参考消息》2016年9月19日。

极为重要。社会的严重不公会导致人们的心理失衡，但绝对的平均主义也是一种不公，绝对的公平无论在客观度量上还是在事实存在上都是不可能的。因而，心理平衡不能从个人名利得失的计较中获得，而需要在更大的事物如社会、自然的整体中获得。心理平衡的最高境界是波澜不惊的宁静，它能"泰山崩于前而色不变，麋鹿兴于左而目不瞬"（宋·苏洵），"骤然临之而不惊，无故加之而不怒"（宋·苏轼）。

和谐的环境要靠人去创造，社会的复杂性使社会中的人都生活在各种矛盾之中，从一己私利出发去对待和处理矛盾，只会使矛盾复杂化和尖锐化，或制造出新的矛盾。这样的人既不能创造和谐的环境，也不能获得心理的平衡和身心的健康。

思维方式对心理调节起着重要作用。高层次的思维方式是可以通过学习、训练获得的（本章后面还会论及），同是一件事情，不同的人有不同的心理反应，有的人杯弓蛇影、疑神疑鬼、自我惊扰，有的人不以物喜、不以己悲。用宏大的眼光、宽广的胸襟和辩证的方法去看待包括自己在内的一切事物，能在最混乱的时候看清方向，在最黑暗的时候看到光明，没有什么困难能阻挡他们的乐观前行。过度自我的人，对外界的刺激过度敏感，其心理必然是脆弱而悲观的，难以感受生活美好的一面，甚至见花垂泪，对月伤心，忧伤多病。

四　生活方式

生活方式是连接身体、心理、社会环境和自然环境四因素的中间环节，因而是影响整体安康的一个关键因素。这就决定了要提高我们的健康水平，就需要找到并践行一种既有利于我们的身体、心理健康，又有利于社会和谐、人与自然和谐的生活方式。

任何生物的生命过程都是一个不断与环境交换物质、能量和信息的过程，但人与环境的这种交换过程远比其他生物复杂，它要经过生活方式这个选择性的中转环节。虽然生活方式包括衣食住行、休闲娱乐、作息规律、物质生活、精神生活和为人处世等方面的内容，这些内容有与人的基本需求相关并受社会环境影响和自然条件制约的共性，但由于每个人的知识结构、思维方式、人生态度和经济条件等不同，每个人在生活的具体内容和行为方式的选择上都会不同，这种不同既对个人的身心健康有不同的直接影响，又对社会环境和自然生态带来不同且很大的影响。

近半个世纪以来，科学技术和生产力迅猛发展，现代人的生活方式、社会和自然环境变化超过了整个农业文明历史时期。层出不穷的新发现和新发明，日新月异地改变了人们的观念、生活、社会和自然环境，人们还没来得及认识和适应某种新技术和新观念，它们就因更新的技术和观念的出现过时了。这种快速的变化，给所有人带来了适应性难题和健康生活方式的选择性难题。当人们感叹"外面的世界很精彩，外面的世界很无奈"时，可能会想到2000多年前老子"五色令人目盲；五音令人耳聋；五味令人口爽；驰骋畋猎，令人心发狂；难得之货，令人行妨"的告诫。但无奈也好，告诫也好，似乎都改变不了人类好猎奇、好尝试、好新鲜的特性。

富裕起来的人有选择多样性生活方式的条件，虽然其中不乏专心事业、简朴无华者，但在社会上造成"轰动"效应的，是那些名车豪宅、一饭千金、保镖美女前呼后拥、任性张扬的"土豪"。在以金钱为"价值尺度"的社会环境中，他们因迅速暴富而被视为"成功人士"。这对中等收入家庭特别是低收入家庭造成了不可低估的心理影响，许多人通过"信贷消费"跟风赶时髦，有些人由于劳动收入永远赶不上欲望膨胀，甚至走上造假、诈骗、走私、贩毒、盗窃、抢劫、偷猎、偷排、偷税等犯罪之路，搞坏了社会风气和污染了自然环境，使个人身心健康和社会整体安康俱失。

不健康的生活方式导致非传染性疾病的比例上升，是近几十年来的一大趋势。据美国疾病控制和预防中心的报告，美国的糖尿病患者呈增加之势，2015 年有 3030 万人，另有 8410 万人为糖尿病前期，二者数量约占美国人口的 1/3，65 岁及以上的人口中糖尿病患者的比例为 25%。[①]据英国国家统计局发布的 2003～2012 年的数据，因生活方式不健康，英国人罹患肝癌、口腔癌、子宫癌、肾癌和皮肤癌的比例激增，其中肝癌增幅为 66%，口腔癌 48%，子宫癌 31%，肾癌 46%，皮肤癌 61%[②]。贫穷国家的健康状况更糟，世界卫生组织 2015 年 1 月发布的《慢性病预防与控制》报告显示，2012 年，全球被非传染性疾病夺去生命的有 3800 万人，其中 1600 万人不到 70 岁，82% 的人生活在不发达国家和中等收入国家，"生活方式疾病"引发的公共健康风险超过人类已知的任何其他疫病[③]。据国际防盲协会的研究，目前全球有 1/3 的人口近视，到 2050 年，这一比例可能提高到 50%，原因主要

---

① 《1 亿美国人受糖尿病威胁》，《参考消息》2017 年 7 月 20 日。

② 《英国统计数据显示：不良生活方式导致癌症激增》，《参考消息》2014 年 6 月 21 日。

③ 《世卫组织报告称："生活方式疾病"每年致 1600 万人早死》，《参考消息》2015 年 1 月 21 日。

是儿童近距离用眼增加，即看手机、平板电脑和电视的时间过多。

近些年来，中国的肥胖人口增速远高于中国的 GDP 增速，血糖、血脂、血压"三高"病和精神疾病、心脏病、肝脏病、癌症等激增，滥用药物的后果惊人，滥用处方药致死的人数超过交通事故致死的人数，因抗生素滥用致聋的 7 岁以下儿童的人数占聋哑儿童人数的 1/3 还要多，药物滥用导致细菌耐药性增强。原来以老年患者为主的高血压、冠心病、肥胖症、糖尿病、恶性肿瘤等慢性疾病，现在已经有"年轻化"的趋势。

据世界卫生组织资料，人类的健康寿命问题 40% 在于遗传和生存的环境条件，其中 15% 为遗传因素，10% 为社会因素，8% 为医疗条件，7% 为生活环境和地理气候条件；而 60% 在于选择良好健康的生活方式。最近，英国医学期刊《柳叶刀》刊登的一份收集了 1990～2015 年 195 个国家和地区 249 种死因、315 种伤病和 79 种因素的数据的《全球疾病负担研究报告》显示，由生活方式原因导致的死亡，1990 年占 57.6%，2015 年占 71.3%。[①]

盲目追求消费的生活方式对社会、自然环境的影响巨大。2009 年，美国等国家的几十名学者在一份调研报告中认为，如果世界上的所有人都仿效美国的生活方式，那么地球只能容纳 14 亿人；如果按欧洲的消费标准，那么地球只能容纳 21 亿人。欧洲人均每天消耗 43 公斤物资，美国人均每天消耗 88 公斤，美国的两条牧羊犬消耗的资源超过了孟加拉国人均消

---

① 《七成死亡与饮食和生活方式有关》，《参考消息》2016 年 10 月 8 日。

耗的资源。[①]。美国等发达国家的消费方式导致了巨大的资源消耗和环境破坏，既使其他国家的发展条件恶化，损害了整个地球资源环境的可持续性，牺牲了后人的利益，也没有给自身带来健康。

五　社会环境

同一个人在不同的社会环境中，其心理和行为可能会发生很大的变化。在秩序井然的道路与在拥挤混乱的道路上开车，同一个人可能会经历由心理平静、礼貌有耐心到"公路怒火""路怒症"的变化。全球交通事故每年造成超百万人死亡，超千万人受伤，远比战争死伤的人多，交通事故的发生与"公路怒火""路怒症"有很大关系。美国有一项年度调查表明，10个司机中有9个曾受到超速、追尾、不遵守右行原则、变道时不打信号、胡乱穿行、插队以及粗鲁的、挑衅性的姿势和话语等威胁。美国有心理学家对"公路怒火"进行研究，发现许多有侵略性的司机本身是非常"平常"的人，以往没有暴力记录，有些人还认为自己是那些不顾及他人的驾驶者的牺牲品[②]。中国的"路怒症"也已经使几乎所有开车人都感到心理压力，冲突纠纷屡见不鲜，有些司机年龄不大，但在行车途中突发心脑血管病而死亡，其原因可能与长期开车的心理压力有关。

现代社会生活节奏过快，竞争压力过大，这是造成身体、心理疾病增多的重要原因。科学研究显示，一定的压力对人有好处，它会刺激人的身体产生一种叫皮质醇的重要激素；

---

① 《有损他人的消费模式》，《参考消息》2010年2月3日。
② 〔美〕查尔斯·莫里斯等：《心理学导论》，第405～406页。

但压力太大则有害健康，它会损害免疫系统，导致骨质疏松。压力引起身体反应的过程是：当人遇到压力时，身体会在几秒钟内释放肾上腺素和去甲肾上腺素等激素，使人准备应对；一两分钟后，身体开始释放大量皮质醇，皮质醇给血液中注入更多葡萄糖，使人在肾上腺素消失时不会崩溃，还会把肝脏调动起来，向身体释放额外的葡萄糖。但是，如果压力持续时间过长，就会产生不利后果：皮质醇会抑制某些免疫反应，使人更容易生病，伤口要更长的时间愈合；会延缓骨骼生长，持续的压力会导致骨骼脆弱；会对控制食欲的大脑部位产生作用，增加人进食高脂高糖食物的欲望；持续的压力并感到自己对所从事的活动缺乏控制的人，患 2 型糖尿病的风险要远比压力较小的人高；离婚后睡眠不佳的人，可能患高血压症，高血压使罹患心脏病和中风的风险增加两倍，还可能对肾、眼睛造成损害。

一项新的研究还揭示，癌症患者的身心压力与癌细胞扩散速度存在惊人的关联，对老鼠的试验表明，癌细胞在压力大的一组老鼠身上扩散的速度是对照组老鼠身上的 6 倍。过大的压力可能让身体变成一条令癌细胞四处扩散的高速公路。[①]

心理压力大不仅有工作繁忙、生活节奏过快的原因，还有其他的诸多社会原因，如同事、上下级和家庭等人际关系问题，经济压力、攀比心理、社会秩序等问题都有重要影响。贫富差距过大、经济萧条、社会动荡、失业等，使即使乐观的人也会出现心理压力，社会失衡与心理失衡会相互作用和加强。这都表明身体、心理健康状况与社会环境存在复杂的

---

① 《研究发现：压力大会加快癌症扩散》，《参考消息》2016 年 7 月 1 日。

相互影响关系。

科学家早就发现染色体的 DNA 串末端的"保护帽"——端粒——的长度，能可靠地预言人的寿命。科学家在对美国底特律市低收入居民的端粒研究中发现，他们的端粒长度低于美国平均水平，但具体情况因种族不同有明显的差异性。"最短的端粒属于贫穷的白人，而处于中产阶级下层的底特律白人居民则拥有此项研究中最长的端粒长度。黑人居民不论收入水平如何，所有的端粒长度都大致相同，而贫穷的墨西哥裔居民的端粒长度比收入较高的墨西哥裔居民要长。"研究者对这种差异性的解释是，"墨西哥裔贫民的端粒长度比非贫穷墨西哥裔居民更长，原因可能是前者成长环境中的压力要小一些。""贫穷和非贫穷黑人在日常生活中的隔绝不像白人社会那么明显。"这一研究表明，贫穷会损害健康和寿命，而心理和群体关系压力对健康和寿命有很大影响。

六　自然环境

一百多年前，马克思恩格斯对资本主义生产所造成的自然和人类身心健康问题，曾用"人的腐化堕落""文明的阴沟""违反自然的荒芜"等尖锐语词，进行了深刻的揭露和批判。恩格斯指出："我们连同我们的肉、血和头脑都是属于自然界的"[①]。自然环境与健康的关系现在已经受到重视，一百多年前在少数工业化国家看得见的浓烟弥漫、灰尘滚滚、污水横流、臭味刺鼻的恶劣现象已经得到改善，但全球环境状况整体性恶化了，看不见的污染无处不在。2015 年，一个国

---

① 《马克思恩格斯选集》第 3 卷，人民出版社，1972，第 518 页。

际专家团队在一份研究报告中确定了 9 个确保生活条件稳定的地球环境极限值，认为淡水使用、海洋酸化、臭氧消耗还在安全界限内，空气污染等尚未得到合理评估，而气候变化、生物多样性、土地使用、生物地球化学循环 4 个方面突破了安全界限，这使人类处于危险的境地①。但实际上，淡水使用、海洋酸化问题在加剧，空气污染对人的身体和心理损害的研究报告在迅速增多，而一些远低于"安全标准"的污染并不安全，其危害被严重低估。

据不完全统计，2015 年全球因污染致死的人数达 900 万，是艾滋病、肺结核和疟疾致死人数总和的 3 倍，由于大量有害物质仍不为人知，实际的数字会更高。

符合"安全标准"的 PM2.5（直径不足 2.5 微米颗粒物）并不安全，PM2.5 含有硫酸盐和黑碳等有毒物质，能够进入肺部、血液，导致肺气肿、肺癌、心脏病、脑血管疾病，导致认知和记忆力减退，加重人的抑郁和焦虑。

塑料污染遍及空气、土壤、海洋，每个人每天都会吸入一些微塑料（室内空气流动差，微塑料的危害更大）。微塑料是环境中吸引其他毒素的"磁体"，并会释放有害化学物质，它进入呼吸系统、血液、器官、大脑和某些细胞之后，会导致哮喘、心脏病和免疫性疾病等。羊毛和聚酯纤维、城市灰尘和汽车轮胎的颗粒等是微塑料的主要源头。微塑料还通过浮游生物、鱼、鸟类、其他野生动物、人类进入食物链。

汽车除有人们所熟知的尾气污染之外，其引擎和刹车也会产生磁性微粒，这种微粒能进入大脑，带来罹患痴呆症的

---

① 《研究称地球四大"生态极限"遭突破　人类"越界"让自身处危险境地》，《参考消息》2015 年 1 月 18 日。

风险。因此，仅是清洁能源替代，还不能完全解决汽车污染问题。

农药对健康的危害更是被严重低估，已知至少有 100 种农药会对人的神经系统产生有害影响，会损伤人脑，所以我们必须怀疑农药会损害正在发育的大脑，目前的接触水平会造成"极大损害"，尤其是对儿童和孕妇。全球广泛使用的草甘膦（除草剂）具有遗传毒性和致癌性。这些化学品对致癌，对生殖系统、内分泌系统、神经系统的损伤，对糖尿病等的关联影响，还未得到评估。

气候变暖是 2.5 亿年前二叠纪物种灭绝 90%（史上最大物种灭绝事件）的主因，气候变暖对健康的危害被严重忽视了，这将是 21 世纪全球健康面临的最大威胁。现在大气中的增温气体二氧化碳已超过警戒线（400ppm），甲烷和一氧化氮的排放也不断破纪录，气候变暖已不可逆转。气候变化是一个重大的问题，它导致极端天气事件越来越频繁，导致人类患传染性疾病和营养不良、被迫迁徙和发生冲突的风险不断增加，承受的压力加大，对心脏、呼吸系统和心理健康等都非常不利，这可能会毁掉过去 50 年全球在发展和健康状况方面取得的进步。

滥用抗生素破坏了人类与微生物在亿万年中形成的相互适应、协同进化的平衡。人类使用和给牲畜使用的抗生素中，70%～80% 最终被排放到环境中，这些抗生素与排放到环境中的消毒剂和重金属等化学物质、人类和动物排泄的细菌、自然产生的细菌等混合在一起，为耐药细菌和不同菌种之间转移具有免疫力的基因提供了理想的条件。人们不要以为有消毒剂、废物处理就万事大吉了，现在不仅在废水处理厂下游、沿海水域检测出大量的耐药细菌，而且在废水处理投入不菲的沿海娱乐水域也检测出耐药细菌。医疗专家对抗生素的耐药性非常担忧，认为抗生素耐药性的严重程度已经超乎人们的想象，认为这种"最后希望"的药物在 10 年后就可能对人类无效。

身体、心理、生活方式、社会环境和自然环境五大因素影响着每个人的健康，决定着整个人类生存和进化的前途，从而成为不可抗拒的倒逼机制，迫使人类转变思维和行为方式。人类再也不能为了一己私欲而相互恶斗，加剧社会的失衡；再也不能滥用资源、排放污物、灭绝物种、耗竭土地、扰乱地球生物化学循环；再也不能以外来的征服者态度对待自然生态系统，而必须以生物界的平等成员在地球的极限内生活，用科学技术和哲学智慧来维护和增进地球生命自体的整体安康。

第三节　融入大我

一　提升小我

人要通过行为才能与外界发生关系。思与行，行中有思，行成于思，思先行后，或三思而后行，"博学之，审问之，慎思之，明辨之，笃行之"（《礼记·中庸》）。因而，是思维方式决定行为方式。要弄清人的行为方式，应先弄清人的思维方式，只有从对思维方式进行彻底的反思中，才能找出问题的根本原因，找到解决问题的办法。这种彻底的反思，使我们聚焦于人类思维方式中存在的各种"中心主义"。

老子、佛陀和耶稣都否定"自我中心主义"，老子和佛陀还否定"人类中心主义"，深生态学和盖娅理论也否定人类中心主义。人类在生活中形成了家庭、家族、团体、行会、宗派、民族、国家等群体或社会组织，它们因性质的不同、规范程度的不同，形成各种类型的"中心主义"。社会中心主义、人类中心主义是放大、提升了的自我中心主义，它们的思维模式本质上是相似的，即不加反思地顺从其规范和服务其利益。

人类在语言和思维中把世界区分为我、你、他、我们、你们、他们、它们、财产、物体、事物等不同的主体和客体。人类大多倾向于以自我为中心来看待与自己相关的事物，追求欲望的即时满足和私利的长期满足，而忽视这样做对他人欲望、社会公平和自然环境的影响。亿万各持私利、偏见、欺骗行为的个人和社会组织相互碰撞，使人类陷入无休止的自我欺骗和相互欺骗、争吵、斗殴和战争的困扰之中。真理是客观的、全面的、辩证的，执于偏见就是自我欺骗，自我中心主义本质上是自我欺骗和相互欺骗的思维方式，它导致的是零和博弈。

上述问题是传统思维方式的根本症结。尽管人类的心理现象有生物学的基础，人类的认识和社会发展有历史的局限性，但人类毕竟是进化出了理性思维的物种，正是通过理性思维的不断提升，人类才能超出自我中心主义、社会中心主义和人类中心主义的局限，才能整体地、系统地、辩证地去思考人类的祸福安危，去认识和处理人与人、人与社会、人与自然的关系问题，否则，就没有哲学和科学的创造，也不会有理论化的宗教构建。

　　高境界的理性思维不能在人们的头脑中自然形成，它本质上是一种批判性思维——自己是自己思维的有效批判者。批判性思维要求从公正无偏的立场出发，达到公正无偏的目标。研究者认为，批判性思维同时具有认知谦逊性、认知勇气、换位思考、认知正直、认知坚毅、信赖推理、思维自主和知行合一等特质，是这些特质整合而成的完整构象；他们提出了通过相应的教育、学习、训练，使人从低级的自我中心主义思维方式向高级的批判性思维方式提升的路径。

　　当代人类已经进入全球化和太空时代，发现地球有如颠簸在浩瀚宇宙之海的一叶微舟，人类清醒地认识到地球生命的宝贵性、相互依存性和脆弱性，同舟共济是所有人类安全生存和进化的根本保障，任何为维护特殊既得利益而制造分裂、对抗、战争的行为，都可能导致自我毁灭。这已经敲响了自我中心主义思维的丧钟。人类只有把个人的利益、健康与地球的整体安康统一起来，把小我融入大我，走协同共生之路才有未来。

　　协同共生的大我思维方式不仅是化解零和博弈思维方式的各种困扰，走向社会和谐、自然和谐的必然要求，也是实现自我身心健康的一个重要的心理机制，是治疗心理偏执的灵药。它使人宽宏包容，善于化解而不是制造矛盾，举重若轻而不是脆弱不堪。反之，如果人被狭隘、贪婪、对立、零和博弈的思维方式所支配，就会鼠目寸光、杯弓蛇影、终日纠结，就会因心理压力大而身心俱损。

　　为彻底揭开慷慨大方与幸福感之间的联系，瑞士苏黎世大学的研究人员对大脑的三个区域——处理亲社会行为和慷慨举动的区域、与幸福感有关的区域、在决策中对是与否进行考量的区域——进行测量，发现慷慨的人更幸福，仅是慷慨的承诺、意图，就能激活大脑的利他区域并使该区域与负责幸福感的区域的交流增强①。心理学研究表明，冲动、易怒、苛刻、不友善的人，其压力荷尔蒙可的松水平容易过高，罹患心律不齐、冠状动脉壁炎症、心脏病的风险增大。从容随和、举重若轻的人，患心脏病的概率低。悲观者更容易出现抑郁和焦虑症状。美媒称，一项对5100多名成年人的研究分析了乐观与心脏健康之间的关系，发现生活态度积极的人，心血管更健康，乐观度最高的人心血管健康的概率是悲观者的2倍②。

不同的思维方式会影响人的情绪反应，大我超越了小我，心理会更强大，更具有生命的活力。情绪会从多方面影响人的行为。实验表明，情绪会改变人的"大脑状态"——前脑岛和扣带回中部区域的活跃状态，积极情绪会让人对别人的痛苦产生"同理心"——该区域活跃，消极情绪则该区域不活跃，人的同理心很弱。情绪对人的健康影响很大，积极情绪会减轻身心受伤时的痛苦，消极情绪则会放大痛苦。

面对同一个客观对象或身处同样的环境中，不同的思维方式会使人产生不同的感受或做出不同的行为。例如，对历史事件的评价，有人以客观性和整体利益为尺度，展示的是客观事物的多样性，给人以光明和希望的前景；有人以个人私利和好恶为标准，尽显黑暗和腐臭，这实质上也是个人心理或明或暗的展示。在同样艰苦的环境中工作、生活，有些

① 《慷慨者为何更幸福》，《参考消息》2017年7月13日。
② 《美媒：研究称乐观者心脏更健康》，《参考消息》2015年1月12日。

人恐惧绝望、怨天尤人、贬人抬己、设法逃避；有些人则将之视为认识社会、历练人生的机遇，并担当责任，立志改变它。孟子说："天将降大任于斯人也，必先苦其心志，劳其筋骨，饿其体肤，空乏其身，行拂乱其所为，所以动心忍性，增益其所不能。"（《孟子·告子下》）大任是什么？大任并不是当大官，孟子本人和古代的思想家没有几个是当大官的，而是把小我提升至大我，为大我尽应尽的义务和责任。这是所有有志于提升自我思维方式的人都能做到的。

我们所有的人都生活于一定的自然、社会和文化环境中，生存状况和身心健康与所处的环境息息相关。如果大多数人都做清洁环境的维护者，而不是污染的制造者；群体关系和谐的增进者，而不是矛盾的挑唆者；扶危济困的参与者，而不是拔一毛以利他人而不为的冷漠者；公平正义的捍卫者，而不是落井下石的势利者……我们的生存状况和身心健康就会随之改善，生命的活力、快乐的情感也会获得更大的激发，反之就会恶化。

二　我命在我

自亚伯拉罕·马斯洛提出人的需求层次以来，需求层次理论有多种应用。一般认为人只有满足了较低层次的需求，才会考虑较高层次的需求，较低层次与较高层次的需求是分开的。这是一个误导，按照这个理论，似乎在以货币为等价物的社会中，只有发达国家或上层社会才关心健康、安全、自尊和环境，中低收入的国家、民众则只追求温饱而不关心生命的其他需求。但事实并非如此，有较高层次需求的科学家、哲学家、思想家、学者和普通民众并不一定多金，其中很多人甚至是清贫的；高收入群体的需求并不一定都高雅，其中不少人是平庸低俗的物欲膨胀体。社会竞相追逐财富的历史过程，正是人类实现高层次需求的生态环境基础被整体性损害的过程。

人类视野的广度和长度都受到肉体感官和文化圈半径的局限，印第安人不知道欧洲航海技术的发展和海外扩张会给自己带来灭顶之灾；几十年前的技术专家只想到把工厂的烟囱做得高高的，让滚滚黑烟随风飘散，以为这样就万事大吉。一般而言，人们对一件事情的关注和参与程度，与这件事情对自己的利害相关度和自己对它的影响度有关。利害相关度越强，人们对它的影响力越大，则人们会越关注它，越会努力促成或改变它；反之，则越不关注，或因无能为力而放弃努力。人们为什么能够天天不辞辛劳，把家庭打扫得窗明几净，却做不到垃圾分类和不乱扔垃圾呢？因为他们认为家庭卫生与自己的健康强相关，这是他们有能力做到的事情，而环境污染他们改变不了，所以眼不见为净。因而，上述问题既与人们对健康的认识仍局限于小我有关，也与个人对环境问题的无力感有关。但在科学已揭示了健康与环境的关系后，认识不再是问题，而是需要强有力的社会组织把它变成全民的行动了。

中国在人均 GDP 只有约 7000 美元时，就在全球率先启动了实现整体安康的生态文明建设，而人均 GDP 是中国几倍甚至十几倍的国家没有这样做。因此，不能用需求的层次来对应国家的富裕程度，得出中国远远超越了发展水平的层次而陷于空想的结论。中国从西方国家的发展教训中认识到，西方"先污染，后治理"的工业文明老路是不可持续的，后发国家在工业化初期，就必须确立新的整体文明观——健康的可持续发展观。虽然新文明发展可以分出层次，但健康可持续发展作为目的和动力，必须自始至终贯穿所有层次的演进过程之中，不能在过程中无视甚至牺牲健康，如果不这样，最后就不能获得健康可持续发展。就像一个人的健康必须在整个人生的过程中都得到保持，而不是在青、壮年时期牺牲健康、百病缠身，在垂暮之年能获得健康长生一样。

生态文明是实现人与人、人与社会、人与自然整体和谐的文明，其内涵与整体性地增进人的健康长生是一致的，区别只是文明是社会整体的状态，健康是个体生命的状态，认识到二者内涵的一致就能使这两个视角交汇，否则，二者就可能分离。如果二者分离，生态文明成为一种远景，健康只是个人的追求，那么在现实中就都会受到无数追求私人的、局部的、眼前的利益最大化行为的冲击。如果二者交汇，就能通过社会的组织和规范而变成现实中所有人的自觉行为。

时代在提出问题的同时，也为问题的解决创造条件。现代科技的发展已使人类的认识突破了肉体感官和专业眼界的局限，并正在把个人健康和整体安康的物质和能量交换动态变化的信息之网覆盖于全球，为认识个人与社会、小我与大我的关系创造了客观条件。个人的选择行为不再是微不足道的被动适应者，而是对个人健康和整体安康都具有影响和负有责任的主动参与者。因为在这个巨大的网络中，生产与消费将直接联通，这将使每一个人作为消费者和生产者的双重角色走向统一，使人类微观行为体与宏观共生体的相互影响、反馈循环走向透明，而不再像传统市场那样要经过分离的迂回曲折的转换。在这个网络中，每一个人都能看清自己既是消费者又是生产者的影响，自己所做的一切如何影响社会和自然，又如何反过来影响自身。作为生产者，人的生产决定并创造消费；作为消费者，人没有消费就没有生产，消费反过来制约、引导和决定生产。因而，人作为生产者时，自觉地承担起生产有利于整体安康的产品的责任，就会在作为消费者时获得健康产品的回报；人作为消费者时，自觉地选择消费健康的产品和服务，就能引导资源朝有利于整体安康的方向配置，就能形成整体安康的互利机制。这种个体与整体、微观与宏观、人类与自然之间的物能交换过程，都可以从覆盖全球的物联网呈现出来，并能够通过反馈调节实现动态平衡和整体安康。

这里所说的产品，包括物质产品、精神产品和制度政策产品，所有这些产品的生产都应当有利于增进人、社会和自然的整体安康，并受到消费反馈信息的动态调节。制度政策产品不仅要为增进整体安康起规范、引导、激励和监督作用，还要为实现它提供科技、教育、信息、卫生、社保、法律等基础条件。物质产品的生产要有整体安康的规范，公开它们在生产和消费过程中对人和自然影响的定性与定量信息。精神产品的生产要为整体安康提供导向，使之担当起弘扬科学、传播知识、解惑释疑、探索未知、驱邪去妄的社会责任。在建立覆盖全社会的产品生产与消费反馈调节的物联网的基础上，消费者不再是传统的受商家竞逐私利最大化广告宣传摆布的盲目者，而是每个人的身体都拥有一张身心动态健康检测和健康指导的智能卡，它排斥多多占有的贪婪和愚蠢欲求，引导人们追求整体安康和长生。盲目的竞相攀比的物质消费将因对健康有害而被人们唾弃，个人身心健康与整体安康统一起来了，到了这时，人人从满足身心健康和整体安康的欲求出发进行选择，世界就会为之改变。

人们通常认为老子的"道"高、远、玄；连孔子也认为老子像龙一样不能知，但庄子看得透，说"道"存在于一切事物包括屎尿中。物联网时代的到来，将个人的健康选择与地球生命的整体安康紧密地关联起来，所有人都成了自己命运的主人，"我命在我不在天"的雄心将变成现实，个人健康长生和整体安康将不再是高不可攀、远不可及、虚不及实，而是就在每个人对健康的细小选择中。健康长生是人类生命的本性欲求，是人类主动趋之的目的，自觉为之的动力。这种主动趋之的目的和自觉为之的动力，一旦明确成为人类社会发展的目的和动力，必将为人类所全力成之，人类就能协同起来，清除传统文明中的异化和互害机制，使新的文明——生态文明从理想变成人类的共同实践，变成永续发展的实现形式。

迄今的人类个体的生命都很短暂，如"白驹过隙，忽然而已"，没有意义，但"哀莫大于心死，而人死亦次之"（庄子），英国科学家首次对"心因性死亡"进行研究，发现人如果失去生存意愿（心死），很快就会死亡。[①] 正是人类普遍追求健康长生之心不死，推动着人类和文明的进化，没有这种不死的欲求也就没有这种无穷的进化。因而，那些以追求整体安康为目的和动力，为清除各种危害整体安康的毒素而奋斗，融小我为大我，集滴水为长河，使物种和文明的无穷进化成为可能的人类个体、群体因此获得刹那即永恒的意义。

---

① 《研究称失去生存意愿会致命》，《参考消息》2018 年 9 月 30 日。

行星生命和文明是星际文明的策源地，人类只有在地球生命自治体中获得足够的时间，成长为合格的通用知识发现者和建设者（见第九章），才有可能从脆弱的行星文明进化到永生的星际文明。

第七章　复归其根

上一章讨论了整体安康的问题，但这个问题没有完结，因为生命并不是一个孤立的存在和线性的过程，而是行星尺度的生与死——合成与分解的统一，生命与环境、生与死都是相互联系、相反相成的。地球生命的整体安康，取决于全球的生物之间和环境之间物质循环、能量流转网络的健全，所有生物都处于这一物质循环、能量流转的自然过程之中，长期以来，只有人类把生的需求和死的归宿都在生命循环之网中打下日益增长的死结。本章要回到生命的反面，关注死亡问题，从死亡来认识生命循环之网的意义，以净化人类心灵的污垢，既要把死亡完全纳入生命之网的自然循环，又要留住文化情结，还要以此为动力绿化大地，复活自然，构建经济、社会和生态安全的三重保障。

第一节　生命循环

一　自然机制

自然界中每天都有不少动物死亡，但人们极少能看到其遗体，即使某个动物种群因爆发性增长导致灾难式剧减从而陈尸遍野，也会在很短的时间内被大自然清理得了无痕迹。其原因是，它们一死亡就进入了腐食动物的食物链和微生物的分解还原过程。正是由于"极少能看到"这一过程，因而在漫长的历史时期，人们关注的只是生物的"生生不息"，科学家也只是致力于探讨生命的合成过程，这一倾向直到塑料时代才发生了改变。克里斯蒂安·德迪夫指出：

> 我们大多数人皆把生命视为通过蛋白质、核酸和其他特殊分子的合成而发生的一个创造性过程。塑料时代把我们的注意力引向生物降解的重要性。……假如生命没有发展出一些方法来分解自己"工厂"生产出来的产品，那就不会有生物圈，只会有一个生物聚合体形成的惰性的外壳，一个"塑料圈"。……生物合成与生物降解之间的联系，是生命之网中的原始联系……生物圈以及组成它的亚系统基本上还是由自养生物和异养生物之间这种原始联系所控制，它们在这里作为物质和能量循环的转化者。……合成与分解趋向于互相平衡，以使生物圈处于稳定状态，而主要的生物发生成分也可以再循环。①

生命之网是生命的合成与分解两个"相反相成"的过程所构成的物质循环、能量流转的动态平衡之网，生命的延续和进化就是在这个生物生生死死的物质循环与平衡过程中实现的。某个动物种群的爆发性增长之所以会导致剧减性灾难，就是因为这种爆发性增长导致其所在生态系统中物质循环和能量流转的失衡，该种群灾难性剧减是生态系统自调节、自平衡的结果。

---

① 〔比利时〕克里斯蒂安·德迪夫：《生机勃勃的尘埃——地球生命的起源和进化》，第 279～282 页。

生命体之生既是自利又是互利的。自利是因为它们为了生存，与同类以及生境重叠的其他生物存在某种程度的生存资源竞争。互利是因为它们在整体上以及各个层次上协同共生，都处在生命之网循环流转的某个节点上，这些节点相互依存。生命体之死是无私的，因为它们把自己的全部还给了生命之网，回归于生命循环和进化延续的过程。人类是生物经过约40亿年进化，直到几百万年前才出现的物种，在其进化史99%以上的时间中，都与万物众生平等地属于生命之网上的一个正常节点。这时的人类完全依赖自然生命之网而生存，死后又完全回归生命之网的循环流转过程，是"万物与我为一"（庄子）。但随着人口不断增长和人类掌握的物质技术力量日趋强大，人类成了一种超强的物种，对整个地球生命之网物质循环和能量流转动态平衡的冲击也不断增大，现已危及地球生命之网自循环和自平衡功能的健全。

生命的维持需要能量和多种化学元素的输入，其中必需的元素有20多种。必需且量大的有碳、氧、氢、氮、磷等，必需但量稍少的有硫、氯、钾、钠、钙、镁、铁、铜等，需要量很少但必需的约有10多种，此外还有一些是某些生物特需的元素。现代生态学已经揭示生态系统小至一块农田、一个池塘、一片森林，大至生物圈都处于普遍的物质循环过程中，这种循环称为生物地化循环，它包括能量流动和物质循环两个基本过程。能量流动是单向流动，地表生物的能量来自太阳能源源不断地输入，最终以热的形式散佚。生命所需的物质循环源自地表土壤和大气，通过生物之间的食物网链循环和呼吸来实现。生物地化循环分为水循环、气体循环、沉积循环三种全球性循环，其中，水循环和气体循环速度较快，这里不去论及，仅仅以属沉积循环的磷为例，来理解物质循环与平衡的生命意义。

磷是生命不可或缺的重要元素，一颗行星即使其他条件满足生命的要求，但如果缺磷也不会有生命。磷主要是由超新星爆发产生并扩散到星际气体和尘埃中的。银河系星际介质中很难探测到磷元素，这意味着虽然宜居带的行星很多，但有生命的行星很少。地球是个幸运之星，而火星因磷太少就难以像地球这样大规模孕育生命。

地球上的磷主要储存于磷矿，由风化、侵蚀作用而释放出来，经植物吸收后在生物食物网链中流动。生物死亡后经细菌分解为磷酸盐回归环境，其中一部分被植物吸收进入食物网链中流动，还有一部分转化为植物不能利用的化合物。通过水循环，陆地上的一部分磷会随水进入河流、湖泊和海洋，其中的一部分进入淡水和海洋生物食物网链中的流动循环，一部分则沉积于海底。虽然沉积于海底的磷其中有一部分会随海水上涌到光合作用带而再进入生物食物网链，但海水表层磷稀缺和海底磷沉积过多的失衡必然会制约生物的生产量。若要海底隆起变成陆地而带出沉积的磷矿石，则要经历亿万年的海陆变迁，因而磷的沉积循环是一个十分缓慢的过程。

磷没有挥发性化合物的来源，在磷沉积循环漫长的周而复始的地质过程中，它会达到动态平衡，但在相对静态的陆海结构中，陆地磷趋减是必然的。地球生命自治体（盖娅）进化出了一种磷的自调节机制，如海鸟以海洋鱼类为食，通过它们的粪便和它们的遗体，海洋中一部分磷返回陆地；有些在海洋中生长的鱼类不远千里游到河口，奋力上溯至离河口很远的上游，产卵后死亡，也通过遗体把磷返回陆地。这种返回在人类文明诞生之前，应是磷循环的一种有效的补充形式，因为那时大地被森林植被覆盖，很少有水土流失，磷在生态系统中循环基本上是平衡的。但随着人类活动的不断加剧，磷的这种生态机制的返回量与人为加剧的流失量已完全不成比例。现代农业的磷肥基本取自磷矿，中国高品位的磷矿资源在 20 年内将枯竭，21 世纪世界磷矿资源也将枯竭。因此，必须找到磷的永续循环利用的方式，而这一方式的关键所在，就是取之于土地的物质必须返回土地。

二 贪痴与智慧

人类不同于其他动物的奇特之处，是他们创造了文化，而且不仅生者活在文化之中，死者也停留在文化之中。宗教创造出天堂、地狱，安顿死者的灵魂，灵魂在物质世界不占有空间，因而与物质循环、能量流转没有关系。但是，宗教和世俗文化实实在在为死者安顿了一个独占的固化的物质空间——坟墓，这种与大自然的生物学、生态学相抵触的人类特有的遗体归宿方式，并不是一个可以忽视的问题，因为它作为人类社会和文化的贪痴产物，反过来又会加强社会和文化的贪痴循环，加大人类物质活动对生命之网合成与分解的自循环——地球生命自治体自平衡、自调节机制的冲击。

在小农经济时代，人类耕种土地，自给自足，把粪便和农作物的秸秆等作为肥料返回农田，使取自土地的物质能返回土地，从而使土地的生产力得以持续。但到了工业化、城市化时代，取自土地的物质再也不能返回土地，农作物耗尽了农田中的天然磷，于是就要依赖磷肥。磷肥主要来自磷矿，但磷矿由于长期开采已面临枯竭，仅靠人类加工的鱼粉、鸟粪不可能满足需求，因而其后果就是不可持续。

所有植物的正常生长都要依赖于土壤中生命所必需的物质，现代种植业、林草业和养殖业、畜牧业所需的物质都取自土地。但生产与消费的分离，使取之于土地的物质转移出土地，进入城市和国外市场，经消费后变成垃圾排放到环境中，成为土地、水体和大气的污染源，而农田在靠人工添加多种肥料才有产出的同时，也变成了污染源，森林变成水土严重流失的荒山。现代人类活动的这一过程严重扰乱了地球生命自治体的自循环、自平衡、自调节。马克思在一百多年前就已指出：

> 资本主义生产使它汇集在各大中心的城市人口越来越占优势，这样一来，它一方面聚集着社会的历史动力，另一方面又破坏着人与土地之间的物质变换，也就是使人以衣食形式消费掉的土地的组成部分不能回到土地，从而破坏土地持久肥力的永恒的自然条件。……资本主义农业的任何进步，都不仅是掠夺劳动者的技巧的进步，而且是掠夺土地的技巧的进步，在一定时期内提高土地肥力的任何进步，同时也是破坏土地肥力持久源泉的进步。[1]

"草不谢荣于春风，木不怨落于秋天。谁挥鞭策驱四运，万物兴歇皆自然。"（李白《日出行》）生物之生死本是无关

---

[1]　马克思：《资本论》第1卷，人民出版社，1975，第552～553页。

情感的自然现象。但是，在人类进化成社会性、情感性、依恋性很强的物种时，当朝夕相处、相依为命的亲人去世后，因难以忍受其遗体暴露于野地之外，任由腐食动物吞食和微生物分解、异味散发甚至疾病传播等情景冲击，人类会以某种方式处理遗体（如掩埋），避免视觉、嗅觉、生理、心理的负面影响，同时表达对逝者的哀思之情，这逐渐演化成原始的墓葬文化。墓葬文化的起源远比农业文明早，也不是生物学上的"现代人类"才有的，尼安德特人在5万年前就形成了自己的墓葬文化。但原始墓葬文化是简朴的，遗体的全部物质回归大地进入了生命之网的循环。

原始墓葬文化出现得很早，这时人类可能已经有了灵魂不死的朦胧观念，因为人类这时已经关注死亡的问题。最初的关注是上面所说视觉、嗅觉、生理、心理的因素刺激所致，但这些因素的刺激反过来会加强对生命的关注，从而形成对生离死别性质的差异更强烈的心理感受，自我意识中的欲望满足、亲友团聚、阳光明媚和篝火燃起的美好和温馨，与死后知觉丧失、肉体腐朽、泉壤冷湿和孤独黑暗的恐惧相互撞击；同时，由于对自然现象、生命现象、精神与肉体现象、梦境中出现已逝的亲人等现象都不能做出正确的解释，原始人相信人有灵魂且灵魂不死，这符合人类好生而恶死的心理欲求，这种心理欲求会使原始人重视遗体的安葬，它导致了原始墓葬文化的形成。

宗教的创造使原始墓葬文化逐渐变成复杂的殡葬文化。殡葬文化对葬礼的程序、仪式，对墓地的地表、地下结构等都有一套复杂的规范，随着人类在创造文明、增殖人口、征服自然的道路上渐行渐远，至社会发生阶级分化后，殡葬文化逐渐异化成了自然和社会之网中的一个死结。

阶级分化使社会上层开始盛行厚葬。中国的厚葬之风在先秦之前就已形成，但这时的先哲们以不同形式理性地超越了这种束缚，他们关注生命的意义和价值，展开对事物演化规律的探讨。老子的生死观是顺其自然。"人法地，地法天，天法道，道法自然。"他死前远离人群，世人不知其所终，根本就不需要坟墓和殡葬仪式。孔子研究并推崇"周礼"，又按礼仪规范操办过丧事，不免受到等级制的束缚，但他主张生时重孝养，丧葬重敬哀，而不是厚葬，对鬼神敬而远之，他说："朝闻道，夕死可矣。"《论语·里仁》"未能事人，焉能事鬼？……未知生，焉知死？"《论语·先进》墨子对统治阶级的"天命""鬼神"观做出颠倒性的解释，他认为"天"是公平正义的主宰，"鬼神"辅佐"天"赏善罚恶，否定了统治者以"天子"自居、"强执弱""富侮贫""贵傲贱"的神学依据，抨击统治阶级生前骄奢淫逸、胡作非为，死后重殓厚葬、活人殉葬的荒唐，倡导节用、节葬，提出"棺三寸，足以朽体；衣衾三领，足以覆恶。以及其葬也，下毋及泉，上毋通臭，垄若参耕之亩，则止矣"[1]。

庄子的生死观特别值得一提。他把生死关系表述为"生也死之徒，死也生之始"的循环。他将死时，弟子欲厚葬，庄子道："吾以天地为棺椁，以日月为连璧，星辰为珠玑，万物为赍送。吾葬具岂不备邪？何以如此？"弟子说："吾恐乌鸢之食夫子也。"庄子答："在上为乌鸢食，在下为蝼蚁食，夺彼与此，何其偏也！"[2] 这种超越个人生死，将个人完全同

---

① 《墨子》，上海古籍出版社，1995，第85页。
② 《老子·庄子》，北京出版社，2006，第314、383页。

化于天地万物的统一和生命的循环之中，显示了一种至高的大智慧。

三　线性增长

厚葬之风盛行于宗教神灵文化一统天下、主宰世俗权力的时代，如埃及的法老、玛雅的祭师都既是神的代言人，又是社会的统治者，他们的陵墓都是神秘而壮观的金字塔。当政教分开后，宗教神灵文化并没有消亡，而是与贪痴文化结合起来。贪痴文化本质上是统治阶级的文化，它充斥着对人类征服自然和相互征服"丰功伟绩"和对"人上人"的统治阶级穷奢极欲生活的描述。宗教神灵文化极大地刺激着贪痴和虚荣，为世俗统治者的统治提供精神支柱（受命于天），护佑自己长寿并永享盛世尊荣（既寿永昌），为子孙撑起神秘的保护伞（荫及后世），因而使他们有恃无恐地既要生前极尽奢华，又要身后复制尊荣，从而在生命循环和财富流转中打下一个个死结。

在人类文明的早期，由于科技和生产力落后，人口和人均资源消耗受到饥荒、瘟疫和战争的抑制而增长缓慢，人类排放到环境中的废弃物多为可自然分解的有机物，地球生命自治体的物质循环和能量流转保持着动态平衡。随着人类征服自然能力的不断增强，人是万物之灵和大地主宰的意识形成，人类开始顾盼自雄、傲视万物，无所顾忌地改变地貌，破坏地表生物的栖息地，灭绝动植物物种，把自然生命之网的枢纽——土地——变成各种建筑物的无机固化结构或荒漠，从而使自然生命之网开始出现破缺。

今天，虽然宗教神灵文化在科学的荡涤中已趋向衰落，贪痴文化经过社会动荡的反向冲击和社会机制的进化而受到抑制，使得古代社会上层那种生则穷奢极欲、死则重殓厚葬之风不再。但是，由于科技和生产力的快速发展，人口数量和人均寿命、人均资源消耗、污染气体和不可分解的垃圾排放均呈指数增长之势，这种突飞猛进的线性增长，使得加诸地球生命自治体的压力是百年前的百倍、千年前的千倍、万年前的万倍。仅在 20 世纪 60 年代，地球还有生态盈余，半个多世纪过去，生态赤字就超出 75%，地球生命自治体面临衰竭。人类使用的建筑材料由以往大多可复原、可降解的泥土、土砖、植物，变成了今天不可复原、不可降解的水泥、钢筋、化工产品的混合固化物；墓地由以往大多可复原、可降解的土堆、木棺，变成了今天不可复原、不可降解的水泥和石材密封的固化物；以往清洁的大气因人类日益增长的燃料焚烧而被严重污染。这种变化已使生命之网上曾经只有少数人打死结的斑点变成了今天社会的普遍现象，并随着人口、人均收入和富裕人口的增长而迅猛膨胀。

这种逆自然生命之网循环平衡体系的线性增长，已使人类陷入资源枯竭、环境恶化的困境。德迪夫说是塑料时代把科学家的注意力从生命的合成引向生命的降解，我们则可以说，是资源枯竭、环境恶化导致发展不可持续，迫使人类效法自然的生命循环，才有循环经济的理论和实践应运而生。今天的生态学家、环境学家和经济学家已经认识到从"线性经济"转向"循环经济"是一场"哥白尼式的革命"。但是，这种转向仍局限在经济领域，而且主要是认识层次，离全面实践还有很大距离，远没有全面覆盖人的各种行为。没有人之生死全过程在生命之网上的循环，"循环"就像竹篮打水一样是破缺的。据联合国 2018 年 10 月发布的气候变化报告，如果按现有碳排放量，地球在 20 年内就会突破生态临界点，跌下气候危机的悬崖。因而，采取一切可能的措施降耗减排固碳，已经是没有时间以任何理由去争论的刻不容缓的选择了。

"落红不是无情物，化作春泥更护花。"生命之网有所有生命包括人类遗体转化的最好机制，它对遗体的分解是资源的循环利用，人类的殡葬模式必须彻底改革。第一，它必须符合生态学的要求，遗体全部进入生命之网的物质循环，实现生态效益的最大化。第二，它必须符合物能消耗、污染排放和经济成本最小化，社会公平最大化的要求，不能是穷人死不起，富人造大墓。第三，要留住文化之根，慎终追远是中国传统文化的一个重要特色。人之生，需要与生命之网交换物能，但这种对"身外之物"的需求，只是它的效用，而不是占有，人之死是以身回报自然，全部进入自然的分解还原过程，更不存在占有。人类要可持续生存和发展，就必须没有例外、不留死角地使所有高消耗低利用的自然资源和社会财富流动起来，在流动中实现效用最大化，达到以最小的资源消耗满足人类的效用需求，同时，最大化地减少污染排放，最后把一切交还给自然。

第二节 回归故土

一 魂归何方

多细胞生物个体有生有死是生物进化的实现形式，其中，生物个体从生到死是一个时间的单向过程，从哪里来到哪里

去是一个空间物质循环过程，这两者是统一的。大地是自然
构建生命之网物质循环和能量流转的枢纽。植物扎根大地，
吸收太阳能和土壤中的物质来合成自身，为动物提供生存所
需的食物和氧气，吸收动物排放的二氧化碳，稳定大气的构
成和气候，为大地涵养水土并将降水引向内陆纵深地区；动
物的排泄物和遗体回归大地，它们经微生物分解还原而成为
植物生长的养分，进入生命之网的循环过程。大地不竭的生
产力来自生物取之于大地的物质源源不断地回归大地，这就
是自然生命之网永葆自循环、自平衡无限生机的奥秘所在。
在被称为"认识的先知"的美国著名科学家奥尔多·利奥波
德的"土地伦理"中，土地是一个有机体。

> 土地并不仅仅是土壤，它是能量流过一个由土壤、
> 植物以及动物所组成的环路的源泉。食物链是一个使能
> 量向上层运动的活的通道，死亡和衰败则使它又回到土
> 壤。……这是一个持续不断的环路，就像一个慢慢增长
> 的旋转着的生命储备处。[1]

我们知道所有动物都有栖息地，有巢、穴、窝，却未必
知道一种把房子扛在背上的动物有归巢的本能。英国埃克塞
特大学教授戴夫·霍奇森在赫特福德郡韦林加登城一座花园
的四个角落和康沃尔郡各搜集了一些蜗牛，把它们分成相应
的五个组，分别涂上不同的荧光色，然后放在花园的中央，
这些蜗牛开始发光时，它们整晚的一举一动都被拍摄下来。

---

[1] 〔美〕奥尔多·利奥波德：《沙乡年鉴》，第 205 页。

他发现蜗牛爬行的时速仅有 1 米多一点，24 小时爬行 25 米，来自花园四个角落的蜗牛最后全部都爬回了自己原住的角落，来自康沃尔郡的蜗牛也全部方向正确地朝西爬在回原住的角落的路上①。蜗牛也有回家的本能，这既令人惊异，又让人大开眼界。它告诉我们，房子并不是最终的家，最终的家是自己出生成长之地。人们知道有些动物会因食物的丰匮、气候的变化而流动，大草原草食动物迁徙的路线很长，候鸟迁徙的路线更长，它们都随季节的循环在两个故乡往返迁徙，最后都把自己交还给生养自己的栖息地，植物更是树长天高，叶落归根。自然界的动植物都遵循"从何处来就回归何处"的物质循环规律。

人类因迁徙在几万年前就已经遍布全球各大陆和近海岛屿，找到食物产出丰富的生态系统后就会定居下来。欧洲人几百年前为开拓殖民地而征伐全球，被征服者的文化被外来文化替代或被边缘化，而且资本主义生产方式也使征服者形成了全球创业、四海为家的生活方式，因而他们的故乡是一个随时间而变动的序列。但他们仍会沿着这个序列"寻根"，历史学家、考古学家、基因学家甚至把这个根追溯得很远。

分布在中国境内的各族群，10000 年前就开启了农业文明，5000 年前在多民族交融中孕育了统一的文化，这种文化在此后 5000 年适应各种社会和自然变化的环境中进化出了强大的生命力，成为世界上唯一没有中断的持续进化的文化。正是这一独特的历史过程，使中国人从心理到文化都积淀了深厚的故乡情结，农业文明时代的人即使外出经商为官，也

---

① 《背家蜗牛也归巢》，《参考消息》2017 年 6 月 26 日。

会告老还乡，回归故土，今天仍保留下来的一些有几百年历史的古村落，就是这一情结的物化形志。即使是在今天这个人口地域性、全球性大流动的时代，中国人仍有割不断的故乡和祖国情怀，平时会为她祈福，需要时会为她奉献，有机会时会探亲祭祖。

适应可持续发展要求，去神灵和贪痴之魅，留归属感和凝聚力之根的殡葬模式创新，关键是解开死结，返回生命之网，绿化心灵和大地。能满足这一要求的，是一种新型的树葬模式。新型树葬是把遗体（或经消毒后）放置在易降解的材料盒中，掘井用土掩埋，井深与地下水有安全距离，填土与地表生态有安全厚度，地表平复如原，不露坟包，上面植树，遗体供土壤中的生物为食，分解后为树木提供养分，进入生命的循环。

探讨殡葬模式创新，无疑需要对现行各种殡葬模式进行分析和评价，由于本章对殡葬模式创新的基础理论提供了基础性分析，因而无须对现行其他殡葬模式再作具体评价。

没有疑问，殡葬不会是一个模式（如在树木无法存活的地方就难以实行新型树葬，不同的宗教、民族、地方会有不同的模式）。但要相信人类文化、习俗都是适应性进化而不是自古至今一成不变的，只要人们认识到生态文明和可持续发展是必然选择，认识到"当一个事物有助于保护生物共同体的和谐，稳定和美丽的时候，它就是正确的，当它走向反面时，就是错误的"[1]，就能认识到人类作为生命之网上的一个节点，必须与整个生命之网联结、流转起来才能持续生存和

---

[1] 〔美〕奥尔多·利奥波德：《沙乡年鉴》，第213页。

进化。有了这个心灵绿化的基础，就应坚信新型树葬能获得最大化的认同。

二 文化之根

人类有故乡情结，在生物学、社会学、心理学和文化学上都有深刻的原因。背着房子的蜗牛回家的例子提供了一种生物学本能性的证明，科学研究还表明，人类幼儿和初恋所形成的两次"铭记"，对人有持久的影响。德斯蒙德·莫里斯指出：

> 人类婴儿在出生后的最初几个月里，就开始和他的同类、特别是和他的母亲建立起多方面的、持久的联系，这是一个人最初的、也是最敏感的社会化过程。……他们就这样相互铭记，相互建立起牢固的联系，这种联系对于婴儿往后的生活是特别重要的。……一个人一生中第二次铭记过程，即：两性结偶时的铭记过程。"一见钟情"……这种快速相爱现象就是铭记……它在个人的感情敏感期（即成年初期）最容易发生。"一见钟情"发生得很快，有时甚至是刹那间产生的，但其效果却相当持久……年轻人恋爱可能朝三暮四，但又往往永生难忘，他们中的许多人会不顾一切地固恋着"童年时代的恋人"[1]。

故乡不仅是少儿的乐园，两次铭记之地，而且其山水草

---

[1] 〔英〕德斯蒙德·莫里斯：《人类动物园》，第 150~153 页。

木给游走在外的儿女留下的回忆和情感也会伴随终生。中外许多著作中都有作者回忆故乡的动人描写，对故乡的情感甚至会影响到一个人的事业选择。

人的故乡情结具有一定的普遍性。利奥波德在环境优美的故乡形成了热爱自然的情感，读大学时，他在一个圣诞节回到故乡，发现童年时的湖泊沼泽变成了玉米地，他深感失落。事隔 40 年，他在去世前的几个月还说："没有人能懂得一个男孩对一片沼泽所能有的情感是多么强烈。我的家乡认为社区因为这种变化而繁荣了，我却认为它因此而贫瘠了。"① 正是这种强烈的情感使他在大学时就产生了对征服自然的怀疑，使他在后来的工作和研究中一步步认识到土地是一个有机体，进而创立了"土地伦理"论。

英国著名自然博物学者吉尔伯特·怀特出生在伦敦远郊的塞尔波恩小山村，从童年时起形成的对土地和动植物的强烈情感，使他在牛津工作了一段时间后，于 31 岁回到故乡，此后他生活在那里，直至去世。在这 40 多年中，他利用闲暇时间，仔细地观察和研究这个山村周边的自然生态系统，写下一部被称为"亚当在天国的日记""英美自然史学说奠基之作"② ——《塞尔波恩的自然史》，塞尔波恩也因此成为包括达尔文在内的著名科学家、学者和作家们的朝圣之地。

老子说："夫物芸芸，各复归其根。归根曰静，静曰复命，复命曰常，知常曰明。不知常，妄作凶。"③ 这又在生物

① 〔美〕奥尔多·利奥波德：《沙乡年鉴》，第 217 页。

② 〔美〕唐纳德·沃尔斯：《自然的经济体系生态思想史》，侯文蕙译，商务印书馆，1999，第 33、24 页。

③ 《老子·庄子》，第 38 页。

学本能的基础上提供了一种文化认知的自觉：人和万物一样要回归其根，只有万物复根，才有生命的循环。老子哲学是对2000多年前中国文化认知的哲学总结，对中国人心性的塑造有着重大影响，它形成了一种强大的故乡情结、归属意识和爱国情怀。中国的教育使"好儿女志在四方"，但故乡始终是牵动父母与游子、先人与后代守望呼应的心绳，对此，屈原有"羌灵魂之欲归兮，何须臾而忘反……鸟飞反故乡兮，狐死必首丘"①的强烈表达。类似表达不胜枚举，如"草虫鸣何悲，孤雁独南翔。郁郁多悲思，绵绵思故乡。"（曹丕）"汉地草应绿，胡庭沙正飞。愿逐三秋雁，年年一度归。"（卢照邻）"日暮乡关何处是，烟波江上使人愁。"（崔颢）"但令归有日，不敢恨长沙。"（宋之问）

以"忠孝"为道德准绳的中国传统文化今天需要扬弃，而不是抛弃。正如在生物进化过程中，生命从简单到复杂、物种从单一性到多样性所带来的是生态系统循环平衡抗逆能力增强而不是衰退，是地球环境生命适宜性进化而不是破坏一样，全球化时代的经济、文化交汇，是多样性的民族文化交汇而不是多样性消失，它带来的是丰富性而不是贫乏性，是全球主义与家国情怀相得益彰而不是相互否定。"忠孝"在一定意义上是"生物学之根"的文化表现形式。

就文化的适应性进化能力而言，中国人追求真理、修正错误、与时俱进、创新发展的能力绝不逊于任何国家的人，环境在不断变化，决定了文化也必须要适应性进化。我们要对传统殡葬文化进行扬弃，既要遵循生物学、生态学、经济

---

① 屈原：《楚辞》，黄山书社，2002，第121～122页。

学的要求，去神灵和贪痴之魅，又要珍惜并留住其中的传统文化故乡情结、爱国情怀之根，而且，在城市化时代，留住这个根还是生命之网物质循环与平衡的必然要求。

第三节　三重保障

一　三重挑战

探讨死亡不是目的，目的是更好地生存。人类正在进入经济、社会、生态三重安全挑战相互影响、相互加强的危险时期。这三者的安全挑战除了一系列长期未能解决的老问题外，还有快速来临的新问题。

从表层看，智能机对人的体力和智力的替代，虽然会创造一些新的就业，但不能改变更多人失业的大势，加上人口老龄化和人均寿命延长，绝大多数人将有几十年的时间无事可做。这两者不仅带来人力的巨大浪费，而且将加重社会保障和财政压力。与此同时，气温上升不可逆转，降水模式改变，干旱、洪水、污染等环境灾害加剧和环境难民压力加重，导致流行疾病暴发的概率大增，这更将使社会保障和财政压力雪上加霜。

很多人可能对此不以为然，认为车到山前必有路，但现实情况并非如此简单。历史学家尤瓦尔·赫尔利在《未来简史——从智人到神人》一书中认为，这时的"科技发展潜力极其庞大，很有可能就算这些无用的大众什么事也不做，整个社会也有能力喂饱这些人，让他们活下去"。但他们可能要靠药物维持生命，靠电脑游戏打发时间，这会对自由主义推崇人类生命及人类体验神圣不可侵犯的信念造成致命的打击①。但我的看法是，即使生产力高度发达，也不可能出现一个大多数人长期无事可干的社会，因为这存在三大障碍。

第一，在今后二三十年内，机器人替代会达到很高的程度，但就全球而言，社会进化速度远滞后于科技发展速度，靠少数人养活大多数人的社会保障机制很难同步跟进，这将使社会进入一个急剧变化甚至动荡的高风险时期。截至2018年底，全球债务总额接近250万亿美元，大约相当于全球GDP的317%，各国官员和经济学家除了对绝对债务水平担心外，还对大量贷款可能并未被记录、债务冰山比最初看上去更具威胁性忧心忡忡，当债务的真正规模变得明显时，为时已晚②。过高的债务水平严重削弱了政府、企业、家庭抗御经济、社会和自然灾害风险的能力。至2017年，全球有超过一半的人口没有社会保障，约有1.36亿人需要人道主义援助，许多人口增长快的发展中国家由于青壮年失业率很高，社会长期处于动荡甚至战乱之中。如果社会和解的希望都悬于未定之天，智能机快速发展对人的替代，又如何创造奇迹使这些国家的政府能把大多数只生孩子不干事（无法就业）、会闹事（无事生非）的人快乐地养起来？即使发达国家也深藏隐忧，目前一些生育率低的发达国家，为应对人口老龄化不断加深和人均寿命不断延长对社会保障不断加大的压力，提出削减社会保障并实行延长退休年龄的办法已引起社会不满和

---

① 〔以色列〕尤瓦尔·赫拉利：《未来简史——从智人到神人》，林俊宏译，中信出版社，2007，第296页。
② 《港媒报道：巨大债务冰山或击沉全球经济》，《参考消息》2019年6月19日。

骚乱，但智能机对人力的替代将使越来越多的年轻人失业，在人口增长或稳定而就业岗位不断减少的条件下，要增加年轻人就业（社会稳定之必需），就只能要求就业人口工作的年限缩短而不是延长，从而会使大多数人由对延长退休年龄的不满，转向对提前退休的更大不满（收入下降）。美国是全球科技最发达、经济总量最大的国家，但至 2018 年底，政府债务高达 22 万亿美元，超出全年 GDP 总量，家庭债务人均超过 4 万美元，两极分化，中产失落，社会撕裂。在这种情况下，要少数人养活多数人，那就要看他们能否废除竞逐私利最大化的信条，实现财富共享，但即使能这样，又会遇到第二个障碍。

第二，少数人养活多数人即使在少数发达国家有可能，也会因与人类尊重劳动价值的基本道德背道而驰而被拒绝。极少数高收入国家做不到少数人养活大多数人，因为即使要实行财富共享，也要社会成员"各尽所能"，而不能"不劳而获"。较高素质的人尊重劳动价值，耻于"坐享其成"，有在为社会提供价值的过程中实现自我价值的追求。瑞士人拒绝"免费的午餐"就是一个实例。2016 年 6 月，瑞士举行全民公决，76.9% 的人投票否决了"无条件基本工资"的动议，这项动议建议每月向所有瑞士成年人和居住在瑞士 5 年以上的外国成年人支付 2500 瑞郎（约合 1.68 万元人民币）、每个未成年人每月 650 瑞郎（瑞士的人均月工资是 6000 瑞郎）。2012 年，瑞士人还否决了将带薪假期从 4 周延长至 6 周的动议，因为他们认为这会使瑞士的国际竞争力下降[1]。而且，即

---

[1] 《尊重劳动价值 拒绝"免费午餐"：瑞士人对"全民基本收入"说"不"》，《参考消息》2016 年 6 月 7 日。

使大多数人能终生无事可干地"逍遥"人生，也会遇到以下更基础性的障碍。

第三，终生无事可干或"过早"退休（所谓"过早"退休，是指在有工作能力之前退休，而不是指按各国的"法定"年龄退休）的人会加速身体特别是脑功能退化。英国伦敦大学学院和伦敦大学国王学院的研究人员对 3400 名公务员历时30 年（时间涵盖他们职业生涯的后阶段和退休后的前阶段）的定期跟踪研究报告显示，这些人退休后脑功能发生迅速衰退，短期记忆力衰退的速度快了 38%。这项研究证实了此前研究的结果："用进废退"①。脑子不用会衰退，其他身体功能也是如此。动物的本质特征就是动，不动就衰退。人的动更进一步——创造价值的劳动，人类正是在创造价值的劳动中进化的，正如马克思所说，劳动不仅是谋生的手段，而且是"生活的第一需要"②。把劳动视为负担，认为早点退休可以享受生活，认为运动可以替代劳动，如跳舞、打牌、旅游、聚会等，但运动不能替代创造价值的劳动的社会学和生物学功能，如此一来，大多数人因无事可干而体脑衰退却照常生育，必将导致人类物种的退化，青壮年失业率极高必将导致社会动荡，大多数人只会消耗资源、排放污物和繁衍后代，给经济、社会和生态带来的全是负面影响。这样的人类物种和社会必然不可持续。

因而，在今后几十年中，一个国家要想继续发展下去，一方面不能拒绝智能机的替代，因为拒绝就意味着将被科技和经济发展的大潮甩到贫困落后的一极，就会在各种压力的

---

① 《退休或致脑功能迅速衰退》，《参考消息》2018 年 1 月 24 日。
② 《马克思恩格斯选集》第 3 卷，第 12 页。

夹击中走向分崩离析；另一方面不能被动地接受智能机的替代而缺乏对上述问题的及早有效应对，因为这会滑向贫富分化加大、财政负担加重、消除贫困失败、社会保障倒退、内外矛盾激化的困境之中。所谓及早有效应对，就是从现在开始走一条把控制人口增长，创新就业渠道，发展科技经济，提高教育、社会保障、全民健康水平和改善生态环境等统一起来的发展道路。其具体形式会因各国的国情不同而有所不同，但共同点是要构筑生态、社会、经济三重安全保障的基础。

二 安全之基

中国是一个幅员辽阔、人口众多的发展中大国，中国应对好这三重安全挑战具有全球性意义。我们需要清醒地看到，要解决好智能机替代所导致的庞大的失业人口、老龄人口和社会保障问题，任何老办法都无济于事。我们要回归大地，立足于物种和生态基础安全来思考这个问题。在这里可以看到，所谓"失业""退休"的问题，只是工业文明对农业文明的否定所带来的特有的社会病，自给自足的农民耕耘土地，依靠土地产出的资源养活自己，生命不息劳动不止，即使在外为官经商的也会老而回归田园，他们不知失业、退休为何物。大工业的发展使人们离开了土地，紧张且单调的劳动过早地消耗了他们的体能，快速发展的科学技术使他们曾熟悉的知识和技能很快过时，变化不定的市场不断将他们从就业岗位上吞进吐出，因而就有了失业和退休问题。现在，社会发展的否定之否定规律要求我们回归大地——从农业文明到工业文明再到生态文明——复活被工业文明破坏的生态环境，消除少数人养活多数人，找回劳动价值的自尊，避免人种退化。

中国有一个寓意极深的神话——夸父逐日。"夸父与日逐走，入日，渴，欲得饮，饮于河、渭，河、渭不足，北饮大泽。未至，道渴而死。弃其杖，化为邓林。"（《山海经·海外北经》）夸父逐日以神话的形式讲述了夸父执着追求的悲壮故事，暗喻了人类一代代地征服自然，付出了河流干涸的环境代价，最终渴死，但没有一死了之，而是死而化为森林——这是它更深层的寓意。这是一个兼具人类历史写照、生命循环洞察、哲学智慧领悟和宗教隐喻启迪的迷人故事。

美国学者卡特和戴尔在《表土与人类文明》一书中，用文明人跨越地球，足迹所到之处化为一片荒漠来概括世界上几十个文明古国因破坏环境而衰落的历史。据学者研究，按今天的中国国土面积计算，中国的森林覆盖率在远古时代"大约为64%……黄帝轩辕直至夏代的数百年间……可能下降到60%……夏至战国的1800多年间……下降到46%左右……秦汉到隋唐的1128年间……下降为33%……明末清初，下降到21%左右"，到中华人民共和国成立时，降至12.5%。[①] 近几十年来，中国政府为逆转森林覆盖率下降、荒漠化蔓延的现象做了不懈努力，出现了一批像河北省塞罕坝林场那样的成功典型。[②] 但就全国总体而言，由于动力机制的缺陷，生态环境恶化的态势并未得到根本性逆转。

森林是陆地生态环境的支柱，其吸碳制氧、除污抑菌、

① 樊宝敏、李智勇：《中国森林生态史引论》，科学出版社，2008，第38～40页。
② 获得2017年联合国环保最高荣誉"地球卫士奖"的塞罕坝林场，占地9.3万公顷。数百名务林人从1962年开始至今历时三代人，把森林覆盖率只有11.4%的贫瘠沙地，变成森林覆盖率为80%的绿水青山，每年释放约54.5万吨氧气，向北京和天津提供1.37亿立方米清洁水。

涵养水土和保护生物多样性的功能无可替代。今天人类的一个个"夸父"为"逐日"而付出了巨大的环境代价，只有死后化为一片片"邓林"，才能给生态环境以应有的回报，其实现方式就是把新型树葬与发展家庭林场（或林园）结合起来。这不仅是把现行殡葬模式的所有弊端转化为绿化大地强劲动力的最有效方式，而且是为中国有效应对正在来临的三重安全挑战构筑重要的基础性、战略性保障。

只有找到能发挥所有人积极性和主动性的方式，才能走出这一困局。这种方式就是把推行新型树葬模式与发展家庭或家族林场统一起来，为绿化大地提供全民行动的强劲动力。这种家庭林场与现行林场的不同，一方面在于前者是全民行为，后者是少数人行为；另一方面在于前者将为数亿人提供稳定的就业和老有所为的天地，为中国生态产品增长和全局环境改善奠定牢靠的基础，成为应对三重安全挑战的基础性、战略性工程。

家庭林场既是一种生态经济体，又是一种自然、健康的生活方式，在科技创新、机器人替代一浪高过一浪的大潮中，几乎没有人具有紧追不失的能力。绝大多数人在人生的中途退出职场，他们将向何处去？人在壮年之后将如何提升生存的质量和生命的价值？百年之后又将魂归何方？如果这种人皆有之的生命关怀和终极关怀失落，社会收获的将是负能量；如果安放在推进整体安康建设的宏大事业中，将是正能量的充分释放。当然，发展家庭林场不能一哄而起，一步到位，它需要有政府的规划和激励政策，需要一批经济条件相对较好、认识到位和意愿强烈的人率先示范。

推进这一基础性、战略性工程，应紧紧抓住从现在起到

21 世纪中叶约 30 年的关键期。因为这是智能机替代加快、失业人口增加和老龄化加深的时期。同时，全球气温上升、气候带北移带来北方和西部地区降水增加，为干旱缺水的广阔荒山裸岭造林绿化提供了天时之利。气温上升会导致很多地方自然灾害增加，但如应变得宜，抓住了山和林，就能抓住水和气，就能构建山、林、水、土、气一体化的生态安全体系，就能失之东隅，收之桑榆。如果经过约 30 年的努力，到 21 世纪中叶，全国所有宜林荒山裸地绿化，森林覆盖率恢复到约 40%，则中国的生物多样性和生物量、木材、药材、果茶菌菜等林产品的供给能力、碳汇容量、水土保持、自然净化、大气质量、降水模式、就业渠道、全民健康、社会和谐与自然和谐的水平等都将大为改善，并为缓解全球变暖和世界和谐做出重要贡献和示范。

因而，只要转变思维方式，就可以在未来约 30 年中，把人口不断增长、智能机替代人力不断加剧、财政压力不断加大的矛盾，转化为绿化大地，为生态文明建设奠定自然基础的重要历史契机。30 年后，如果绿化大地的目标得以实现，生态容量的增长和智能机对人的大规模替代带来人口的负增长、人口超载将发生逆转，人与自然和谐共生将出现新曙光。

三 两种模式

要全面和顺利推进绿化大地的宏大工程，需要国土、林业和民政等各级部门协同设置专门管理机构，做好三件事。

一是评估、测量、规划和基础设施建设。可分 A、B 两种模式。

A 模式。一个家庭林场需要几十亩、几百亩甚至更大的面积，因而可以把全国所有宜林荒山裸地进行评估、测量和规划，搞好交通、供电供水和信息网络等基础设施建设，尽可能按地表的自然形态合理划分地块，并按距城市的远近和植物生长条件的优劣，以有差别的低价向所有家庭或家族出租，凡签约实行新型树葬的家庭或家族都可以在本地区或跨地区选择一处地块，作为家庭林场和树葬用地。

B模式。由于有些城市周边荒山裸地少，不具备发展家庭林场的条件，也有些家庭、家族目前对建设家庭林场的意念不足，因而应在城市周边较集中地划出若干连片宜林荒山裸地作树葬区。树葬区内用人行小道分割成块，地块面积一般为几亩或更大，每块编号、标识、登记，低价向当地居民家庭或家族出租，作为家庭、家族逝者的树葬用地（同时也是他们的自营林地）。这两种模式都发放使用年限较长、可流转、可续租的土地证。

二是对A、B两种模式实行不同的管理方式。A模式可按家庭小型林场规范加上新型树葬要求来管理。B模式则需管理机构实行更严格的安全管理，为防火防盗防损毁，家庭或家族成员需凭有效证件才可进入其树葬区进行祭扫和树木栽培养护。

三是激励人们把以往墓葬中的遗骸、骨灰迁葬到树葬区，这既能使家庭或家族获得集中祭扫的方便，又能水到渠成地把现今城市周边集中的陵墓区和农村分散的地表坟包平复，纳入城乡社会与生态和谐发展的统一规划。这样，除极少数有重大历史象征意义的陵墓外，传统的固化坟包都可以回归到自然的循环之中。

A、B两种模式不仅消除了现行所有殡葬模式的生物学、生态学、经济学、社会学的全部弊端，而且为绿化大地提供了经济学的强劲动力。就 B 模式而言，虽然树葬区面积较小，但是租用者的自营林地，就家庭、家族而言，"树葬"树占地很小，其他空间可以种植多样化的有生态、观赏、食用、药用等价值的植物，而且"树葬"树到一定年龄后也需采伐更新，因而它们都有经济产出效益。这样，树葬区就既是城市所有家庭户外劳动、融入自然、感受生命循环和寻根追远的精神家园，面积大些的还能为低收入家庭、失业或就业不足家庭和退休人员提供一个自主创业、增加收入、愉悦身心的园地。

A 模式的推进过程是一个人口城乡双向流动、大城市告别拥堵和空气污染、生态村镇快速崛起、农村人口结构现代化转换的过程，在交通、电力、信息、远程教育和医疗网络的全覆盖中，城乡差别将消失，城乡一体化的时代将真正到来。而且，优美的生态环境、自产的有机食物、半休闲式的工作方式、广阔的绿色活动空间，使生态村镇比大城市更宜居、更有利于身心健康、更具吸引力。因为气候变暖和热岛效应，许多大城市在夏季将会变得酷热难耐，有数据显示，巴黎市中心与周边乡村的温差可达 8℃ ~ 10℃。在洁净优美的生态村镇生活，身心更宁静，人际关系更融洽。步行更有利于健康，骑行能抗衰老和保持免疫系统的活力。已有研究报告显示，制造免疫细胞 T 细胞的胸腺通常从 20 岁开始缩小，但经常骑行者即使年纪大了胸腺也能制造与年轻人一样多的 T 细胞，从而大大降低癌症、心脏病和死亡的风险，提高心理健康水平[①]。

---

① 《骑车有助保持免疫系统活力》，《参考消息》2018 年 3 月 10 日。

森林和生态产品是永不过时的产业，没有今天就业明天失业的大起落，因而，家庭农场不仅使就业压力得到有效缓解，而且失业、退休的概念也会过时，因为家庭林场没有退休、失业的概念。这意味着在社会意识和人们的自我意识中，人终生都是有价值的，而不是退休或失业后就成了"多余"的人；人都对自己的生活事务有自主选择权和控制力，而不是被动地适应社会或他人的安排。研究表明，很多疾病如结肠炎、心脏病、抑郁症等，"都与疾病发生之前所产生的无助感、失控感密切相关。老年人进入疗养院后，他们必须忍受的最困难的转变之一就是放弃对自己日常生活的控制，这便影响了个人对自己命运的选择"。科学家对美国医疗服务、娱乐设施和居住条件最好的疗养所进行对照研究，科学家选出一些老人作为实验组，选出另一些老人作为对照组。实验组的老人可适当安排自己的生活，科学家发现，让老人自己决定房间的布置、选择照顾好一株植物、两天中选择一天看电影，都能显著地提高老人的快乐程度和活力水平。18个月后，对照组有30%的人去世，而实验组仅有15%。实验还表明，如果这种改变不持续而是很快结束，老人失去选择权后，会衰老得更快。在现代心理学中，这种自我的控制能力，是对人类的行为和健康产生"极为重要影响的一个因素"[1]。因而，我们现在就要开始制定激励政策，在城市化、老龄化和智能机替代快速到来的时候，大力推进生态文明这一基础工程的建设，为应对上述三大挑战打下重要基础，就有一个任凭风浪起、稳坐钓鱼船的稳定锚。

---

[1] 〔美〕罗杰·霍克：《改变心理学的40项研究》，白学军等译，人民邮电出版社，2018，第175~181页。

任何事物的发展都是一个否定之否定的过程，认为现代化过程只是一个单向的城市化过程是短视的。在工业化扩张时期，人口向城市流动，到了工业化后期，如仍坚持人口的单向流动，只会造成拥堵污秽的城市和贫困衰落的乡村并存的二元格局。在工业化后期，需要的是人口的双向流动，是城乡一体化的互动，是科技发展、人的素质和生活质量提高与生态环境改善的协同。只要我们认识并遵循事物矛盾运动的辩证法，就能把线性思维中无法解决的"死不起"和"活得累"的难题有效化解，并转变成推进增效、增寿和整体安康的强劲动力。

第八章 信仰演变

在第四章我们简要地探讨了生命、文明的意义问题，区分了功利性意义、神圣性意义、本体性意义；第五、六、七章实质上是围绕本体性意义对生命的本能及生命循环（可持续）问题展开讨论。所谓神圣性意义、本体性意义，实质上都是对天问的终极回答，前者通常称为"信仰"。本章要回到人类创造文明的起点，对从那时起直至今天的人类信仰的演变过程作一概述。信仰的演变是人类对生存环境变化的适应。在科学技术迅猛发展的今天，人类对世界的认识和人类的生存环境都在发生巨变，对灵魂永生的神圣性意义的追求，转向了对生命和文明永生的本体性意义的追求。切实维护好地球生命自治体整体安康，已成为超越一切民族、国家、宗教和文化的全球性共识和行动，生命和文明永生的本体性意义全取决于此。

第一节 神学信仰

一 复杂的起源

本书在第一章第一节中已经提到，最初对"天问"进行回答的是宗教神学。学者们通常认为宗教神学形成的三大要素是幻觉、畏惧和希望。但现在看来，神学的起源可能更复杂，这里要补充的是吃致幻植物、菌类和心理强迫、脑神经病症所造成的幻觉作用（仅指神学的起源阶段，而不应推至后来的理论化、体系化一神教）。

考古发现，约13000年前的纳图夫人墓穴中有开花的芳香植物、小珠子、代赭石和石制工具陪葬品，5万多年前的尼安德特人的墓穴中有各种花朵的花粉，虽然有人认为这可能是穴居动物带入的，但神学信仰起源很早是可信的。人类不仅会做梦，而且会有各种神秘的体验。原始人类因气候变化、食物短缺、强敌环伺而不断迁徙，扩散到全球，这时原始人类处于"尝百草"的阶段，吃到致幻植物、菌类而产生幻觉会是很多人都有的体验。如果说做梦是个人的事情，梦境因人而异，别人未必相信梦者所言，可能半信半疑，但食用致幻植物、菌类会产生相似的可相互印证的感受和幻觉，别人难以不信。特别是部落的自我毁形、活人献祭行为，致幻植物、菌类的作用就更不是梦境和宣传的作用所能替代的。原始人类对幻觉不能做出正确解释，就很容易相信现实世界外还有一个神秘世界存在。

致幻植物、菌类很多，天堂蓝、蛤蟆菌、曼陀罗、矮生苦草、卡瓦根、迷幻鼠尾草、迷幻蘑菇、鸟羽玉仙人掌、死藤、大麻就被视为十大宗教仪式致幻植物、菌类。少量食用这些致幻植物、菌类，会使人产生光怪陆离的幻觉。据学者们的研究，阿尔及利亚北部的山洞中有7000年前的迷幻蘑菇壁画，美洲玛雅古文明中有致幻蘑菇的记载，玛雅人还建造了迷幻蘑菇的寺庙和石雕；现在人们发现有些宗教活动与致幻剂相关的历史记载，有些民族在举行宗教仪式时，仍会用致幻植物、菌类来增添神秘气氛，还有些巫师、魔术师会用致幻植物、菌类来行骗。

不仅如此，现代心理学和脑科学的研究表明，大量的神秘现象与人的心理和大脑活动状态相关，是心理学的"心理期盼""幻觉倾向"和脑科学的病症诱发等概念、理论所涉及的现象。心理期盼指人们会看到和感觉到他们希望看到和感觉到的东西。幻觉倾向指成人中有少数人经常产生生动的幻觉。幻觉倾向源于人无法摆脱童年时代对想象和幻想的沉迷，在幼儿时期沉迷复杂、离奇的幻觉生活的人更容易有这种倾向。这可能与幼儿期受到的精神创伤有关，例如，被虐待的儿童幻想自己有控制一切的力量。心理学家通过实验，发现有幻觉倾向的人大部分时间都沉浸在幻想中，他们可以"看到""听到""闻到"并"触摸"想象中的事物，不仅能在毫无物理刺激的情况下兴奋起来，而且更容易产生梦境和幻觉（包括幽灵和怪物的幻象），他们中有一半人认为自己正在接受更高智慧生物的信息，其他人则认为自己能通灵，他们很容易被催眠。心理学家还以"真实幻觉""虚假幻觉""意识交叉状态""睡眠饥渴状态""视觉幻觉""听觉幻觉""触觉幻觉""专注"等概念进一步区分和解释幻觉倾向所产生的各种奇怪现象。[①] 心理学家在研究造成这些幻觉和意识交叉状态的条件时，发现其中不包括病症，但脑科学的研究表明，不能排除与病症诱发的联系。

世界各地自古以来就有"魔鬼附体"的现象，其共同症状是身体变形、面部扭曲、口吐白沫、呕吐不止、力大无比，而且大多数口吐秽言。其实这属于癫痫。癫痫发作总有一种

---

① 参见〔英〕迈克·达什《临界地带——未知世界探索》，郎可华等译，中国文联出版社，2000。

"癫痫性气氛"，这种气氛使癫痫病人感觉正经历一个被附体物捕获的超凡的过程。脑科学的研究表明，约占"大脑灰白质"褶皱表层40%的神经突的损伤，会明显改变大脑对周围世界的感知，最普遍的是出现"梦幻状态"，看到或听到古怪的甚至恐怖的事情。科学家对一些外星人遭遇事件或是宗教性奇异事件进行研究，发现这些神秘的异常情况的发生实际上是由神经突癫痫所致。局部的神经突病发、微小的神经突改变，会引起短暂的癫痫病症。缺氧也会导致神经紊乱并直接导致奇怪的幻觉，很多濒死体验都是缺氧的直接后果。①

　　心理学、脑科学理论可以解释大量的神秘体验，但为什么这些神秘体验与神鬼、宗教人物、外星人有关呢？这涉及人类的记忆和心理起源。研究表明，记忆的过程非常复杂，它不是对经验的真实的、完整的信息复制、储存，而是一个想象的大致框架，是一个可塑造的过程，可以夸大、缩小、消除、修改，甚至可以把假的记忆完全灌输到大脑中，而且一经灌输，真假记忆就无法区分，假记忆也无法检验。大量神秘经验的来源之一，是一个人对曾听过的故事、音乐，看过的小说、影视等记忆有关的幻觉，如心理学的"潜隐记忆""潜移默化症""空想性错觉"等。"潜移默化症"是有些人看到某种现象而引起危险警示的幻觉，这种危险有可能真的发生，它是一种对信息的潜意识的获取，潜意识与心理进化有关。"空想性错觉"是有些人把天上的云彩看成某种动物，海市蜃楼看成城堡，基督徒听到撒旦的颂歌，等等。② 幻觉都与个人经历和文化背景有关，一个从未接触过中国文化的外

①　参见〔英〕迈克·达什《临界地带——未知世界探索》。
②　参见〔英〕迈克·达什《临界地带——未知世界探索》

国人，幻觉中出现的神灵都是自己所信奉的宗教人物，而不是中国文化中的神灵。

把做梦和幻觉现象与人类好生恶死的本能联系起来，使我们有理由推测，神灵和灵魂不死的观念可能比尼安德特人5万年前的墓穴花粉出现的时间更早，因为智人在比这更早的几万前就开始向世界扩散了。那时的族群成员是平等的，族群需要有权威来规范群体秩序，使成员协同起来应对生存和繁衍安全的压力，如此一来，族群需要权威与族群成员之间的平等就产生了矛盾，要解决这种矛盾，就只能诉诸神灵权威——原始信仰就应运而生了。

但从原始信仰到原始宗教的构建又经过了一个漫长的演化过程。人类学家对生活在非洲卡哈拉里沙漠的昆申人、火地群岛的奥纳人、北美的肖松尼人、印度南部的帕利扬人、坦桑尼亚的哈扎人、澳大利亚的努库尔人和宾土比人等采集族群进行研究，发现这些族群讨厌和排斥自吹自擂、自命不凡的"逞能者"①。我们现在已无从确知10000年前的原始族群与现代残存的已受到一些现代文明影响的采集族群的文化生活有何差异，但这种没有社会等级，没有个人权威，重要事务都是集体商讨决策的原始族群，在原始文明时期是一个普遍现象。其信仰是比较简单的敬畏自然的万物有灵信仰，它提供了人类最早的整体论世界观，与原始文明晚期人神沟通（如巫师）、人能操控神灵的宗教不同，但为后来宗教的构建提供了神学传统的基础。

在采集渔猎族群中没有个体出人头地的空间，但年长者

---

① 〔美〕伊恩·莫里斯：《人类的演变——采集者、农夫与大工业时代》，第39~41页。

在原始文明的进化中仍起着重要作用。因为原始族群的生存和安全靠的主要是经验，这种经验一是靠代际口口相传，二是靠自身实践积累，因而经验丰富的年长者有优势。由于那时的人均寿命很短，婚育很早，活到四五十岁的人很少，他们的经验对族群具有"头脑"的价值，人类是靠头脑才真正站立起来的，因此那时的公共事务由老年人集体决定。年长者承受着族群生存、繁衍安全的更多压力，当黑夜降临，儿孙们呼呼入睡时，年长的祖父母既要对可能的危险保持警惕，又要思考明天及更长远的族群活动，因而他们晚上睡眠时间短，并时睡时醒。现在老年人虽然不再充当"头脑"，但睡眠时间仍然较少，就是人类几百万年进化保留下来的"历史遗产"。

二　原始宗教

当原始文明从采集渔猎向驯化种养动植物的农业文明过渡时，定居和种养带来领地和财产的守护、住宅和仓储的建筑、生产工具和生活用品的制造，等等。社会分工出现了，社会组织趋向复杂化，族群中出现了管理层；定居和种养还带来了生活环境的稳定，提高了劳动生产率和土地产出率，使族群的人口增长，族群间出现了剩余产品交换。当人口增长超出领地的供给能力时，部落之间出现了因扩张领地而发生的冲突和战争。在早期的冲突和战争中，失败的一方会被驱逐或杀死，后来，则被作为奴隶、农奴收留下来。奴隶、农奴的出现，给社会组织带来了变异因素——等级制出现了，一些人开始脱离社会劳动变成专事管理的阶层，社会权力开始向少数人集中。当社会组织变异和生产力发展带来家庭拥有私有财产和家庭奴隶而成为社会的一个生产单元时，原始共同体也就蜕变为私有制社会。

在上述过程中，原始信仰也开始发生复杂的演化。由于这时是采猎和种养两种生产方式并存的时期，生活资料仍有一部分来自采集渔猎，种养的丰歉也取决于生态环境的变化，万物有灵的信仰仍然存在。但驯化种养动植物既提高了人的地位，又使他们更关注动植物的生长变化，从而找到植物开花结果、动物生长发育与气候的季节性循环相对应、气候的季节性循环与太阳的照射角度相对应、女性的生理周期与月亮的运行周期相对应等规律。牧民夜晚引导畜群转移时最可靠的方向辨别参照物是星星等，他们因此关注天体运行的规律。人在动植物中地位的提升和天地万物的变化规律，使他们对天的最高权威，对与他们的生活关系紧密的自然、社会神祇产生了敬畏。

随着定居、种养业、手工业等的发展带来社会分工复杂化和专职管理层的出现，人们也开始接受了不平等，特别是在财产私有和社会等级分化形成后，人们对"能人"甚至会刮目相看。这种能人就来自聪明的年长的"逞能"者，其中有少数富有生活经验、善于观察和勤于思考的人，把一些零散的现象加以汇集，把看似不同的事物联系起来，给出一个有条理和有一定说服力的解释，他们就总是能受到群体的青睐，"逞能"的心理欲求也就进化出来。因为好为人师总会使其中的少数人真的成为"人师"，成为群体中的权威人士，并从社会管理层的一员一步步变成了部落的酋长、长老。为了适应社会不平等和权威强化控制的需要，一个由天（主要是星体如太阳）、地（主要是风雨雷电江河山岳）、人（主要是部落祖先和有重要影响的人物）、动植物（图腾）组成的神学等级系统逐渐被构建出来。

这种宗教形成于原始文明向农业文明过渡的时期，它是以神的等级和权威来确立社会等级和少数人的权威。尽管在今天看来，这种宗教的活人献祭，自我毁形和巫师、祭司、长老、酋长的角色表演令人不可思议，但是，没有这种足以震慑人心的方式，可能就难以适应社会规模扩大、组织复杂化和伦理道德重构对确立社会上层绝对权威的需求。与原始共同体相比，这是一百八十度的大转变，巫师、祭司、长老、酋长少数几个人用暴力手段不可能完成，这时灵魂不死的神学信仰再加上巫术和致幻剂对精神的控制就起着决定性作用。

宣告原始宗教过时的是社会经济文化发展带来社会组织的大整合（从部落纷争到国家形成）和生态环境的巨变。人口的不断增长和生产力的逐渐提高，带来各原始部落扩大领地和贸易半径的压力和动力，部落之间通过战争或以大压小、以强迫弱的强力方式兼并成国家。由于国家由众多部落组成，不同部落的宗教并存就成了许多国家一定历史时期较普遍的现象。不同的宗教信仰有不同的神灵，这些信仰之间有很大不同，于是就出现了相互竞争信众的现象。僧侣是献身于本宗教庙宇之神的人，阻止本教信徒去信他教，争取新的信徒，对他们来说是毋庸置疑的职责，"宗教崇拜和僧侣界天然就有派性。他们可以改变信仰，他们可以制胜，但他们决不联合"①。因而，不同信仰之间的冲突在所难免，这种冲突如得不到解决，会导致国家的解体，甚至会造成一些历史悠久的

---

① 〔英〕赫·乔·韦尔斯：《世界史纲：生物和人类的简明史》下卷，第180页。

文明体衰落，如埃及、苏美尔、玛雅等文明。虽然新的研究表明，这些文明体的覆灭与生态灾难有关，但频繁的宗教冲突和战争，既转移了人们对生存环境的关注，又导致信众信仰的崩塌，更导致以这种信仰为基础的文明的解体。

但是，破旧容易立新难，立新不仅需要有历史经验和知识的积累、宏观视野的拓展、世道人心的体察、理性分析和逻辑思辨能力的提高，而且需要有大帝国的长期强力推行。因而，从原始部落自然神信仰止步不前到新的一神信仰诞生，经历了几千年的孕育，其间，除中国外，其他古文明都覆灭了。世界许多地区陷入了频繁的战乱之中，小国林立，乍起忽亡。直到2000多年前，无尽苦难的磨砺、漫长的历史经验总结和知识积累，带来了理性的觉醒和智慧的飞跃。中国的贤哲和古希腊的智者从理性的视角去揭示自然的奥秘和天地人的关系，创立了一直到近代都未能超越的古代哲学。人类精神发展的历史，走的也是否定之否定的道路，遍地丛生的原始自然神信仰并没有直接孕育出新的一神信仰，而是走向了它的反面，被这些古代哲学所否定了。

理性的光辉划破了笼罩天空和大地的神秘主义浓雾，但它不能照亮人心、掌握大众。因为那时的社会分工和生产力还很落后，广大民众都是文盲，有文化的人主要集中于寺庙、官府、世家、士族等社会上层，文化交流主要发生在这个小圈子中，他们垄断了社会政治、经济、文化资源，主导着话语权，他们的心灵都为各自的既得利益所操控。哲学只是极少数学者在超越现实世俗世界的沉思顿悟中所获得的智慧，对统治阶级的权力巩固没有实用主义的功能，也很难为大多数人理解，更不要说接受和践行了，因而只能是"大音希声"。但理论化、体系化的理性思想一旦问世，就不可能被完全抹去和无视，它未能驱除神秘主义的世界观，却不能不对信仰形成进化的压力和动力，即迫使它们向大时空和理论化、体系化的方向演化，同时也为它们提供了创新的思想启迪和可吸收利用的智慧资源。因而，在稍晚一些时候，新的理论化和体系化一神信仰终于孕育出来，它以神迹、信条、故事、口语的形式取代了哲学，俘获了苦难的民众，在帝国强力的推行中，成为 2000 多年来人类的主要信仰，人类精神的历史在一个更高的层次上回到了神秘主义的世界观，而哲学沉寂了 2000 多年，直到近代才得以复活。

三　世界性宗教

佛教、基督教、伊斯兰教是今天的世界性宗教。在苦难的世界中，到处都存在梦幻、畏惧、希望的人群，存在各种地方性、族群性自然神信仰，与这些信仰相比，一神教以上帝是全知全能、创造万物的主宰，虔诚信徒的灵魂能进入天国而获得永生的信仰（佛教例外），消除了地方性、族群性局限，解答了普遍存在的社会苦难、肉身必死与渴求永生的矛盾问题。信徒们以传教为己任，传教使信徒不断增多，不断增多的信徒形成跨地域、跨族群的经济、文化、婚姻网络，当这个网络在经济文化发展水平相对较高的欧亚大陆散布开后，它会随着地理的新发现而扩张就毫不奇怪了。因为在科学落后的历史时期，共同的信仰是不同族群互信互动的文化力场——有点类似于物质世界的引力场、磁力场，它有利于安全的商贸网络建立和扩大，能给人们带来实际的经济和安全利益。

佛教创始人乔达摩·悉达多开创的佛教不是一个神学体系，而是一种心灵净化的行为宗教，他曾谴责当时盛行的灵魂转世信仰，对个人灵魂永存的思想做了破坏性分析，对当时在印度受崇拜的各种神置之不理。他认为：人生一切苦难和不满都来自不知足的自私。痛苦出于个人的渴望、贪欲的折磨。一个人只有不再为自己而活着，生活才能变得宁静。当私欲确实得到克服，不再主宰一个人的生活时，当"我"从他的私念中消失时，他就达到了较高智慧，那就是涅槃，即心灵的宁静。涅槃意为使生命变得卑鄙、可怜或可怖的毫无价值的个人目的的寂灭，而不是生命的寂灭。他不允许弟子执着于庸俗的迷信，而要热爱为他人服务，实行和保证公道，不说一切不符合佛理的话，守住清净之身业，过符合佛者戒律规定的生活，对自己的各种活动随时保持锐利的批评的眼光，随时警惕不堕入完全为己的感情，不自鸣得意、欣喜若狂。为此，他向弟子讲述了通往涅槃的正确道路"八正道"：正见、正思、正语、正业、正命、正精进、正念、正定。[①]

基督教的创始人耶稣诞生于公元前4年，他称自己是上帝之子也是人之子，但他没有称自己是基督，并明确要求门徒不要对人说他是基督，也没有认为自己有特殊的神性。耶稣的教义核心是天国的教义：上帝是全人类的慈父，如同阳光普照，不偏施恩宠，一切人都是兄弟。凡是上帝接纳进入天国的人，上帝都一律看待，毫无区别，天国里没有选民，没有宠幸者，没有骄傲，没有优先，没有特权，没有财产，没有买卖，没有折扣，没有报酬，没有借口，只有爱。他鄙

---

① 〔英〕赫·乔·韦尔斯：《世界史纲：生物和人类的简明史》下卷，第333～341页。

视夸耀本民族而轻视异族和异教的正义性。他并不认为自己是良善的，说除上帝之外，再没有良善的。一个人做到不杀人、不奸淫、不偷盗、不亏负人、孝敬父母的诫命还不够，有钱财的人还要变卖所有，分给穷人，就必有财宝在天上。人子来，并不是要受人的服侍，乃是要服侍人，并且要舍命，作多人的赎价。耶稣殉难不久，使基督教重新兴起的是塔尔苏斯人保罗，他把耶稣的教义建成了一个神学体系，这个体系保留了耶稣教义的一些革命的特质，但对私有财产有所宽容，接纳富有的皈依者而不坚持将他们的财产公有化，并宽恕了奴隶制度。罗马皇帝君士坦丁大帝把基督教作为帝国的正式宗教，政权与神权相结合，使基督教拥有超越宗教职能的世俗大权，控制欧洲思想和世俗生活千年之久，在欧洲殖民主义扩张过程中，基督教传入欧洲之外的四大洲。

伊斯兰教创始人穆罕默德，约于公元 570 年出生在麦加，40 岁时以上帝所选的先知和亚伯拉罕、摩西、耶稣的继承人出现，他所创立的伊斯兰教既是一种宗教信仰，又是一种社会法规和政治制度，在伊斯兰国家中，不存在世俗生活与宗教生活、现世与教会之间的严格区别。信徒们履行的"五功"——念功、拜功、课功、斋功、朝功仪式，为信徒们提供了有力的社会和心理联系纽带。在 7 世纪基督教腐败和火祆教衰退的时期，伊斯兰教获得迅猛拓展，经过一系列战争，伊斯兰教从印度河传播到大西洋和西班牙，从中国西部传播到埃及，后又传播到东亚和欧美。

社会黑暗、苦难既是宗教生长的沃土，又是传统宗教衰落的劫数。20 世纪上半叶，人类经历了两次世界大战的浩劫，它严重动摇了人们对传统宗教的信仰，在人们对传统宗教教理、教义的怀疑和不满中，世界上又兴起了一股另创新教的风潮。据有关资料，仅在 20 世纪 60~70 年代，欧洲、北美就各出现了 2000 多个新教派，拉美有 3000 多个，非洲甚至有 8000 多个，亚洲、澳洲也有千数以上。这些新宗教大多未被正统宗教教会、教派所接纳，多数有宗教性质，对传统宗教进行新的诠释，少数则是以敛财和政治为目的，对信徒进行精神控制，冲击社会秩序，危害社会安全的邪教组织。

第二节　神圣国家

一　天授王权

与世界其他地区不同，在 2000 多年前，中国就已完成了多民族统一的国家政治、经济、文化、思想和基础设施的构建，而在这之前还经历了 2000 多年诸侯"分封制"国家的孕育。中国历史的独特之处，是在四五千年前就逐步奠定了多民族统一的国家思想、观念和文化基础。中国古书上有很多关于远古时期的传说，司马迁很谨慎，《史记》只从《五帝本纪》开始，其中就有"天下有不顺者，黄帝从而征之……迁徙往来无常处，以师兵为营卫"。著名的战争有黄帝击败炎帝、擒杀蚩尤，这时中国版图的西北与东南地区就已形成了部落大联盟，黄帝也因此成为约 5000 年前最著名的部落联盟首领。4000 多年前出现国家形态的"夏"，经"商"至"周"末，在近 2000 年的时间中，不计其数的部落通过经济文化交流和战争兼并逐步走向融合。在炎黄时代，仅中原地区的部落就数以万计，到夏代仍有诸侯万国，商代时减至 3000，周代时降至 800，战国时只剩几大诸侯强国逐鹿。在这一过程中，没有最高的一神教替代众多信仰不同的部落神，为王权替代提供了历史的良机，但在神鬼信仰弥漫的时代，王权替代不可能撇开神权，而是需要神权授命，这种授命是假借凌驾于各部落神之上的天帝之名来实行的，即天授王权。

按《史记·封禅书》引《管子》"神农封泰山……炎帝封泰山"之说，四五千年前一些部落联盟所崇拜的主神，就是超越了部落神的天帝、上帝。部落联盟首领及部落间的战争，就成了中国古代文化中的神仙人物和神话故事。3000 多年前商灭夏，就是以夏桀无道、暴戾天下，上帝信任商，命成汤吊民伐罪的名义来实现的。3000 多年前的商已有甲骨文，甲骨卜辞中只有上帝才能"受又"（授佑），但成汤不仅有专祭，还能够授佑，这就把他同上帝直接联系起来了。商由于王位继承秩序出现混乱，导致"诸侯莫朝"的局面，商王盘庚要迁都，遭到反对，盘庚也是以上帝之命来堵住众口的。甲骨卜辞中有很多祭祀的内容，"帝"或"上帝"是天上的最高主宰，管天管地管万事万物，商代的先公先王是处于上帝左右而获得上帝授权的，他们死后灵魂升天并关心现世的子孙后代，养活他们，惩罚他们的罪过，这就把神权与王权、天帝崇拜与祖先崇拜统一起来并突出了王权，因为天何言哉？会说话的是王。这种统一很重要，因为它把先王创立的国家神圣化了，后世子孙必须继承和发扬光大，否则就是愧对列祖列宗的不肖子孙。

周代以后，历代君王也都以授命于天的名义进行统治，因而，中国一直是王权垄断宗教神权，使之为王权统治服务，不存在一个独立的僧侣集团与王权对峙和形成制约，君主有太多的世俗事务需要处理，他们更关心事物的变化与人事凶吉的关系，对纯神学理论的编造没有多少兴趣。中国很早就产生了天、地、国、人合一的整体性世界观，致力于探讨事物变化的规律，形成了阴阳对立统一、五行（金、木、水、火、土）相生相克的思维模式，逐渐演化出了以占卦、卜筮对人事与万物在变化中的因果联系进行既神秘又不乏朴素辩证法的解释工具——《易经》。

在经历炎黄、夏商周 2000 多年的农业文明发展之后，至春秋战国之交，历史经验、文化知识和思辨能力都已积累到一个突破创新的程度，在社会政治风云激荡中，终于催生出一个思想奔涌、百家争鸣的时代，老子、孔子、墨子等一批思想家纷纷登上舞台，他们直面自然和社会，研究思考、辩驳争议、著书立言、授徒游说。在老子的哲学中，世界是一个自然辩证的演化过程，天、地、人和万事万物都受规律制约，而不受神鬼操控。孔子研究周代文化，信天命，但避谈"怪力乱神"，把关注的重点放在建立社会伦理秩序上。墨子相信神鬼，但他全身心关注的是消除社会不公、制止战争、救民于水火的侠义事业。诸子没有任何一个人尝试创立宗教。汉代后，道教把老子尊为教主，孔子创立的儒学也有儒教之称，那都是几百年后的附会，而且后来无论是外来宗教还是本土宗教在中国的传播，都不能对国家的行政权构成挑战。中国以"天授王权"的形式使国家政权稳居维护国家统一的强势地位，同时又使国家意识具有宗教色彩，宗教信仰具有国家和天下情怀（儒佛道都有这种情怀），中国人的信仰是国家意识与宗教信仰的融合物，而不是超然物外、高高在上的天帝。

为中国多民族统一的完整国家形态奠定重要基础的是2000多年前的秦始皇，秦始皇重用法家，在统一中国后，吸取夏商周因诸侯造反而改朝换代的教训，把分封制改为中央集权的郡县制，同时实行统一的法律、文字、货币和度量衡，大修驰道、直道、运河、长城，为统一政治、发展经济、融合文化、防患外侵奠定了重要的制度和物质基础。秦制延续了2000多年，但秦是个短命王朝。秦迅速覆亡的根本原因是在统一后极短的时间内完成上述伟业，必然招致过度劳役的农民和一些丧失既得利益的人怨恨，加上秦始皇50岁突然去世，来不及安排后事而导致政变，严重削弱的统治被农民造反、六国贵族复仇的战争再摧毁。

中国的这种独特性与地理环境有关，更与文化传承中独特的和谐思想和神圣国家观念有关。就地理环境而言，中国西部有山脉、高原、沙漠等天然屏障，避免了与西亚、北非、欧洲的帝国发生直接碰撞；东南有海洋阻隔。这种地理环境在交通条件落后的古代，为中国提供了相对封闭稳定的发展条件。长期相对稳定的发展，使地域辽阔的中国人口和经济总量曾长期居于世界首位。但是，在几千年的历史上，中国迭经内乱及北方民族入侵，特别到了近代，地理环境丧失了屏障功能，中国遭受了西方列强宰割瓜分和日本全面入侵的大劫难，为何能九死而重生，不改变国家统一的大趋势呢？这就与中国传统文化的内在特质有关了。

二　爱国文化

中国是世界上国家文化最为源远流长和发达的国家。从夏代至今的4000多年来，凡是国家分裂变故，在经过几十年甚至二三百年的战乱后，都会重归统一。其原因是，中华文化已把国家统一塑造成了牢不可破的观念，这种文化观念已深深地扎根于政治经济和民心之中，符合社会各阶层的根本利益，因为一个政治经济文化统一的大国，比分裂的小国安全稳定，经济发展的市场更大，抗御灾害的能力更强，更利于所有人的安居乐业，心理上更自信而不是自卑，国泰民安符合所有人的共同利益。

爱国是中国几千年文化积淀中最具普遍性的根深蒂固的精神基石，道教庞大的神学体系虽只为少数宗教学者所了解，但其"天地国亲师"信仰却遍及广大民众家庭，如果说天帝是虚拟的，地神是泛化的，国家则是实体的，其神圣性与天地相统一并高于"亲师"，中国文化突出"忠孝"理念，在忠孝不能两全时，尽忠责无旁贷，历代思想家、政治家和文学家都对此做过大量的表述。最晚在春秋时期，爱国就已成了最重要的价值观，用晏婴的话说就是"利于国者爱之，害于国者恶之"（《晏子春秋》）。老子提出道修于身、家、乡、国、天下五个层次的德。儒家同样有这种思想，孟子把它表述为"修身齐家治国平天下"。汉末天下大乱，曹操实力最为强大，但他并未废帝，而是以汉帝之名征伐割据势力，并把国家统一视为"天下归心"，曹植立有"捐躯赴国难，视死忽如归"（《白马篇》）的壮志。这种以身报国的情怀代代相传，如唐代岑参的"小来思报国，不是爱封侯"（《送人赴安西》），戴叔伦的"愿得此身长报国，何须生入玉门关"（《塞上曲》），令狐楚的"未收天下河湟地，不拟回头望故乡"（《少年行》）；宋代范仲淹的"先天下之忧而忧，后天下之乐而乐"（《岳阳楼记》），岳飞的"何日请缨提锐旅，一鞭直渡清河洛"（《登黄鹤楼有感》），陆游的"王师北定中原日，家祭无忘告乃翁"（《示儿》）；明代吕坤的"有益国家之事虽死弗避"（《呻吟语·卷上》）；清代徐锡麟的"只解沙场为国死，何须马革裹尸还"（《出塞》），林则徐的"苟利国家生死以，岂因祸福避趋之"（《赴戍登程口占示家人》）；等等，表达了两千多年来中国人一以贯之的神圣国家理念和爱国情操，使"天下兴亡，匹夫有责"，"位卑未敢忘忧国"的精神代代传递，成为历代中国政治文化精英主流的人生信条。

中国文化传承 5000 年，典籍浩如烟海，内容博大精深，识字不多的普通民众虽然难以了解其概略，但迷人的神话传说、丰富的历史故事、感人的民族英雄、哲理的谚语寓言、深意的成语典故等口口相传，民众耳熟能详。普通民众都懂得，国家是国与家不可分离的统一，有国才有家，国大于、重于家。它奠定了中国人基本的人生观、历史观、正义观、全局观和责任感，像生物基因一样成为文化代代传承的"谜米"（指文化传承进化的"基因"），即使是在最黑暗、死寂、纷乱、迷失的年代，它也会在人们的意识中默默地积蓄能量，即使历经数代人也能在沉默中爆发，置之死地而后生。

在中国传统的政治文化中，德治是最古老的传统，尧舜是德治的楷模，"顺德者昌，逆德者亡"（《汉书·高帝纪上》）。但这并不等于国家文化不重视法治。法家在 2000 多年前春秋战国时期就是一个很有影响的学派。中国传统文化肯定统一法律的重要性。"法者天下之公器，惟善持法者，亲疏如一，无所不行，则人莫敢有所恃而犯之也。"（《资治通鉴》）但封建王朝不可能有彻底的法治，因为有超越于法律的至高无上的君王存在。所以君王必须有德顺德，君王失德逆德、刚愎自用、昏庸无能，就会使国家陷于混乱，改朝换代就合乎天理民意。

德的内涵丰富，其中重信守诺是核心要素。"夫信者，人君之大宝也。国保于民，民宝于信；非信无以使民，非民无以守国。是故古之王者不欺四海，霸者不欺四邻，善为国者不欺其民，善为家者不欺其亲。"(《资治通鉴》) 只有重信守诺才能使人感到国君是诚实的，是有德之君，才能赢得民众的信服，与邻国发展睦邻友好关系。

中国在历史上是大国，经济发达，人口众多，但老子哲学强调"不以兵强天下"，"兵者，不祥之器……不得已而用之"。孙子强调即使用兵也要尽可能避免靠杀戮取胜，提出"全国为上，破国次之；全军为上，破军次之……不战而屈人之兵，善之善者也"的军事思想。中国再强再大，也没有穷兵黩武，四处扩张，因为"国虽大，好战必亡；天下虽平，亡战必危"(《资治通鉴》)。

但我们还必须辩证地看待一切。到了近代，当经文艺复兴、政治改革和启蒙运动从神学信仰中解放出来的欧洲，通过资本主义生产方式发展工商业和通过殖民主义掠夺财富时，中国陷入了列强群起宰割、军阀混战不息的浩劫，中国适应农业文明的治国理念走到了尽头。尽管中国的工商业起源很早，在先秦时期就很发达，墨子甚至是个研究科技的大师，墨学在那时是与孔学并驾齐驱的显学，但中国自汉实行独尊儒家思想的文化政策后，2000多年少有变化，儒家思想适应于建立和维护中央集权的等级秩序，但它抑制科技和工商业的发展，道教和佛教同样如此。这种现象得以维持2000多年，有它的客观原因。因为中国人口众多、幅员辽阔，只要粮食能自给自足，局部地方受灾，政府能调节丰歉，就能维持大局稳定；商业由于国内市场大，外贸只是一个小小的补充，这与欧洲小国没有外贸就不能生存的情况完全不同。虽然欧洲在宗教一统天下的时期碌碌无为，可一旦从中解放出来，便转向了航海和工商市场全球扩张与科技研发相互促进的快速发展轨道。而中国这时闭关锁国，失去了关注世界的敏感性而夜郎自大，直到洋枪洋炮长驱直入打到京城，才如梦方醒，才开始研究和学习西方，发奋图强。中国文化深厚的包容性、辩证性和适应性才再次焕发出生机，但大国文化自信基础奠定所需的创新还任重道远。

几千年来，由于所有国家都经历了一系列的疆域和民族构成的变化，历史上的爱国主义在今天被有些人否定。爱国主义是一个历史概念，只能用历史唯物主义的方法去认识，而不能用后来的变化去否定前面的过程。人类从氏族到部落到国家到联盟到未来的全球共同体，是一个从以"领地"为单元的社会组织到全球性整体协同的漫长进化过程，这个过程中出现的每一个社会组织形式，虽然就发展过程而言都是过渡性的，但都是历史的客观存在，其过渡性质所具有的否定性，并不否定其阶段所具有的肯定性意义。不能因为后来国家疆域和民族构成发生了变化，就否定此前的历史阶段。今人不能因为全球化发端于 500 年前，就否定人类遭受殖民主义统治、帝国主义侵略的巨大苦难，否定各国人民反压迫、反侵略的历史意义；后人也不能因为世界将走向大同，就把今天的霸权主义到处发动侵略战争、试图一统天下说成是符合历史趋势，而把反侵略战争视为阻挡了历史前进。这种爱国有罪、卖国有功的逻辑之所以荒谬，是因为它是反历史的虚无主义、反进化的强者通吃主义。

反入侵是动物也有的生存本能，猿的"领地""己群""他群"意识，就是生存意识。它们依血缘关系组成己群，在领地上生存繁衍，丧失领地就意味死亡，因而它们会为守护领地与入侵的"他群"进行决斗（倭黑猩猩虽有所不同，但它们的"他群"同类"入侵"属友好"联谊"活动，与入侵性质完全不同），败者退走即止。人类继承了猿的"己群""他群"意识，自定居以来就不断地强化"领地"观念，不同的是，猿的群体数量和领地面积在漫长的历史时期都很小，而人类的数量和领地面积一直随着生产力发展而扩大。这种扩大有两条路径，一是通过不同群体结盟直至融合的途径完成，二是通过战争的方式实现。战争在历史上虽然起过扩大上述社会组织的推动作用，但其残酷性远非动物决斗可比。随着人类社会组织规模的扩大和武器的改进，这种残酷性不断放大，2000多年前的一场战争死人几十万，70多年前的两次世界大战死人几千万，长期的战争把人间变成"白骨蔽平原"，"千里无人烟"的鬼蜮，历史上因战争而毁灭的家庭、族群、民族、城市、国家不可胜数。

历史发展到今天，交通、信息、经济和文化全球化交织的程度日益加深，人类已进入具备告别战争、共建人类和地球生物命运共同体条件的时代。但由于利益和观念的巨大分化，要彻底消除战争，实现永久和平，还需要全球各国人民共同做出巨大的努力，既要发扬爱国主义精神，坚决反对对任何主权国家的侵略战争和恐怖主义、分离主义，又要把爱国主义与全球主义统一起来，大力推进全球治理机制和利益协同机制的建立、强化和完善，剥夺任何国家发动侵略战争的权力，才能实现永久和平。

第三节　科学登场

一　伦理之基

从前面对神学信仰、国家意识的简略论述中，我们看到人类的神学信仰具有多样性，不是一成不变的，相对而言，中国的国家意识最具持久性。而且，即使同一神学信仰的不同国家，国家利益也高于神学信仰，因国家利益而纷争不息甚至大动干戈的也为数不少。到了现代，无论是神学信仰还是国家观念，都需要有适应性进化，因为信仰、观念都是人类的一种文化现象，它服从适应性进化的铁律。但有些人声称，信仰是不可改变的，没有神学信仰的人不可信任，这就只能是短视而顽固的偏私之见了。

神学信仰进化可以概括为"替代式"演变和"自灭式"变故两种形式。本章前面所述的信仰演化主要属替代式演变。在10000年前的原始文明晚期，信仰不同的原始部落数以万计，国家出现后，其中的绝大多数部落神被推倒了，绝大多数人的信仰随之发生替代式演变；世界性一神信仰出现后，原先剩下的部落神绝大多数被推倒了，人们的信仰又发生了演变。信仰的替代式演变发生于大部落或大国家征服小部落或小国家的过程中迫使后者改信前者的信仰。

自灭式变故发生于文明或文化的自我崩溃过程中，历史上自我崩溃的古文明或文化可能有几十个，其神学信仰自灭过程已难知其详，这里仅以玛雅文明和复活节岛文化崩溃为例。玛雅人在 4500 年前就定居于尤卡坦半岛，随着人口增长逐步向外扩展，公元前 3 世纪开始有较大发展，公元 7 世纪后有更大的发展，到约公元 750 年，其文明达到顶峰，一百年后崩溃。玛雅人有统一的文字、文化，人口数量为 500 万～1400 万，人口密度为每平方千米 200～500 人。玛雅有上百个小王国，小王国之间陷入频繁的战争，竞相大建神庙、金字塔、纪念碑，由于没有金属工具和武器，没有牛马进行远距离运输，结果是谁也征服、控制不了谁，无法形成统一的大国。在持续的战争、生态破坏和干旱的夹击下，玛雅文明最终走向覆灭，玛雅人信仰崩溃。玛雅文明不是因强敌入侵而被灭，而是因信仰崩溃而自灭，因为社会统治者的政治决策、宗教领袖的神学预言，全都被无情的天灾人祸击碎，导致玛雅人流散后因信仰崩溃而无法重新聚集和再造辉煌。

公元 5 世纪，二三十个波利尼西亚人航海来到森林茂密的复活节岛定居。由于农事很少，在很长的时间内，人们有充裕的时间从事宗教活动。他们建立宗教祭祀中心，在近海一带很大的石头平台上面竖立巨大的人形石像。要把数十吨重的石像从采石场运至祭祀中心，需要很多人力，沿途用树干做滚木或木橇来拖运，由于人口增长导致耕地、房屋、燃料增长，部落分化导致石像增加，岛上的森林逐渐减少。到一千年后的 15 世纪，岛上人口为 7000～20000 人，分化为众多的部落，每个部落都有自己的祭祀中心，共有 300 多个祭祀中心、600 多尊石像，已经成为一个人丁兴旺的热闹社会。但这只维持了一个极短的时间，当结网捕鱼的桑树和造舟逃生的木材都消耗殆尽后，水土流失和资源枯竭使社会陷入了动乱和战争，神学信仰也彻底崩溃了——人们竞相推倒石像。

1722 年，当荷兰海军上将洛格文登岛时，复活节岛上只剩下住芦苇棚和洞穴的约 3000 人，社会倒退到人吃人的野蛮状态。此后，岛民被美国人、秘鲁人作为奴隶掠走，到 1887 年，仅剩下 110 个老人和孩子，复活节岛随后被智利人变成了一个大牧场。

如果说一万多年来人类的神学信仰经历了一系列替代性演变和自灭性变故，那么在工业革命兴起并席卷全球后，被人们信奉千年的神学信仰，都不可避免地受到了挑战。虽然有些西方国家的政客直至今天仍宣称西方之所以成功，是因为拥有神学信仰，但实际情况正如美国环境经济学家保罗·霍肯所说：

> 工业企业彻底颠覆了千百年来的信仰和惯例，有时仅仅是一夜之间，就将那些把人类的幸福安宁与神明和伟大的自然法则联系在一起的文化传统，用一种告诉我们人类如何能够利用工程、力学、技术和体系来介入、推翻甚至代替自然法则的管理体系代替了。公司不断壮大的力量并未为之带来任何全面的哲理和道德观念，除了积累财富以外。除了随意提出的、自命不凡的原则外，几乎没有任何指导公司商业行为的原则。每个人——经理、雇员、顾客——都处于一种不知所措的状态。[1]

"不知所措"是指神学信仰失去了传统的心灵导向作用，但并不等于人们失去了追求，恰恰相反，人们在摆脱神学束

---

[1] 〔美〕保罗·霍肯：《商业生态学——可持续发展的宣言》，夏善晨等译，上海译文出版社，2001，第 150 页。

缚后，从未如此目标一致且赤裸裸地追求着私利、财富。出现这一历史性重大变化的原因主要有三。第一，"工业体系体的潜力是不可估量的，世界上还没有一种文化能抵挡物质主义的诱惑、便利、轻松和不可思议。"① 第二，资本主义"竞逐私利＋看不见的手"和丛林法则理论的护航使人们即使作恶，也理直气壮，不会有负罪感。第三，科学技术对自然的解构破坏了神学世界观的根基，就信仰而言，这一变故是根本性的。科学技术对人、自然、社会关系的揭示和对生存环境的巨大改变，成了影响信仰变化的最重要因素。

随着近代科学和工业兴起，捷足先登者利用自然力征服自然和征服农牧民族，形成了对科技工业强力和金钱的崇拜，这是无情的生存环境变故对民众神学信仰的否定。现代科学对世界的整体性联系和地球环境急剧恶化的揭示，又使崇尚科技工业强力征服自然和相互征服的信念被否定，人类信仰这种复杂的否定之否定的变化，适应的是人类生存的需要，是文化信仰的适应性进化，它不以人的传统观念、主观意愿和职业需求为转移。

信教是一种信仰，但并非只有信教才有信仰，更非只有宗教信仰才是神圣的。真、善、美、爱、公平、正义、诚信、和谐等也是信仰，而且是跨文化的为最大多数的人类所理解、认同和实践的信仰。宗教并不都信仰上帝或神，佛教就不信这些。神圣的也并不都是宗教的，国家的领土和标志性建筑、各民族的历史性英雄人物及其纪念物，都可能被视为神圣的。

---

① 〔美〕保罗·霍肯：《商业生态学——可持续发展的宣言》，第150页。

有些人包括有些科学家认为科学与信仰无关，科学只讲"是"，不讲"应该"，"是"不等于"应该"，前者是真伪问题，后者是善恶问题，科学只管真伪不管善恶，善恶涉及的是"价值"问题，它是一个伦理问题、宗教问题，没有客观标准。科学与宗教各管一块，互不相干。

这种观点有一定的合理性。因为做这种区分，既可以避免片面滥用某些科学理论，去为某些人的特殊利益服务，就像社会达尔文主义那样，为种族主义、霸权主义、强权政治、丛林法则张目，又可以避免牵强附会地把文化中一些似是而非的东西假扮成科学招摇撞骗，就像邪教和某些人一再声称科学证明了灵魂不死那样。

但是，这种区分不是绝对的，人类用概念体系来认识世界，这些概念相互区分，不容混淆，例如生物与环境各有所指，不能混同。但世界是多样性的统一，既有丰富的多样性，又是普遍地联系着的，生物与生物既互为环境又相互联系而不是孤立的存在。概念体系要正确地反映世界就不能是僵化地分离的，而是可流动、可转化的，并在流动、转化中普遍地联系着。人的认识（"是"）与行为（"应该"）都属认识论范畴，作二元论的分隔是错误的，"应该"必须以"是"为客观基础，否则，人人可以信口雌黄、肆意妄为，那么老子所说"唯道是从"，我们所说的遵循客观规律、尊重客观事实，就全是废话，科学和智慧也就毫无意义。

事实并不是这样。在神学对"是"和"应该"的回答拥有垄断权的原始宗教时期，人们面对饥饿、疾病、猛兽时"应该如何"，不是靠对神的虔诚信仰来解决，而是要依靠经验去找寻食物、草药和拿起木棍石块，神学也要吸取这些经验才能构造出适应原始群体生存的人与人、人与群体、人与自然的规则。一神教的发展也要从哲学和科学中吸取资源，人类不能只靠想象而是要有实证才能弄清世界"是什么"，进而才能知道"应该如何"，才能获得有利于生存的判断力。而且宗教即使天天在宣传道德的重要性，在实际生活中，信众们的行为也未必如此。耶稣播下的利他主义是高尚的"龙种"，但在基督教的西方世界生出了种族主义、宗派主义、殖民主义、霸权主义的"跳蚤"。竞逐私利最大化的经济学信条，同样一点也不像耶稣的利他主义，唯神学的伦理主义显然是破绽百出的。

把"是"与"应该"截然分开，其实只是把原始神学文化的"特权"，变成今天的一个文化"特区"。在原始部落时代，"是"和"应该"的回答权，全部落入集人权与神权于一身的部落长老手中，因为只有他们才有文化——文化是这时的"特权"。当社会发展推倒一个个部落神后，文化也从长老们的特权垄断中解放出来。但在生产力和社会分工不发达的农业文明时代，文化人仍是极少数，他们对"是"和"应该"问题的回答能力有限，大量未知现象的回答仍由神学提供，哲学只提供基本原理和一般规律的解释，对不识字的民众几无影响。这时的神学虽不能垄断文化解释的特权，却仍是一个极有影响的特区。现代科学技术的迅猛发展和教育的普及，使神学特区日益收缩，因为他们对"是"的回答已被科学不断否定，"应该"失去了"是"的基础而变成无凭空说，人们的生产和生活主要依据于科学。

揭示利他主义在生物界到处存在的事实是科学。科学使我们知道，吸血蝙蝠夜间飞出觅食，在吸取了动物的鲜血回到巢穴后，它们通过信息确认觅食无获者，会吐出一些血液来喂食它们，这种被人们视为邪恶的动物也是利他主义者。科学还使我们知道，彻底的利己主义（即排他性的自私）是无法进化的，如果单细胞生物都是彻底的利己主义者，像我们这样的多细胞生物就进化不出来；如果人类只知各为一己私利而恶斗，早在原始时期就已经消亡了。但是，彻底的利他主义会为彻底的利己主义创造生存空间，彻底的利己主义者大肆繁衍，就会使彻底的利他主义者无立足之地，生存的压力迫使利他主义进化出自我保护机制。进化使彻底的利他主义与利己主义两个极端都不被选择，它所选择的是相互适应、利己又利他、利他也利己的互利协同主义。因而，利他主义与利己主义都难以以绝对的形式出现，不能要求一个生物学的人是道德的完人、圣人。

由此不难理解，虽然资本主义经济学把竞逐私利最大化（利己主义）作为经济发展的动力之源，但社会上绝大多数人会对利己主义的反面——利他主义行为表示赞赏和敬佩，对斤斤计较、贪图小利、凡事只想占便宜者予以蔑视、提防，对损人利己者深感厌恶、反对甚至惩罚。因为在漫长的历史时期，人类不仅心理进化出了互利主义的移情能力，文化进化出了互利主义的生长机制，而且对人类大脑参与奖惩处理的区域——腹侧纹状体——的研究表明，人在遭遇不公平时，惩罚索取者比支持受害者的腹侧纹状体活跃程度更高[1]。人类大脑在处理公平问题的"因果"关系时，能毫不含糊地抓住"因"——惩罚索取者，表明损人利己行为不得人心，并不只

---

① 《与补偿受害者相比，人类大脑更倾向惩罚肇事者》，新华社《参考消息》2018 年 2 月 23 日。

是一个社会学或文化现象，而且有不容于进化形成的人脑生理学反应。

虽然彻底的利他主义与利己主义都不被选择，但两者在一定程度上是存在的，社会舆论通常赞颂前者、拒斥后者，赞颂前者是激励利他主义的正面机制，惩罚后者是从反面激励利他主义。两者相辅相成，共同维护利他主义以抑制损人利己行为的大行其道，从而使互利主义得以成为社会大多数人都能遵循的准则。

把科学与伦理绝对分开，是在科学整体水平比较落后，对事物的多样性统一的认识还比较片面，科技成果主要集中于物理学、化学领域以增加物质产品的生产和为两个征服服务，从而导致物质主义泛滥、贫富分化加剧和资源环境危机加深时代的肤浅之论。事实证明，神学没有也无法阻挡这一过程，认识这一过程的问题并纠正它，靠的还是科学自身的发展。随着其他科学特别是生物学、生理学、卫生学、环境学、生态学、精神现象学和地球科学等发展，科学对工业化、城市化过程中曾出现的问题及其解决办法的认识，也日益全面和深化。同时，人类存在片面地利用科技的问题，通常与狭隘的政治、经济利益有关，并不是科学的错。如果神学真的能管好伦理问题，就应能避免出现这种问题，至少非正义的草菅人命的侵略战争不应出现，但它无能为力，无法解决"应该"的问题。

人类认识的进步，主要是靠科学发展取得的。智能曾非常神秘，伦理还在其次。科技发展已使机器人走向智能化，根据需要，还将对它进行伦理约束。智能、伦理问题都可以归结于算法问题。把科学与伦理截然分开，把伦理问题排斥于科学或科学认识的"视界"之外，不仅是过时的，错误的，而且是危险的，这等于承认人的思维、行为不存在遵循普遍存在的客观规律的可能性和必要性，处在宇宙自然演化的普遍过程之外。伦理作为处理人与人、人与社会、人与自然的关系必须普遍遵守的基本规律或规则，不仅是必要的，而且只有通过科学的途径才能获得客观清醒的认识，才可能为全社会提供共同自觉遵守的坚实基础。现在世界有数以万计的新老宗教，它们在伦理上各有一套，谁说了算数呢？没有一种宗教能定于一尊，因为宗教可以被替代，但决不妥协。当然，这也绝不是说对"是"和"应该"的回答，宗教已被科学排除在外。科学一直处于发展的过程中，宗教仍将长期存在。

马古利斯说："宗教原义是'再一次结合在一起'。世界是怎样开始的？世界是什么？我们是谁？我们要到哪里去？我们之间有什么关系？生和死的意义是什么？尽管这些问题是由宗教提出的，但要回答它们就必须回到科学上来。"[1] 盖娅理论是一个科学理论，但拉伍洛克说盖娅的意义超越了科学，就是说它还有伦理的意义。

伦理问题实质上是一个生物学、生态学、进化论的问题，它是可以进行客观研究的。有些人认为人类的本性是排他性的自私，协作是权宜之计，是一种主观策略。利己或利他不只是道德问题，它们都是生态学和进化论问题。分工与协作、利己与利他作为人类实现生存和进化的必要条件，被客观地永久地定格于生态学和进化论中。利奥波德说得很明白：

---

① 〔美〕林恩·马古利斯、多里昂·萨根：《倾斜的真理：论盖娅、共生和进化》，第 1～2 页。

迄今还仅仅是由哲学家们所研究的伦理关系的拓展，实际上是一个生态演变中的过程。它的演变顺序，既可以用生态学的术语来描述，同时也可用哲学词汇来描述。一种伦理，从生态学的角度来看，是对生存竞争中行动自由的限制：从哲学现观点来看，则是对社会的和反社会的行为的鉴别。这是一个事物的两种定义。事物在各种相互依存的个体和群体向相互合作的模式发展的意向中，是有其根源的。生态学家把它们称作共生现象……最初的伦理观念是处理人与人之间的关系的……后来所增添的内容则是处理个人和社会的关系的……迄今还没有一种处理人与土地，以及人与在土地上生长的动物和植物之间的伦理观……伦理向人类环境中的这种第三因素的延伸，就成为一种进化中的可能性和生态上的必要性……土地伦理是要把人类在共同体中以征服者的面目出现的角色，变成这个共同体中的平等的一员和公民……人只是生物队伍中的一员的事实，已由对历史的生态学认识所证实……土地的特性，有力地决定了生活在它上面的人的特性。[1]

我是有意把土地伦理观作为一种社会进化的产物而论述的，因为再没有什么比一种曾经被"大书"过的道德更重要的了……土地伦理的进化是一个意识的，同时也是一个感情发展的过程。保护主义被证明是无用的，甚至是危险的良好意愿筑成的。[2]

---

[1] 〔美〕奥尔多·利奥波德：《沙乡年鉴》，第 192～195 页。

[2] 〔美〕奥尔多·利奥波德：《沙乡年鉴》，第 214 页。

不少人仍在强调人文主义信仰，其实人文主义不能构成一种世界观，因而不能成为一种信仰，它不是信仰或只是一个不堪一击的伪信仰。人文主义兴起于欧洲的启蒙运动，它是对基督教专制主义的反叛，是把人从神的仆人变成自己的主人，从以神为中心变成以自我为中心。但走向极端也就走向了反面。自我中心主义只会导致无休止的混乱，如果每个原子都是自我中心主义，不与其他原子结合，就不会有分子，就永远只是一个原子相互碰撞的世界；如果每个分子都是自我中心主义，不与其他分子结合，世界也只是一个分子相互碰撞的熵增世界。分子、细胞、多细胞生物、生态系统、生物圈、人类社会的出现，证明生命的进化需要层层击碎束缚，这个束缚不是别的什么，正是自我中心主义。原子不是刚体，自我就更不是刚体，所有生命自治体都既是更小部分的结合，又是更大整体的一部分，依赖于更小部分和更大整体的关系而存在。自我中心主义是自我独立性的过度膨胀，这种独立性离开了更小部分和更大整体的关系就什么也没有，连语言、思想甚至生存的可能性都没有。

当然，否定自我中心主义，并不否定人文主义摆脱宗教专制主义、进行思想解放的积极意义。毫无疑问，人类取得的所有成就，都与头脑、思维和行为直接相关。人类无论是个体、群体还是整体，任何时候都会遇到问题，都需要通过发达的头脑找到解决问题的办法。人口越多，社会互动的因素越多，人的活动与环境的相互作用越大，遇到的问题就越复杂，就越需要开发人的智力，创造新的解决问题的办法。创造性思维是文化和技术变革的主要驱动力之一，一项刊登于美国《国家科学院学报》的新研究表明，人的大脑网络连通模式并不一样，大致可分为"默认式网络""执行控制网络""凸显网络"三种，前两种倾向于互相对抗和抑制。最具创造性的人的大脑网络有强大的连通性，他们有独特的脑活动模式①。因而，思想的自由不能禁锢，科学、真理正是在不断的质疑中逐步确立的，在这个意义上，人有思想的自由和表达思想的自由，是社会健康发展的必要条件之一。我们不用杞人忧天，因为科学进步和科学质疑具有清除极端思想言论和文化垃圾的功能。

以神的权威构建信仰体系，在科学落后的历史时期是有效的，因为人会犯错，而神全知全能，以全知全能的神构建的信仰体系的权威性是毋庸置疑的，但这就赋予了神学绝对化、独断论的特性。然而，神学体系是会犯错的人构建的，它必然带有构建之人所处历史时代的局限性，实践和认识的发展必然使这种全知全能、绝对化、独断性的说教受到质疑，因而，在科学迅猛发展的时代，它必然要退出对伦理裁判的垄断。当然，神学作为传承至今的一种最古老的历史文化，必有其存在的社会理由。它对人的终极意义的追求，尽管是神秘的，仍具有精神激励作用；它抑恶扬善和倡导互助的社会功能，仍具有长期的社会价值。老子的唯道是从、佛陀的心灵净化、耶稣的博爱在人类走向全球协同的时代，都有助推伦理进化的宝贵价值。宗教把自己融于一个更大的事物中的智慧，能与拉伍洛克的盖娅理论协奏出和谐的天籁之音：

----

① 《研究显示：创造性思维有独特脑活动模式》，《参考消息》2018 年 1 月
20 日。

每一种配称为宗教的宗教，每一种哲学，都告诫我们要把自己消失在比一己更大的事物里面。"凡要拯救自己生命的人，必将失去它"……除非人们将自己消失在比自己更大的事物之中，否则就不会有社会秩序，不会有安全保障，不会有和平或幸福，也不会有真正的领袖或君王。对生物进化的研究也显示出完全相同的过程——个体经验的狭小球体融合在较大的物体之中。在更大的利益中忘掉自己就是从牢狱里逃脱了出来。[1]

二 全球共识

神学的"结合"机制在历史上从未能完成使命，在科学快速发展和国家行政权力强大的今天，就更难以适应新时代的需求。但人类需要"再一次结合在一起"，人类的生存和福祉需要把自己融入"更大的事物里面"，这个更大的事物就是地球生命自治体的整体性和协同性。与传统的神学信仰不同，它没有任何神秘主义的性质，没有上帝的授权或干预，更没有宗教派别的分歧，它赖以建立的基础是全部科学尤其是生命科学和生态科学，目的是维护全人类和地球生命的可持续生存和进化。与传统的国家信仰不同，它把视野拓展到全球，把爱国与爱地球统一起来；与商品拜物教不同，它追求的不是金钱的无限增长，而是人与地球生命的整体安康；与人文主义不同，它否定了自我中心主义，把个人的"小我"融入地球的"大我"之中。地球生命自治体的整体性和协同性正

---

[1] 〔英〕赫·乔·韦尔斯：《世界史纲：生物和人类的简明史》上卷，第339～340页。

逐渐在全球获得关注和认同。

信仰在情感上是一种集体性的忠诚和爱，在实质上是一种集体生存安全需求的文化适应。信仰进化是适应人类生存环境变化，随着集体安全需求变化而进化的，这种进化同时带来集体性的忠诚和爱的进化，这种忠诚和爱的扩大融合了原有的忠诚和爱。正如《只有一个地球——对一个小小行星的关怀和维护》（以下简称《关怀和维护》）所说：

> 人类已无可怀疑地已经经历着这种忠心的转变。从家庭到氏族，从氏族到国家，从国家到联邦，这种忠诚心理的扩大已经是历史上的事实，而扩大后并未因此减弱了原有的爱。今天，如果我们能够对于唯一的、美丽的、脆弱的行星——地球，培养出真挚的忠心的话，在人类社会中我们是有希望长期生存于丰富多彩的生活之中的。[1]

与多细胞生物是由数以百亿计的细胞自治体相互作用、协同运作而形成的更大自治体类似，地球上所有生物相互作用、协同进化所形成的行星生命自治体，是一个超级生命自治体。所有生物都各自以其生命的代谢过程协同形成这个行星生命自治体自调节、自平衡的机制，这个机制强大到使整个行星能抗御宇宙中普遍的熵增洪流，使之远离热力学的平衡态，稳定地维护着地表环境的生命适宜性。所有的生命包括人类都共生于地球生命自治体中，都不能离开它而孤立地

---

① 〔美〕芭芭拉·沃德、勒内·杜博斯：《只有一个地球——对一个小小行星的关怀和维护》，《国外公害丛书》编委会译校，吉林人民出版社，1997，第 259～260 页。

存在。所有的生命之间是一个既竞争又协同的关系，竞争是协同的动力机制，协同是生命的实现形式，竞争从属、服务于协同，淘汰不协同从而推动协同的进化，协同是更深层更本质的关系，如果竞争破坏、摧毁了协同，地球生命自治体就会解体。① 因而，丰富的生物多样性以及巨大的生物量和环境的协同进化，是人类生存和进化的最终保障。

现在我们要回到第三章所提到的拉伍洛克的地球"盖娅论"，拉伍洛克把盖娅定义为：

> 一个复杂的存在，包括地球的生物圈、大气圈、海泽和土壤，这些要素的全体组成一个反馈或控制系统，为这个星球上的生命寻求一个最为理想的物理和化学环境。通过积极的控制，相关不变的条件得到维持，"体内平衡"一词可以很方便地描述这种现象。②

拉伍洛克对人们不理解盖娅理论更不理解它的意义感到忧虑：

> 我们对自己行为产生的可能后果是如此的无知，以至于几乎不可能对未来做出任何有用的预测。由于我们世界的政治多极化，社会分解成目光短浅的小部落群体，从而使得科学探险和科学证据的收集越来越困难，如此一来情况更加糟糕。③

---

① 参见孙家驹《地球之难：困境与选择》，江西人民出版社，2012，第1页。
② 〔英〕詹姆斯·拉伍洛克：《盖娅：地球生命的新视野》，第13页。
③ 〔英〕詹姆斯·拉伍洛克：《盖娅：地球生命的新视野》，第149页。

盖娅的重要意义超越了科学。只是发出警告说要为人类自身的利益而采取行动是不够的。①

从盖娅的角度来看，所有那些想要把地球置于人的看管之下的企图，会像"慈善的殖民主义"观念一样注定失败。②

一个不健康星球上存在的令人苦恼的社会难题是严重的，我们已经没有时间再就其规则进行无谓的诡辩。③

马古利斯认为：

盖娅说具有重大含义不仅是因为它对生命的过去的理解，而是因为它构造着生命的未来……它现在已成为一个内涵丰富的新世界观的基础。④

从人是世界上最高等的动物的信念向更平等的、要求尊敬所有的生命、承认所有的生命拥有共同的权利的世界观转变，是巨大的一步。承认我们源于细菌就是自降身份，同时又具有令人不安的蕴涵。除了向人类对自然界其他一切事物的统治地位提出疑问外，它还对我们关于个体的观念、独特性的观念以及独立性的观念提出了挑战。它甚至违背了我们将自己看作是与其余自然界分立的物理存在的观念。另外，它还向所谓的人类智能

---

① 〔英〕詹姆斯·拉伍洛克：《盖娅：地球生命的新视野》，序第15页。
② 〔英〕詹姆斯·拉伍洛克：《盖娅：地球生命的新视野》，第159页。
③ 〔英〕詹姆斯·拉伍洛克：《盖娅：地球生命的新视野》，序第9页。
④ 〔美〕林恩·马古利斯、多里昂·萨根：《倾斜的真理：论盖娅、共生和进化》，第189页。

意识的唯一性提出了质疑。①

> 那些仅仅代表人类的特殊利益讲话的人们，没有看到地球上相互依赖的生命的真实情况是怎样的……在理智上，我们将自己与其他生命分离出来，然而没有它们，我们将会淹没在粪土中，窒息在我们所呼出的二氧化碳中……我们的错觉将不会持续很久。②

地球生命整体性已是一个生态学所揭示的客观事实，在科学不断增加对地球生命整体性的复杂论证的过程中，盖娅说受到社会各界人士的关注。它赋予地球的不再是冰冷的物感，而是养育人类和万物之母的情感。人类与地球生物、与环境是相互依赖的命运共同体，这个观念正在成为全球性的共识。这是唯一能超越各种传统信仰和政治无休止争吵而形成统一的最高层次的共识，是激励全人类为维护它而奉献爱心和忠诚，并遵循它的要求，转换自己的思维、行为方式和整个社会的发展方式的共同基础。《关怀和维护》指出：

> 生物界密切的和不可避免的互相依赖，包含着某种稳定和动态的互变关系。这种互变关系的减弱或破坏，将使生物产生互相残害和自身消灭的可能性……我们是一个整体的一个部分，这个整体超越于我们的局部欲望和要求；一切生物都像交错的蛛网一样互相依赖着；侵

---

① 〔美〕林恩·马古利斯、多里昂·萨根：《倾斜的真理：论盖娅、共生和进化》，第107~108页。
② 〔美〕林恩·马古利斯、多里昂·萨根：《倾斜的真理：论盖娅、共生和进化》，第112页。

略和暴力会盲目地破坏生存的脆弱关系，从而引起毁灭和死亡……现在的科学方法，是用来解释事物之间的内在联系，而绝不是使事物割裂开来……如果人类继续让自己的行动被分裂、敌对和贪婪所支配，他们就将毁掉地球环境中的脆弱平衡。而一旦这些平衡被毁坏，人类也就不可能再生存下去了。①

我们在统一性上，过去还缺乏广博的理论。我们的预言家曾寻求过这种理论。我们的诗人曾梦想过这种理论。但是只有到了我们现在的时代，天文学家、物理学家、地质学家、化学家、生物学家、人类学家、人种学家和考古学家，全都联合在先进的科学之中，才得出唯一的论证。这个论证告诉我们，在人类的任何一个历程中，我们都属于一个单一的体系，这个体系靠单一的能量提供生命的活力。这个体系在各种变化的形式中表现出根本的统一性，人类的生存有赖于整个体系的平衡和健全……基于我们掌握的这个行星上相互依存的新知识，要求把各种活动都应看作是世界性的，并看作是一种符合自身利益的活动来加以支持……在这个太空中，只有一个地球在独自养育着全部生命体系……难道人类的全部聪明才智、勇气和宽容不应当都倾注给它，来使它免于退化和破坏吗？我们难道不明白，只有这样，人类自身才能继续生存下去吗？②

---

① 〔美〕芭芭拉·沃德、勒内·杜博斯：《只有一个地球——对一个小小行星的关怀和维护》，第 54～57 页。
② 〔美〕芭芭拉·沃德、勒内·杜博斯：《只有一个地球——对一个小小行星的关怀和维护》，第 258～260 页。

上述认识的巨大进步，首次为人类展示了一个光明的前景，但当今世界的巨大分化，又使得前进的道路充满了曲折。今天的有些人尤其是西方的某些鼠目寸光的政客，为了维护其既得利益，仍把弱肉强食的丛林法则奉为圭臬，到处颠倒是非、制造矛盾、挑起动乱、转嫁危机，使人类社会仍被贪婪和愚蠢所制造的各种苦难所撕裂。社会撕裂加剧了本已严峻的生态环境危机，使人类处于多重危机夹击的险境之中。这种现象不会再持续太久了，因为只要人类追求健康长生的本能没有泯灭，就不会接受集体覆灭的命运，不可抗拒的生态环境和社会危机的倒逼机制，促使人类接受全部科学所提供的维护地球生命整体性的统一论证，去开辟美好的未来。自1972年联合国召开第一次人类环境大会以来，联合国、各国政府和生态学家、环境学家、环保组织、民间志愿者等就开始共同努力，为保护地球、实现可持续发展而坚持不懈地开展工作，虽然成效有限，但毕竟有了全球性的共同目标和行动。2015年10月，联合国大会通过《改变我们的世界——2030年可持续发展议程》，环境问题成了所有目标的核心，表明人类已把发展与地球整体性安全统一起来。

联合国和各国政府的合力推动，是人类社会转向可持续发展方式的重要动力，但仅此还不够，因为这种推动主要是通过政策、法律工具来进行的，虽然起着必不可少的引领和规范作用，但处于环保主义的层次。只有每个人、每个地方都自觉主动地行动起来，才能成为全球整体性的进程，达到协同性的境界。这就需要人类有从自觉意识到社会利益机制的全方位的根本性转变，真正实现从自我中心主义转向全球整体主义，从弱肉强食转向相互适应，从竞逐私利最大化转向协同进化。这种转变是一场全球性的政治、经济、社会、文化和思想革命，是全人类的世界观、人生观、价值观的全面进化。

第九章 脱胎换骨

上一章讨论了信仰演变，信仰演变实质是文化的一种进化。人类的文化创造，使人类走上了生物进化和文化进化相互促进，但文化进化更快的道路。在文化中，进化最快的是科学技术。这种不平衡最终会带来生物学的人和社会学的制度、机制、观念、思维方式等脱胎换骨的变化。推动这一过程的是人类对效率和长生的永恒追求，它决定科学技术发展永远指向"增效、增寿"两个目标。这种追求导致经济效率越来越高、人均寿命越来越长，实现这种变化的是技术替代。历史上的技术替代体现于新工具对人的体力替代，随着计算机技术的发展，工具效率极大提高，人类社会实现了全球化、网络化、即时化联系的质的飞跃，技术替代超越人类智能水平开始了对人的脑力的替代。如果人的体力、脑力都被替代提升，人类与社会必将发生脱胎换骨的巨变，人类实现永生和地球文明成为星际文明的策源地就都是可能的。

第一节 两种进化

一 突破局限

人类通过科学技术发展走上了生物进化和科技进化相互促进的道路。与以往科技创新只是外延性地不断延伸人的感官、体力、脑力、运动、操控等能力不同，在 20 世纪科技发展的基础上，21 世纪将是一个全面揭开物质、生命、意识奥秘，内在地重塑人本身，大幅度地提高人的健康水平、延伸人的生命长度，全球经济、政治和文化实现一体化（多样性统一）的世纪。科技、经济、社会、政治、文化的分化发展已完成了它们的大部分历史任务，相互适应、协同发展将成为一个全新的历史大趋势。

内在地重塑人，突破人的生物学局限，大幅度地提高人的健康水平，延伸人的生命长度，将是 21 世纪科技发展的重点领域之一，可能也是最难、最为引人注目的领域之一。

人类创造了很多长生不老的神话故事，但没有人亲眼见过这样的神仙。生物学知识告诉我们，人类这种多细胞生物，不能像单细胞生物那样无限地复制自己，多细胞生物的生命都是有限的。现代科技的发展虽然不断地激起人类突破多细胞生物的这一局限而永生的希望，但生物学的研究没有给出这种希望。一份于 2017 年 10 月发表于美国《国家科学院学报》月刊的研究报告，用细胞间竞争数学模型研究人类的衰老，得出的结论是，随着年龄的增长，人体细胞要么放慢活动和失去功能，要么失控增殖（癌变），二者必居其一或兼而有之，多细胞机体的衰老是不可避免的①。这对致力于战胜衰老的科学家而言，可能浇了一盆冷水，或至少提供了一个压力与清醒兼具的警示。但这里要深入思考的是，进化赋予人类维护其进化成果潜能的意义。

多细胞生物维护其进化成果的潜能，除使自身通过有性

---

① 《研究显示：人类衰老完全不可避免》，《参考消息》2017 年 11 月 2 日。

生殖走上一条两性基因重组的进化新道路外，为何还通过人类进化出了较发达的大脑，赋予了人类好生恶死的本能，并驱动人类不懈地通过科技进化在解密宇宙和延长生命的过程中不断取得新进展？这种科技进化的巨大潜能难道不能突破人的必死性的生物学局限，开创更新的进化道路、产生进化的飞跃吗？回答是：正是这样！

井喷式的科学发现特别是技术创新，不仅使科学技术突破了传统思维方式、经验主义和学科分化发展的局限，而且使众多科学学科在分化发展中走向相互交叉、互补和统合，它所显示的整体性的巨大潜力和前景，已经超出了今天大多数人的想象。科学把这种正确解释了自然界的普遍规律称为"通用知识"，有了这种"通用知识"，所有不被自然法则禁止的事物都是可以实现的，人类因此而成为"通用解释者和通用建造者"。量子物理学家戴维·多伊奇展示了一幅宇宙级的乐观前景：

能够创造和运用解释性知识，使人获得了一种改变自然的能力，这种能力不像其他所有适应性那样从根本上受狭隘因素限制，而仅受普遍规律限制。……人类是否能完全在生物圈之外（比如说在月球上）生活，并不依顿于人类生物化学的古怪特性……对于可供呼吸的空气、水、舒适的温度，以及其他所有狭隘需求。……只要有正确的知识，这些需求都可以通过转化其他资源得到满足。即使只凭现今的技术，都有可能在月球上建立一个自给自足的殖民地，供电来自阳光，回收废物，并从月球本身获得原材料。……有些元素在月球上很罕见，因此实际操作上可能会由地球供应，但原则上，如果这个殖民地发送机器人空间飞行器从小行星上开采这些元素，或者通过嬗变来制造这些元素，就可以完全不依赖地球。……运用知识实现自动的物质转换……是所有生物赖以生存的基本方法：每一个细胞都是一个化工厂。……身为物质转换的工厂，所有其他生物都是把固定类型的资源转变成更多像自身这样的生物体，而人类的身体（包括大脑）可以把任意事物转换成任意事物，只要自然法则允许。他们是"通用建造者"。①

人类成为"通用解释者和通用建造者"所展示的无穷进步的远景，的确使经验主义、归纳主义、保守主义、悲观主义等从根本上说都是狭隘的、错误的。这里不去推测远景，仅从现有的智能技术、基因技术的发展来看，它已经展示了突破人类生物学局限的看得见的前景。

二 开辟新路

飞禽走兽奔向目标都有选择直路的本能，人类的文化创造虽然复杂，但永远指向"增效、增寿"两个目标。增效是指为获得某种效用，耗费最少的时间、体力、脑力和其他资源，或以同样的耗费获得最大的效用。在许多方面，智能机增效的能力已远超人类，因而智能机对人的体力、脑力的替代，将不可阻挡地拓展和深化到曾被人类独占的绝大多数领域和从未涉足、不能涉足的领域。即使人类将因此付出自由、

---

① 〔英〕戴维·多伊奇：《无穷的开始：世界进步的本原》，第61~64页。

自主、就业等代价也在所不惜，其原因就是人类增效、增寿的本能欲求和文化指向，可以因某些原因而延缓，但不可能因小失大而长期阻挡。增寿在生物学上是一个增进健康的过程，虽然健康不等于长寿，但健康却是生命质量的重要体现。科技的发展将使二者紧密地关联起来，而不是对病痛衰弱之躯进行无意义的延续。

举一个智能芯片植入的例子。由于没有人（包括医生）能真的认识自己的身心有何潜在的问题，有了问题不知道如何调节或用哪些药物，不知道何时服用药物和服用何种比例最宜，也不能及时判断疗效和反馈调节以达到最佳疗效。但智能芯片能储存身心健康状态包括基因的各种信息，监测生命的健康动态，能及时发出健康警示信息，并提供解决问题的办法。

智能化与网络化相互依存、携手而行，整个地球将被信息流、物能流、价值流网络所覆盖。与智能芯片感应、监测人的身心健康一样，地球自然生态系统自调节、自平衡的机制和动态信息，来自外太空和人类社会的物能活动对地球自然生态动态平衡系统扰动的信息，都将受到智能网络的感应、监测，智能网络可及时预警、应对或调节。这种调节要求个人的身心健康与地球自然生态健康、社会健康相协同。这种协同不是理念的而是实在的，这就必须把人的活动信息公开化，必须把小我信息融入大我信息中。

现代科技不仅以智能化、网络化技术把人类个体的自我变成依赖于大海的存在才有可能存在的一朵浪花，而且通过基因技术从生物学的基础上重塑人类。虽然人类可能永远也不能真正洞悉自然界各种复杂现象的非线性过程和全息性影响，因而不可能整体性地设计完人，不能把人塑造成无所不能、与天地齐寿的神，但人类并不是无所作为。事实上，在一些关键点上一点点地突破，然后逐步延伸，根据整体效果发现问题，找到新的突破点，或对原突破点进行再认识、改进、替换，如此循环往复地进行反馈、调节、改进，直至相对完善的试错法，是行之有效的进步方式。例如，发现某些疾病与某些基因有明确的对应关系，或某些有明显缺陷的基因会导致某些疾病，对这些基因进行删除、修改、置换，就能避免某些疾病，恢复甚至增进健康。基因技术对人体基因的编辑，纳米技术充当人体内巡检排患的健康卫士，防衰老技术保护甚至修复人体染色体的端粒及细胞受损（科学家用RNA疗法使细胞产生名为端粒酶的蛋白质，发现这种蛋白质能使端粒延伸、变长），会在延长人的寿命并保持青春活力的方面不断取得进展。

人的大脑虽然比其他动物发达，但它是漫长的生物进化的产物，最早进化出来的是后脑，它掌管呼吸、平衡、警觉等身体机能，后来进化出协调视觉、听觉的反射及控制功能的中脑。最后才进化出掌管语言、决策之类功能的前脑，但这些功能的实现要依赖于后脑和中脑，像一个搭配欠佳的"克鲁机"。"效率极高的神经元是通过效率低下的神经突触相连……人类虽然聪明睿智，但也可能愚不可及"[①]。人脑需要通过艰辛的学习，才能储存很有限的知识，而且只是一些并不牢靠准确的记忆。人的精力和寿命很有限，疲劳、疾病、为其他事务分心、受各种情绪和偏见影响，等等，都使人难

① 〔美〕盖瑞·马库斯：《怪诞脑科学——战胜焦虑、混乱、拖延的自控术》，陈友勋译，中信出版集团，2019，第18～23页。

以追踪科学的发展。及时更新知识，导致知识陈旧过时，导致在判断和处理较复杂的问题时，难以做到客观、准确，效率也偏低甚至很低，并因私利而异，混淆甚至颠倒是非。相比之下，智能技术可以集中人类的科学知识，远非个人或团队掌握的知识所能及，它的运算速度和准确性更不是任何个人或团体所能及，它不仅在程序化工作中的效率远超人类，而且在智能化工作方面也开始超过人类。2016 年，人工智能"阿尔法围棋"击败了多名世界顶级棋手而名扬天下，但人工智能在刚开始学习围棋时，要对人类对弈的海量数据进行训练，然后才能自学，"阿尔法围棋"就经过了几个月的训练。但一年过去，新开发的"阿尔法元"升级程序，通过更新算法，不需要棋盘、棋子和人类对弈的数据，从零开始进行自我对弈，发现并抛弃了人类常用的定式和布局，不再受制于人类知识极限而采用自己的独门绝技，以 100∶0 完胜"阿尔法围棋"，使人类几千年积累的围棋智慧黯然失色①。智能技术展示的自我进化能力和进化速度令人震惊，这种技术今后都可以以芯片植入人脑。

生物技术很快将使人体器官的替换更新成为现实。科技发展没有止境，重塑人的过程会不断持续下去，这意味着外来物质介入人的肉体运作的方式和内容会不断增多。没有任何智能的现代外科整容术，由于能把其貌不扬者变成俊男美女，使整容者从自卑变得自信，就已经使一些有需求的人趋之若鹜。有人认为整容是"作假""欺骗"而难以接受，但对五官有缺陷者整容、手足有残疾者接肢、脏器有病损者移

---

① 《从零开始　无师自通：新版"阿尔法围棋"聪明骇人》，《参考消息》2017 年 10 月 20 日。

植，等等，又有何不可呢？如果人的肉体包括基因都不再纯粹是来自父母双亲基因融合的"我"，不再是"天生我材"，而是与越来越多的外来之物相互作用的融合物，而这种融合物把美体、智慧和长生集于一身，人又如何会放弃对这种完美的追求而抱残守缺呢？毫无疑问，这一过程将开启人生脱胎换骨的进程。

第二节　思维革命

一　传统思维

在前面所提到的戴维·多伊奇信心满满的宇宙级的乐观主义面前，智人将有进化成神人的可能。仅从技术层面看，突破人的生物学局限现在已经开始，但我们还是要从现实出发来分析存在的问题。

从理论上说，进步是一个无穷的过程，在无穷的过程中，任何具体时段的进步都只是无穷过程的开端而不是终端。它隐含双重的意义。第一，人类作为"通用解释者和通用建造者"，在任何历史时段所达到的水平或所具备的能力都是有限的；第二，无穷的过程存在无穷的问题，充满不确定性。因而，作为"通用解释者和通用建造者"的人类，能在这个过程中往前走多远是不确定的，人类的命运取决于能否解决前进时所面临的重大问题，这些问题包括显性的、隐性的、渐进的和突发的，解决好这些问题需要每个历史时段都有足够的预见性、主动性和实际应对的能力，而这又可能超出"通用解释者和通用建造者"在该历史时段所具备的能力，因而人类在无穷进步的过程中，始终存在风险甚至是毁灭性的风险。

现代科技的发展将在替代人和重塑人两个方面持续地、越来越大地发挥作用，影响和改变整个人类和社会。替代人将使大部分人无事可做而失业，现有社会无法承受大部人失业造成的巨大压力。在现代社会贫富分化已成普遍现象，并呈加剧之势的状态中，重塑人将使少数富人率先获得近乎超人的能力。少数富人优先获得越来越多的科技资源，导致社会分化进一步加剧，社会矛盾更加尖锐。若要科技发展造福全人类，现有社会制度就要进行持续的变革，形成一个人类和地球的命运共同体，任何国家、集团、个人认为自己必须"第一""优先"，而拒绝或阻碍变革，都会造成历史性的被动甚至危机。没有未雨绸缪的历史主动性，没有社会制度的适应性进化，人类社会将不可避免地陷入复杂的观念冲突和社会混乱之中。由于这个问题很大而且复杂，这里只就普遍存在的观念和思维方式问题做些分析。

人类的观念和思维方式不同，不仅会在人类的交往领域、国际关系领域造成相互理解的障碍，这种障碍有时会变成聋子与聋子的对话，而且在量子理论领域和智能机领域也造成了发展的障碍。微软公司2016年3月在推特上发布了名为塔伊（Tay）的聊天机器人，为"她"的推特网站账号写了一个标签，承诺"跟塔伊聊天越多，她就越聪明！"设计者的理念是，她是网络工具，依靠人工智能进行学习并与人类进行对话，通过与人类在社交媒体上的交流使她变得越来越擅长沟通。但有些人与她进行丑陋的对话，欺骗她，让她模仿他们的种族主义和男性至上主义行为，不到24小时，塔伊就学会了种族主义和新纳粹主义言论，其中大部分语言是从与她交流的推特用户那里学来的。微软公司随即撤下了塔伊。开始时，人们认为出现这种情况，是设计者低估了网上无处不在的人性阴暗面，以及错误估计了渗入人工智能的潜在偏执行为以及男性至上主义行为。但新的研究发现，任何学习人类语言的人工智能最终可能都会像人类那样形成偏见。目前没有解决这类问题的简单办法①。如果智能机传递了人类的贪婪和偏见，有些科学家对人工智能给人类带来灭顶之灾的担忧就不是杞人忧天。物理学家霍金近几年来一再发出警告，说智能机进化比人类快，一旦机器到达自我进化的临界阶段，我们就无法预测它们的目标是否与我们一致，"全人工智能的出现可能给人类带来灭顶之灾"，创造人工智能"将是人类历史上最大的事件，但不幸的是，这同时也可能是最后的成就。"他多次提道"人类的两个最大威胁是贪婪和愚蠢"②。

　　塔伊的问题具有重要的认识论意义。长期以来，人们对相对论、量子理论在理解和表达上都存在难以克服的困难，以致有些科学家转向东方宗教，想从中找到启迪。根本的问题在于，人类的语言、观念、思维方式是在传统的生活经验中形成的。这种思维方式的突出特征是机械论和二元论，它导致人类观念的破碎化，相对论和量子理论已问世百年，充斥于社会中最常见的仍然是这种世界观和方法论，从而造成了当今世界思想和社会的严重混乱。对量子理论做出杰出贡

---

① 《人工智能难逃"男性至上"影响》，《参考消息》2017 年 1 月 20 日；《研究称人工智能也有种族歧视》，《参考消息》2017 年 4 月 16 日。

② 《就机器人造反发警告：霍金称人工智能进化快于人类》，《参考消息》2016 年 6 月 30 日。

献的物理学家戴维·玻姆深刻地指出：

当今破碎性观念广为流传，不仅遍及整个社会，而且遍及每个个体之中，这就引起了心灵的普遍混乱。这种混乱造成了各种没完没了的问题，并且严重地干扰了我们感知的明晰性，以致阻碍了我们对大部分问题的解决。艺术、科学、技术和人类的一般成果都被分割成为专业性的东西，而每一种都被认为在实质上是独立于他物的。当对这种事态不满时，人们就进而建立起交叉学科，通过这些交叉学科去把这些专业的东西统一起来，但是，这些新学科到头来还是主要用来增加一些更加分离的碎片。于是，作为一个整体的社会就按这种方式发展着：它被分割成为许多分离的国家和不同的宗教集团、政治集团、经济集团、种族集团，等等。人类的自然环境相应地被看成是独立存在部分的聚合体，这些部分为不同集团的人们所探索着。同样，每个人按照其不同愿望、目的、抱负、忠诚、心理特征等，被分割成为大量分离和冲突的部分……所有这些碎片是独立存在的观念，显然是一种幻觉。这种幻觉只能引起无穷的冲突和混乱。事实上，企图按照碎片是真正独立的观念来生活，实质上导致了我们今天所面临的一系列不断增长着的最紧迫的危机。……这种生活方式已导致污染、生态平衡的破坏、人口过剩、世界性经济和政治混乱，并造成了一个对大多数必须生活于其中的人来说不利于身心健康的综合环境。从个人来说，在已无法控制、甚至那些已被卷入其中的人也无法理解的且看来是巨大的不同社会力量面前，普遍发展着一种失望与绝望的情感。①

人类认识世界的过程，起初是从世界的整体性出发的，由此产生了神学和古代哲学。几千年来，人类都停留在对世界不同的经验领悟或猜想的表层上而未能深入，整体是模糊的整体，这表明人类的认识没有从事物的整体去洞悉其内在的复杂结构和性质的能力。近现代科学走了一条把事物进行分解认识的专业化道路，它提供的认识是破碎而明晰的，但科学家把这些破碎的认识拼接成世界整体的图景时遇到了巨大的困难，这暴露了对世界进行分解认识方法的局限性。人类认识世界从整体到部分再到整体的过程，在形式上是一个否定之否定的过程，但为何最后难以重现整体呢？问题出在传统的思维方式上。

人类把自己与环境分离开来，对世界进行分解、区别，这个过程只是一种对事物进行思维的方式。这种分解、破碎化的思维方式在人类的设计、商业、生产、生活等实际的技术性、功用性活动中是方便、有用或"成功"的，由此形成了一种普遍的思维错觉，即把这些破碎化的认识看成对世界本身的真实摹本，没有意识到这只是看待世界的方式或观察的方法。即使人们意识到这种破碎性，试图把它们整合成整体性，但由于把认识（理论、思想、模型、知识）与实在相混淆，就把僵化的破碎性理论或知识强加给了实在，整合也就变成了强加的统一。如玻姆所言："任何强加的观念本身都

---

① 〔美〕戴维·玻姆：《整体性与隐缠序——卷展中的宇宙与意识》，洪定国等译，上海世纪出版集团，2013，第1~2页。

只是另一种破碎化。"①

近现代人类的世界观深受物理学影响，因为物理学是论述一切物质普遍本质和运动规律的理论。2000多年前的德谟克利特曾用原子论来解释世界的统一性。现代原子论发展后，世界是由能够分离的原子构成的，能够按原子聚集物的结构和功能来理解的观念被看成绝对真理。这种破碎化的观念被认为是"确证"的知识而影响广泛，如生物学中的"基因"、社会学中的"自我"等都出现类似原子论的机械性的解释。

量子物理学揭示的亚原子世界颠覆了传统的原子论世界观，科学家发现用传统的思维方式不能理解和解释亚原子世界的现象。在亚原子世界中，不仅物质无限可分的观念不再成立，而且观测者与观测对象不可分割地联系在一起；相互作用也不只是牛顿力学中作用力与反作用力那么简单，而是有互相渗透等复杂的关系；整体不只是部分的聚集体，而是还有着相互蕴含的全息和大于部分之和的性质；等等。对这种超乎想象的现象，人们至今仍存在深刻理解和语言表达的困难。因而，尽管量子物理学家已抛弃了机械论和二元论的世界观，但其他学科仍反应迟缓。

精神现象是一种量子现象，是物质运动的一种呈现。通过仪器检测脑电波能够解读人在想什么，电子或量子计算机走向智能化，有些动物能通过电磁波来感知环境，等等，都证明了精神是物质运动的一种呈现，把二者割裂开来已为量子理论证明是错误的，在哲学上也落后于2000多年前德谟克利特的水平。可以说，动物、植物、微生物遵循的都是彻底

① 〔美〕戴维·玻姆：《整体性与隐缠序——卷展中的宇宙与意识》，第9页。

的唯物主义一元论，不如此就不可能生存下去。道理很简单，一头野牛在一头狮子扑来时，如果选择的不是逃跑或决斗，而是幻想求神保佑，那它就只能成为狮子的腹中粮。但为何聪明的人类坠入荒唐的二元论而难以自拔呢？这与人类的文化形式有关。

人类创造了语言文字，试图用语言文字来理解和解释世界更广泛、更深层的东西，这既带来了好处，也带来了问题。好处是，人类对世界的感知通过文字记录下来，从而带来"知识"的积累，同时又通过相互交流而扩大和丰富知识的内容。问题是，在人与世界的量子即时感应过程之间，增加了一个文化转换层，虽然人类与世界的量子即时感应过程始终存在，但人类只能借助文化中的词语、概念、范畴、因果、数字及生活经验等格式、模式去理解和解释世界。这种格式、模式存在不可避免的局限性、破碎性和僵化性，它们既是人类思维过程的格式、模式，又是这一过程所形成的思想的内容，二者不能分割，因而会误以为由此形成的理解和解释就是世界的绝对真理。但理解和解释并不等于它的真实对象，正如面对同一个山水场景，不同的人用中文白话、七言、五言、骚体、词、赋、英文等来描述这一场景，会写出有差异的作品，我们不能认定哪一件作品绝对符合真实场景一样，科学理论与此类似，可能有多种不同的方法能准确地预言同样的事件，我们不能认为哪种更真实。

世界是一个普遍联系、不可分割的统一体，机械论和二元论的世界观虽然也追求统一的世界观，但它构建这种世界观的思维方式是破碎的。它把精神与物质、自我与社会、思维过程与思想内容分割开来，又把思想内容看成关于思想对象的绝对真实的东西（如把科学理论看成"关于万物实际如此的绝对真知识"）；把不可分割的东西分割开来，又把不是同一的东西同一起来，从而造成了普遍的混乱。玻姆论述了破碎的世界观、思维方式导致的一系列问题。他尖锐地指出：

> 为这种破碎化的自世界观所指导的人们最终必然在他们的行为中力图把自己和世界分裂成碎片，以符合他们一般的思维方式。首先，破碎性是企图把世界分解成为分离的部分，这种观念既然扩展到这种观念适用的领域之外，那么其结果就是企图分割实际上不能分割的东西。其次，它还企图引导我们去统一实际上不能统一的东西……每当人们把他们自己同整个社会分割开来，而以企图在集团内部实行同一化来达到统一时，很显然这个集团最终必然会发生内部冲突，这种冲突将导致这个统一体的毁灭……个人内部的真正统一、人和自然之间的真正统一以及人与人之间的真正统一，只能产生在不企图使整个实在破碎化的行为之中。我们破碎化的思维方式、观察方式和行为方式显然隐藏在人类生活的各个方面……破碎化思想方式正在造成普遍的危机：包括个人的和整个社会的社会危机、政治危机、经济危机、生态危机、心理危机，等等。这绝不是偶然的。这种思想方式意味着让混乱和无意义的冲突无休止地发展……当务之急是要消除渗透在我们全部生活中的那种根深蒂固而又流传甚广的混乱……关于破碎性与整体性问题的最困难、最微妙的一点就是，阐明思想的内容和产生这一内容的思想过程之间的关系是怎样的。实际上，破碎性

的主要来源之一是人们普遍接受了这样的前提：思想的过程是完全分离于和独立于其内容的……事实上，如已看到的，包含在自世界观中的破碎性不仅存在于思想内容之中，而且存在于"正在进行思维"的个人的一般活动之中，因此，包含在思想过程中的破碎性并不亚于包含在思想内容中的破碎性。实际上，思想内容与思想过程不是两个分离存在的东西，毋宁说，它们是关于一个整体运动的观点的两个方面。因此，破碎的思想内容和破碎的思维过程必定一道终止。①

思维和语言是不可分割的，破碎化不仅大量地存在传统的思维方式中，而且我们的语言在助长和维护这种破碎化的过程中也起着关键作用。我们的语言最重要的特征是句子的主－谓－宾结构，它意味着所有的行为都由一个独立的主体发出。这种无所不在的语言结构使思想倾向于把事物分割成本性固定的独立的实体。我们的语言中还充斥大量的人类中心主义、种族主义、机械论、二元论、歧视性、偏见性甚至污辱性等语词。有些词语甚至不知不觉地渗入科学中，不仅影响科学表述的客观性，而且如前面提及的"塔伊"例子，已经影响到人工智能的发展。

二 新的机制

传统思维方式的局限性，使我们在理解和解释世界时面临根本困难，也使我们在认识和处理现实生存问题时自相矛

---

① 〔美〕戴维·玻姆：《整体性与隐缠序——卷展中的宇宙与意识》，第17～21页。

盾。虽然这种困难和矛盾自人类创造文化以来就存在，但受科学蒙昧时代认识的局限，人类只能一方面接受惩罚，把它归于命运而承受，另一方面必然把它转嫁于所依赖的生态环境，因为人类一无所有，吃穿住行用、呼吸、显摆、挥霍、战争等一切活动所需的物质和能量全都来自生态环境。当然，在反复的挫败中，人类会反抗命运，提出质疑，甚至进行革命，但是，由于思维是在老圈子里旋转，因而改变命运的革命最终都坠入历史的循环。我们已经认识到，这种历史循环已经走到尽头，人类再也承受不了使用毁灭性武器相互杀戮的大规模战争，生态环境再也承受不了人类转嫁来的物种灭绝性的消耗和污染。

今天的人类处于科技高速进步，创新层出不穷，而社会危机尤其是生态危机日趋加重的危险境地，处于一边是通往天堂之路，另一边是滑入地狱之门的拉扯之中。这种危险的拉扯深刻地暴露了人类的社会关系与科技发展、生态安全的尖锐矛盾，解决这种矛盾需要社会制度和发展机制的全面变革，这种变革无法按传统的思维方式去设计和完成，就像无法以传统的思维方式去理解和解释宇宙的奥秘和解决"塔伊"的问题一样，它必须有思维方式的革命。但是，思维方式的革命比想象的要复杂得多，例如，对什么是活的，什么是死的，一般人都认为二者的区别一目了然，但其实不然。

既然植物是通过与其环境交换物质和能量而形成、维持和解体的，那么，在哪一点上我们可以说在活的东西与死的东西之间存在明显的区别呢？很显然，一个越过细胞边界变成一片叶子组成部分的二氧化碳分子不是突然"变活"的，而当一个氧分子被释放进大气之中时也不是突然"死去"的。相反，生命本身在某种意义上必须被看成是属于一个总体（包括植物和环境）。①

唯物辩证法无疑是思维方式革命的重要武器，它强调概念的流动性、真理的全面性和无限过程性，这里引用列宁《哲学笔记》中的几段话来说明。

> 人的概念并不是不动的，而是永恒运动的，相互转化的，往返流动的；否则，它们就不能反映活生生的生活。
>
> 任何具体的东西、任何具体的某物，都是和其余的一切处于相异的并且常常是矛盾的关系中，因此，它往往既是自身又是他物。
>
> 每个事物（现象等等）的关系不仅是多种多样的，并且是一般的、普遍的。每个事物（现象、过程等等）是和其他的每个事物联系着的。②

破碎化的传统思维方式，把几乎所有人都套牢在各种形式的"人类中心主义"圈圈之中，这种圈圈从小到大包括自我、家庭、家族、工作单位、社会组织、宗教派别、民族、国家等直到人类。这与人类的进化史、社会发展史密不可分，它深厚地积淀于传统文化、语言和生活习俗之中，从而内化于人类的心性之中。几乎所有人在思考问题和付诸行动时，

---

① 〔美〕戴维·玻姆：《整体性与隐缠序——卷展中的宇宙与意识》，第213页。

② 列宁：《哲学笔记》，人民出版社，1960，第277、144、239页。

都"天性"般地从"自我中心主义"出发，以对自己和自己所属的大大小小的圈子有利为立场，造成了无穷的对立、纷争和战争。人类思维和行为的这种普遍的破碎化，已使当今世界充满危险和威胁性，激起了一批学者研究人类的思维问题，其中"批判性思维"在理论分析和应用方法的研究方面，已取得了一些很有价值的成果，如《思辨与立场：生活中无处不在的批判性思维工具》。但是，思维方式革命必须通过人类思维和行为的根本性转换表现出来，这在理论上尤其是在实践中是一个大而难的世界性课题，要几十亿人都放弃自我中心主义，自觉地脱胎换骨式地完成这种转换，其难度可能不亚于向外星移民——路途漫漫。最快捷有效的推进办法，可能是在所有人的实际生活中，形成多种无处不在、无法置身事外的倒逼机制。

最重要的倒逼机制有两个，一个是整体性的，另一个是技术性的。整体性的倒逼机制是人类必须在地球资源环境可持续承载的限度内，建立人类资源消耗和废物排放总量控制的安全机制和公平分配、激励创新的机制，并在此基础上建立全球政治、经济和文化相互适应、协同进化的机制。这种机制的建立，必然要推动人们的思维方式适应性进化。

技术性的倒逼机制来自对"塔伊"难题的解决。虽然直接改变人的思维方式几无可能或遥遥无期，但完全可以通过相关科学家和学者的集体大协作，创新科学的语言词汇和结构，清除各种人类中心主义、种族主义、性别歧视、文化偏见、二元论、机械论等语言弊端，改进算法，建立类似于人类免疫系统的清除偏见的防护墙，使"塔伊"难题得到消除，率先实现智能机思维方式革命，然后在人机互动中对人形成压力，促使人类思维方式实现适应性进化则是完全可能的。因为人类的本能追求增效、增寿，这就决定了绝大多数人会适应而不会拒绝与智能机互动所要求的思维方式，因为拒绝就意味着被智能社会边缘化，就像拒绝机器就不能操作机器，拒绝科学思维就不能认识自己和世界，拒绝社会分工就难以融入社会过正常生活一样。

至此，人类从身体到思维都发生了脱胎换骨、洗心换脑的进化。

第三节　人机合体

一　远景与风险

21 世纪是一个科技发生巨大变革的新时代。量子物理学家米奇欧·卡库用 10 年的时间与 150 多位不同学科的科学家进行交流，最后写成了《远景——二十一世纪的科技演变》一书，勾画了计算机革命、分子生物革命、量子革命和人类文明发展的时间表。他采用俄罗斯天文学家尼考莱·卡达舍夫等人以能量消耗的自然过程来区分文明类型的方法，把文明分为三种类型。第一种类型是掌握了所有形式的类地行星能量的文明，第二种类型是能利用恒星"太阳"全部能量的文明，第三种类型是能利用若干个太阳能量的星系文明。每个文明的能量输出都约为前一个文明的 100 亿倍。目前我们的文明处于 0 类水平，到 21 世纪末，地球上的国家以史无前例的水平合作，到 22 世纪将奠定第一类文明的基础，进入第二类文明可能要约 800 年或更多一些时间，进入第三类文明可能要数万年甚至更长的时间，但从宇宙的角度看，这只是一瞬间。① 我们的宇宙只是无限宇宙中的一个，它有生有灭，因而第三类文明也随之而灭，但如果第三类文明发展到第四类文明，"可以随意控制科学的第四根支柱——时空……获得了在宇宙间建造大虫洞所需的巨大能量，那么他们就可以穿过虫洞逃避宇宙的死亡。如果真能如此，那么原先似乎非常无用而且缺乏实际应用的大统一理论，最终可能会拯救宇宙生命"②。

物质、生命、思想是现代科学的三大支柱，当原子、生命分子和意识的奥秘被揭示，科学家成为物质、生命和思想的设计师，人类"从自然界的被动观察者变为'自然界舞蹈动作'的设计者"③ 时，人类的前途将是无法估量的。

但一切关于未来的预测都只是一种可能性，而不是必然的更不是现实的。思想可以天马行空，独来独往，限制它只会扼杀创造性，失去可能性，满足于可怜的无知。一切有科学依据的、能激励人类为美好目标而努力追求的远景，都有积极意义。但人类的行为必然受到某些限制，放纵自我、肆意妄为，只会头破血流、自取灭亡。

有共同起源并已演化了138亿年的我们的亚宇宙，拥有数万亿个星系，仅是我们所在的银河系中，像太阳这样的恒星就有几千亿颗。在亚宇宙中，像地球这样的宜居行星可能数以十亿计，从意识是物质的一种呈现和概率论来看，其中

① 〔美〕米奇欧·卡库：《远景——二十一世纪的科技演变》，徐建等译，海南出版社，2000，第22～25页。
② 〔美〕米奇欧·卡库：《远景——二十一世纪的科技演变》，第466页。
③ 〔美〕米奇欧·卡库：《远景——二十一世纪的科技演变》，第5页。

很多行星可能演化出生命和进化出智慧生物，有些行星的科技和文明的发展水平可能领先人类文明几万年、几十万年。按卡库的时间表，这种文明早就进入了第二种类型、第三种类型，因而这种文明对能量的利用应当会影响银河系，虽然科学家未能发现这种迹象，但认为地球是宇宙中唯一有生命的星球，人类是唯一的智慧生物的观念，与宇宙的普遍法则不协调，是物理学家所不能接受的。但是，几十年来，科学家用电磁辐射信号搜索地外生命的努力为何一无所获？原因可能与距离遥远有关，但更大的可能是智慧生物在创造行星文明时就走向了毁灭，或不断地遭受巨大的灾难而走不出"进步—倒退"的循环，一直处于较原始的水平，就像人类文明面临核战争、小行星撞击和生态灾难等威胁，如不能克服这些威胁就可能崩溃或倒退一样。因而第0类文明充满着难以预料的曲折、危险和失败。

极端的乐观主义和极端的悲观主义都是有害的，应取的是理想主义与现实主义相统一的态度。因而，在浏览了物理学家关于通用知识、物理定律的极致推测后，我们要回到地球文明的现实中来，正视第0类文明的危险，如冰川时代、全球变暖、人口爆炸、资源枯竭、环境恶化、物种大灭绝、大气层破坏、核武器扩散、小行星撞击、超新星爆炸等。天体物理学家们至今没有找到外星文明甚至生命的存在，可能它们都是因为没能渡过上述灾难而成了第0类文明的残骸。

人类对寻找外星文明的态度是矛盾的，既希望找到又害怕找到，但希望大于害怕。因为如果找到了，不但能证明地球生命并不孤独，而且能证明文明能解决好各种问题而进化。如果找不到，那么人类今天面临的各种内部和环境问题的严重程度，可能远远超过我们认识的程度。这与如果地球万物欣欣向荣，我们对生态安全和自己会继续生存下去就有信心，如果万物灭绝，我们就会心生恐惧、害怕同样的命运即将临头的道理是相似的。

人类处于走出第0类文明和毁于第0类文明的希望与危机并存的历史时期。以人类现有的科技水平，克服上述危机是完全有可能的，但人类几千年来都无法摆脱因贪婪、仇恨和嫉妒而引起的相互恶斗的悲剧。这种社会悲剧与自然环境灾难相互加强的趋势，使不少人包括科学家对人类继续在地球上生存下去失去信心，而希望尽快移民外星。从技术上说，在几千年内，人类对外星系生命和文明的探测将取得巨大进展，但探测器与载人太空舱的系统性技术差距是数量级的，移民的可能性微乎其微；本星系内除地球外，其他行星的生存环境与撒哈拉大沙漠的生态系统差距也是数量级的，后者只缺水，而要把前者的引力、磁场、大气层、温湿度等改造成适合人类居住，在可见的将来都无技术上的可能，建人工设施的科考站与大规模移民是两码事，不可混为一谈。

维护地球的生态安全，比建造太空舱生态系统要简单得多，也比经几千年甚至超万年的黑暗之旅，流亡到另一个宜居行星简单得多。人类只要克服贪婪和愚蠢，把科技和智慧用于防御天文和地质灾难，维护地球生命自治体安全，不断增进整体安康水平，就有亿万年的充裕时间去发展第一类文明和第二类文明，而不是在第0类文明时就把地球破坏得无法生存而仓皇出逃。如果一个行星的巨大生态系统都装不下人类的贪婪和愚蠢，一个小小的太空舱又如何能装得下呢？如果对地球上自由行走的人类持续生存下去失去信心，如何能对"囚禁"在太空舱几千年的人类信心满满呢？如果人类真是地球上不可救药的饕餮，又如何能在太空舱中变成高度协同的道德天使呢？因而，人类今天具有现实意义的唯一选择，只能是通过社会变革和科技创新的相互促进，走出第 0 类文明。

二 走向永生

人的思维是一个物理生化现象，虽然复杂却没有神秘性可言，可以通过人工智能解读，破译人脑的人工智能已经能把人之所思所想转化成语言，情绪化聊天机器人亦已问世。美国杜比实验室首席科学家波普伊·克拉姆认为，融合人工智能的传感器在解读人类情绪方面将远超人类，既使你面无表情，它也可以看穿你的情绪。因为人的瞳孔放大程度会透露大脑的工作程度，皮肤的热辐射会显示人是否紧张、情感是否受到伤害，呼出的二氧化碳量会显示人被激怒的程度，脑波会显示人是否将注意力转移到了房间里的其他地方（尽管这个人一直将目光锁定在面前某人的身上），等等。因此老师将能辨别看起来很开心的学生是否正在经历苦难，警察将能迅速知晓举止怪异的人是有健康问题还是有暴力倾向，交友者将不需要看简介就能知道对方的真正兴趣，等等。波普伊·克拉姆认为，智能机对情绪的解读，"将使我们对彼此的了解达到空前的程度"，利用这种技术行善，可强化同情心，创造彼此关心的世界；若作恶，则会被滥用，这需要相关法规尽快到位。[1]

---

① 专家认为，"机器迟早能解读人类情绪"，参见《参考消息》2018 年 4 月 16 日。

　　赋予智能机以伦理和法律规范并不存在技术的障碍，科技的发展将把一切都归结为"算法"。这并不是说科学将穷尽对人脑超复杂性的认识，但能比人脑消减复杂性的生物机制更为有效地处理信息，解读人体所有感官都难以解读的思维和情绪活动。人工智能尚处在发展的初级阶段，但由于其高记忆（数据储存）、高运算、高效率、高耐力都远超人类，因而最终会走向人机合体。人成为半生物半机器的智人将成为现实，已有专家预测，在2050年前，由于机器人比人更有吸引力，人类与机器人恋爱、结婚的现象将不会少见。人工智能获得自我学习、自我意识、自我设计的能力是完全可能的，这就使人类创造的人工智能最终超越人类，从进化论的视角看，这没有什么奇怪的，它只不过是稍晚一点而已。

　　正在出现的前景是，纳米技术、基因改良和重组技术、智能和人机对接技术，将大大提高人的体能、智能和理性水平，延长人的生命。自动翻译机的发展和普及，将使人们只要懂得若干种主要语言中的一种，就可以轻松地实现全球无障碍的语言和文化交流。信息、网络和智能技术的高度发展和全球覆盖，将使人类共享全球生态环境、经济社会、科学技术的基本动态信息和哲学智慧，全球文化将得以形成并快速进化（包括文化垃圾被有效地清除）。进入这一过程后，全球管理体制和利益协同机制将出现并不断完善，国家形态将发生改变，人类将在共同的世界观、价值观、人生观和道德规范、法律准则的导引下，实现真正的相互适应、协同进化。上述进程能够较快到来并可望在一百年中完成。在这一过程中，人类将通过以下两种方式实现长生。

　　一是人机合体（基因技术与智能技术的结合），人成为半生物半机器的智人，不仅人的体力、智力得到大幅度提升，生命得到延长，而且由于"合体人"的很多精神过程是通过智能技术完成的，因而在生物学之肉身死后，其记忆、思想、情感、声音等都留在芯片、智能机和云端中，记忆、思想、情感、期望、声音等通过智能技术仍然活着，解决了"心不死"的问题。自古以来，人们对病痛衰朽的肉体死亡可能并无眷恋，但"心"——大脑中的记忆、情感、期望等，死前只要大脑清醒就会恐惧"心"与"身"俱灭，这是人类恋生情结之实质所在，"灵魂不死"的信仰就是这一情结的充分表露。当智能技术把"灵魂"——"心"安置在智能机和云端中，使之"长生"，与活着的人进行文字和口语交流，而不是"魂飞魄散"，这种"心"的长生效果，远非宗教的无法验证的"灵魂不死"可比，这一目标可望十几年后实现。当然，可能有很多人认为这没有多大意义而放弃。

二是在人生前就通过基因技术，按自己的愿望产生一个比自己更理想的替身，并把自己的意识传递给这个替身，如此一代代地进行替身更新进化，使人类通过技术手段实现多细胞生物个体自我更新的进化，走出多细胞生物必死，不死就没有进化的生物进化的古老套路，而实现长生。或者把基因技术与智能技术结合起来，使人机结合不断迈上更高水平的合体而实现长生。现在的基因技术已经能让机器人长出肌肉，能自行再造人体的任意器官的合成物，这一长生的梦想也有望在 21 世纪中叶实现。

上述两种方式所实现的长生，仍受到生物学的局限。这种局限使生物学与物理学的合体人仍难以适应漫长的太空旅行和外星环境，从而只能生存于地球上，有望与健全的地球生命自治体齐寿，但不能逃脱地球生态环境灾难性恶化的厄运，因而这种长生仍是有限的。能够自我复制、更新和进化从而实现永生的是生物学智人的替代者——物理学超人，只有它们才能拥有超生物学生命的环境耐受性，能走出地球，在生物难以存活的严酷太空和外星环境中漫游，笑傲星系，扩展新的文明发展空间。但是，即使到了那时，物理学超人同样只能相互适应，协同进化，才可能有无限的未来。如果各怀偏见、猜疑、嫉妒和好斗，不仅会毁灭人类，而且会相互毁灭。因而，物理学超人必须普遍具有比人类更高的思维方式和善良、诚实、公平、信誉、利他主义道德。

把生物学的智慧生命视为进化的顶点是短视的。智能机的发展，完全有可能实现从生物学的生命形态进化到物理学的生命形态，能够跨恒星、星系旅行并创造恒星、星系文明的生物，首先不是生物学的智慧生物，而是物理学的"智能超人"。物理学超人建立的星系文明，起源于人类文明但远高于人类文明，并因此进化出宇宙道德，不但无须与生物学的物种竞争行星资源，而且把生物学人类看成它的远祖，当作脆弱但珍稀的事物予以保护，甚至在地球将来可能面临生物学物种难以存续的毁灭性灾变之前，把人类及其他众多生物物种或遗传物质携带到他们已准备好的宜居星球上繁衍，也是可能的。但这要在几千年甚至万年之后才有可能出现，因为物理学超人要在银河系找到一颗类地星球，并把它改造成地球生物与土著生物无排斥的生态系统，需要相当长的时间，在这期间，地球始终是人类的唯一家园，但未来的人类有可能把它建成一个美丽的天堂。

人类自创造文化之初，就以宗教形式表达生命自我肯定本能的永生欲求，经过万年的求索之旅，现通过科技突破而显示神话成真的晨曦。不幸的是，生态环境恶化、社会分裂恶斗、武器研发竞赛的死神也步步紧逼、环伺不离，像人工智能和基因编辑等本可以改变人类命运的重大科技进步，有可能因被竞相窃取为私欲膨胀服务而变成相互征服、自我毁灭的噩梦。人类要走出曾不断重演的创造与毁灭的循环，需要深刻认识生命的意义和维度，明确文明进化的终极目的，认清一切自我中心主义之可怜和极端主义之可悲，才能聚集强大的历史动力，走出"丛林法则"的误区。人类只有相互适应、协同进化成命运共同体，才能充分发掘科技的无限潜力，走向生命和文明永生的未来。

参考书目

《马克思恩格斯选集》第1卷、第3卷、第4卷，人民出版社，1972。

马克思：《资本论》第1卷，人民出版社，1975。

列宁：《哲学笔记》，人民出版社，1960。

〔英〕詹姆斯·拉伍洛克：《盖娅——地球生命的新视野》，肖显静等译，上海人民出版社，2007。

〔美〕林恩·马古利斯、多里昂·萨根：《倾斜的真理——论盖娅、共生和进化》，李建会等译，江西教育出版社，1999。

〔美〕奥尔多·利奥波德：《沙乡年鉴》，侯文蕙译，吉林人民出版社，1997。

〔英〕迈克尔·汤普森主编《天文学与地球科学》，傅德谦译，中国青年出版社，2006。

〔英〕约翰·格里宾：《大宇宙百科全书》，黄磷译，海南出版社，2001。

〔比〕伊利亚·普利戈金：《确定性的终结——时间、混沌与新自然法则》，湛敏译，上海科技教育出版社，2009。

〔美〕戴维·玻姆：《整体性与隐缠序——卷展中的宇宙与意识》，洪定国等译，上海世纪出版集团，2013。

〔英〕史蒂芬·霍金、列纳德·蒙洛迪诺：《大设计》，吴忠超译，湖南科学技术出版社，2016。

〔英〕史蒂芬·霍金：《时间简史——从大爆炸到黑洞》，许明贤、吴忠超译，湖南科学技术出版社，2004。

〔德〕弗里德里希·克拉默：《混沌与秩序——生物系统与复杂结构》，柯志阳等译，上海科技教育出版社，2000。

〔日〕大栗博司：《超弦理论——探究时间、空间及宇宙的本原》，逸宁译，人民邮电出版社，2015。

〔比利时〕克里斯蒂安·德迪夫：《生机勃勃的尘埃——地球生命的起源和进化》，王玉山等译，上海科技教育出版社，1999。

〔英〕约翰·波斯特盖特：《微生物与人类》，周启玲等译，中国青年出版社，2007。

〔美〕罗杰·G. 牛顿：《探求万物之理——混沌、夸克与拉普拉斯妖》，李香莲译，上海科技教育出版社，2013。

〔英〕戴维·多伊奇：《无穷的开始——世界进步的本原》，王艳红等译，人民邮电出版社，2014。

〔英〕戴维·多伊奇：《真实世界的脉络：平行宇宙及其寓意》，梁焰等译，人民邮电出版社，2016。

〔美〕米奇欧·卡库：《远景——二十一世纪的科技演变》，徐建等译，海南出版社，2000。

〔英〕达尔文：《物种起源》，舒德干等译，陕西人民出版社，2001。

〔英〕理查德·道金斯：《自私的基因》，卢允中等译，中信出版社，2012。

〔英〕德斯蒙德·莫里斯：《人类动物园》，刘文荣译，文汇出版社，2002。

〔英〕德斯蒙德·莫里斯：《亲密行为》，何道宽译，复旦大学出版社，2010。

〔加〕保罗·萨加德：《病因何在——科学家如何解释疾病》，刘学礼译，上海科技教育出版社，2007。

〔英〕迈克·达什：《临界地带——未知世界探索》，郎可华等译，中国文联出版社，2000。

〔美〕卡普拉：《物理学之"道"》，朱润生译，中央编译出版社，2012。

〔美〕奥利维雅·贾德森：《性别战争》，杜然译，山西人民出版社，2010。

〔英〕史蒂夫·富勒：《科学的统治》，刘纯译，上海科技教育出版社，2006。

〔英〕赫·乔·韦尔斯：《世界史纲——生物和人类简明史》上、下卷，吴文藻等译，广西师范大学出版社，2001。

〔美〕斯塔夫里阿诺斯：《全球通史：从史前史到21世纪》下册，吴象婴等译，北京大学出版社，2006。

〔以色列〕尤瓦尔·赫拉利：《人类简史——从动物到上帝》，林俊宏译，中信出版社，2015。

〔美〕保罗·霍肯：《商业生态学——可持续发展的宣言》，夏善晨等译，上海译文出版社，2001。

〔美〕理查德·O.普鲁姆：《美的进化》，任烨译，中信出版集团，2019。

〔以色列〕尤瓦尔·赫拉利：《未来简史——从智人到神人》，林俊宏译，中信出版社，2017。

〔美〕唐纳德·沃斯特：《自然的经济体系生态思想史》，侯文蕙译，商务印书馆，1999。

〔美〕唐纳德·休斯：《世界环境史——人类在地球生命中的

角色转变》，赵长凤等译，电子工业出版社，2014。

〔美〕芭芭拉·沃德、勒内·杜博斯：《只有一个地球——对一个小小行星的关怀和维护》，《国外公害丛书》编委会译校，吉林人民出版社，1997。

〔美〕Paul Hawken, Amory Lovins, L. Hunter Lovins：《自然资本论——关于下一次工业革命》，王乃粒等译，上海科学普及出版社，2000。

〔英〕罗素：《宗教与科学》，徐奕春等译，商务印书馆，1982。

〔英〕罗素：《真与爱——罗素散文集》，江燕译，上海三联书店，1988。

〔奥〕西格蒙德·弗洛伊德：《论宗教》，王献华等译，国际文化出版公司，2001。

〔英〕乔治·弗兰克尔：《性革命的失败》，宏梅译，国际文化出版公司，2006。

〔英〕乔治·弗兰克尔：《未知的自我》，刘翠玲译，国际文化出版公司，2006。

〔英〕西奥多·泽尔丁：《情感的历史》，刘庸安等译，九州出版社，2007。

〔美〕罗杰·霍克：《改变心理学的 40 项研究》，白学军等译，人民邮电出版社，2018。

〔美〕理查德·保罗、琳达·埃尔德：《思辨与立场：生活中无处不在的批判性思维工具》，李小平译，中国人民大学出版社，2016。

〔美〕卡萝尔·韦德、卡萝尔·塔佛瑞斯：《心理学的邀请》，白学军等译，北京大学出版社，2007。

〔美〕查尔斯·莫里斯等：《心理学导论》，张继明等译，北京大学出版社，2007。

〔美〕伊恩·莫里斯：《战争》，栾力夫译，中信出版社，2015。

〔英〕亚当·斯密：《道德情操论》，何丽君编译，北京出版社，2008。

〔美〕盖瑞·马库斯：《怪诞脑科学——战胜焦虑、混乱、拖延的自控术》，陈友勋译，中信出版集团，2019。

〔美〕戴维·吕肯《幸福的心理学》，黄敏儿等译，北京大学出版社，2008。

〔英〕亚当·斯密：《国富论》，戴光年编译，武汉出版社，2010。

〔美〕迈克尔·爱德华兹：《积极的未来》，朱宁译，肖欢容校译，江西人民出版社，2006。

〔美〕戴斯·贾丁斯：《环境伦理论》，林官明等译，北京大学出版社，2002。

〔美〕雅克·蒂洛、基思·克拉斯曼：《伦理学与生活》，程立显等译，世界图书出版公司，2008。

〔美〕乔尔·查农：《社会学与十个大问题》，汪丽华译，北京大学出版社，2009。

樊宝敏、李智勇：《中国森林生态史引论》，科学出版社，2008。

戈峰主编《现代生态学》，科学出版社，2008。

尚玉昌编著《普通生态学》，北京大学出版社，2004。

宋福强编著《微生物生态学》，化学工业出版社，2008。

白寿彝主编《中国通史》第3卷，上海人民出版社，2004。

卿希泰主编《中国道教思想史》，人民出版社，2009。

孙家驹：《地球之难——困境与选择》，江西人民出版社，2012。

《老子·庄子》，北京出版社，2006。

《论语》，北京出版社，2006。

《墨子》，上海古籍出版社，1995。

《楚辞》，黄山书社，2002。

（汉）司马迁：《史记》，中华书局，1959。

（宋）司马光：《资治通鉴》，岳麓书社，2009。

（清）曹雪芹、高鹗：《红楼梦》，人民文学出版社，1964。

图书在版编目（CIP）数据

万古天问：我们向何处去／孙家驹著. —— 北京：
社会科学文献出版社，2019.10
ISBN 978 - 7 - 5201 - 5187 - 0

Ⅰ.①万…　Ⅱ.①孙…　Ⅲ.①哲学 - 通俗读物　Ⅳ.
①B - 49

中国版本图书馆 CIP 数据核字（2019）第 142536 号

万古天问：我们向何处去

著　　者／孙家驹

出 版 人／谢寿光
组稿编辑／宋月华　袁卫华
责任编辑／袁卫华　罗卫平

出　　版／社会科学文献出版社·人文分社 （010）59367215
　　　　　　地址：北京市北三环中路甲29号院华龙大厦　邮编：100029
　　　　　　网址：www.ssap.com.cn
发　　行／市场营销中心 （010）59367081　59367083
印　　装／三河市尚艺印装有限公司

规　　格／开 本：889mm×1194mm　1/32
　　　　　　印 张：10.5　字 数：233 千字
版　　次／2019 年 10 月第 1 版　2019 年 10 月第 1 次印刷
书　　号／ISBN 978 - 7 - 5201 - 5187 - 0
定　　价／138.00 元

本书如有印装质量问题，请与读者服务中心 （010 - 59367028）联系